JN411500

형사
로스쿨수업

초판 1쇄 발행 2020년 6월 25일
2쇄 발행 2024년 5월 30일

지은이 류동훈
발행인 공태현
발행처 (주)법률저널
등록일자 2008년 9월 26일
등록번호 제15-605호
주소 151-862 서울 관악구 복은4길 50 (서림동 120-32)
대표전화 02)874-1144
팩스 02)876-4312
홈페이지 www.lec.co.kr
ISBN 978-89-6336-512-1

정가 15,000원

형사 로스쿨수업

CRIMINAL LAW
LAWSCHOOL CLASS

류동훈

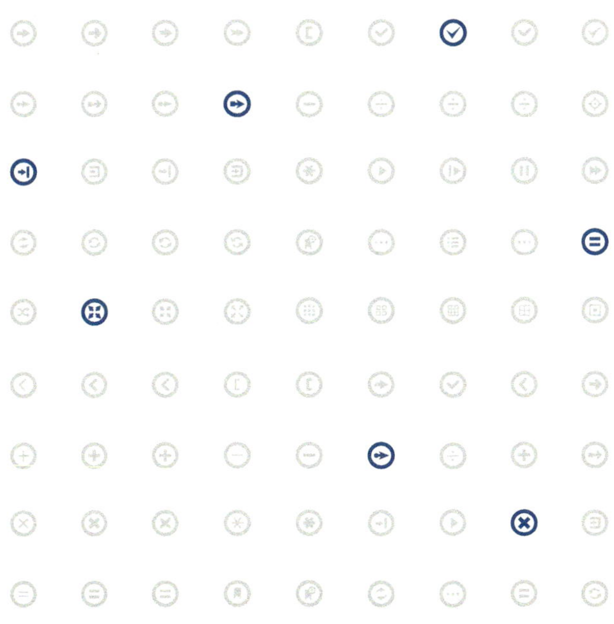

개정판 머리말

법은 논리가 아니라 경험과 상식의 산물입니다('The life of law has not been logic, it has been experience'.). 다만 형사사건의 해법은 논리적이고 체계적이어야 합니다. 정확한 사실관계에 대한 이해를 전제로 관련 논쟁점을 찾아내고, 그에 관한 학설과 판례를 살펴본 후 이를 비판적으로 검토하여 자신의 결론을 도출할 수 있어야 합니다.

본서는 단 3개의 사례만으로 형법 전반의 주요 쟁점을 샅샅이 해부하고 있습니다. 꼬리에 꼬리를 무는 교수와 학생 사이의 질의와 답변은 형법에서의 논쟁점이 무엇인지, 그에 대한 대법원의 태도와 학계의 통설적 견해는 또 무엇인지, 특히 법 논리적 사고방식은 어떻게 하는 것인지 적나라하게 보여 줍니다. 이에 범죄체계론에 따른 구성요건해당성, 위법성(조각사유), 책임(조각사유), 죄수 관계 등의 논리·체계적 검토 과정을 연습하는 데 유용한 도구가 될 것으로 기대합니다.

초판 출간 후 몇 가지 쟁점에 대해 대법원의 견해가 변경되었고 이를 반영하였습니다. 이른바 '동기설'이 폐지되고, 주거침입죄에서 '침입'에 대한 판단 기준에 변화가 생긴 것이 대표적입니다.

또한 저자는 학교로 자리를 옮겼습니다. 형법학을 마주하는 학생들을 보며 형법에 대한 사고의 과정은 논리적이고 체계적이어야 한다는 믿음을 새삼 확인하는 중입니다. 동시에 하루하루 성실하게 따라오는 그들을 보며 그들이 어떠한 길을 가든 그 끝에는 분명 밝은 미래가 있으리란 것 역시 믿어 의심치 않습니다. 학생들에게 격려의 마음을 표합니다.

끝으로 이 책의 출간을 위해 애써주신 법률저널 관계자 분들께 깊은 고마움의 뜻을 전합니다.

수덕호 앞 연구실에서

류 동 훈

머리말

사실 '리걸 마인드 legal mind' 라는 것이 있는지는 잘 모르겠습니다. 리걸 마인드를 타고난 사람을 이른바 '생래적(生來的) 법조인'이라 칭하기도 하는데, 10년차 변호사인 저는 아직 그 '생래적 법조인'을 만나보지 못했습니다.

다만 느낀 것은 꾸준히 학습하고 연구하는 법조인들은 따라가기 힘들다는 것입니다. 저는 그들을 그냥 '법조인'이라 부르고 싶습니다. 법조인이라면 쉼 없이 배우고 익히는, 그리고 연구하는 것이 당연한 일이기 때문입니다.

법조인이 되는 '과정'도 마찬가지입니다. 꾸준히 학습해야 합니다. 그 '리걸 마인드'란 꾸준한 학습을 통하여 형성되는 것임을 저는 믿어 의심치 않습니다.

사법시험이 폐지되고 로스쿨이 도입되면서, 법조인이 되고자 하는 사람들이 많아졌습니다. 하지만 어떠한 공부를 어떻게 해야 하는지도 모른 채 단순히 법조인에 대한 환상(?)만으로 법조인이 될 수는 없습니다.

본서는 변호사시험 과목 중 하나인 '형법'의 기본 내용을 로스쿨 교수와 학생의 대화로 구성한 것입니다. 교수는 질문을 던지고 학생은 답변합니다. 거기에 교수는 다시 의문을 제기합니다. 이런 방식으로 두 사람은 단 3개의 실제 사안에 대해 끊임없이 질문과 답변을 주고받으며 가능한 한 최대한의 영역에까지 분석의 범위를 확장합니다. 그럼으로써 형법 전체에 걸친 주요 논점들을 대법원 판례와 학계의 통설적 견해에 따라 짚어내고 있습니다. 다시 말해, 본서는 변호사시험의 문제이자 정답입니다.

따라서 이전까지 법학을 접해본 적이 없다면 본서는 다소 어려울 수 있습니다. 생소한 용어와 내용은 물론 두 사람의 대화 속도 역시 굉장히 빠릅니다. 하지만 만약 그렇더라도 스스로 실망하거나 포기하여 중간에 책을 덮을 필요는 없습니다. 법조인이 되느냐 마느냐는 바로 그 때 결정될 수도 있습니다. '생래적 법조인'이란 없기 때문입니다.

아직 치열한 수험시장에 뛰어들기 전이라면, 부담 없이 본서를 읽으며 '체험'해 보십시오. 법조인이 되기 위해서는 또는 되어서는 이런 공부를 하는구나, 또 이런 방식으로 생각해야 하는구나를.

그리고 '가늠'해 보십시오. 나는 리걸 마인드와 친해질 수 있는가. 나는 여전히 '법조인'이 되고 싶은가.

차 례

본서에서는 이해의 편의를 위하여 본질적 내용을 해치지 않는 범위 내 법조문의 문구를 다소 수정하여 표기한 부분이 있습니다. 법령 정보는 '법제처' 사이트(www.moleg.go.kr)를, 판례의 전문(全文)은 '대법원 종합법률정보' 사이트(glaw.scourt.go.kr)를 이용하시면 됩니다.

[모닝커피]
형법의 시간적 적용범위

선 배　좋은 아침!

후 배　네! 좋은 아침!

후 배　형법 제1조 제1항은?

선 배　갑자기 무슨 제1조 제1항?

후 배　형법 3회독째 시작했습니다!

선 배　음...

앞으로 세, 네배는 더 해야겠네.

후 배　...

그래서 형법 제1조 제1항은?

선 배　'범죄의 성립과 처벌은 행위시의 법률에 의한다'

후 배　행위시법주의(行爲時法主義)라고 하죠!

선 배　동시에 소급효금지(遡及效禁止)의 원칙이고.

후 배　그렇죠, 다른 말로는 형벌불소급의 원칙.

선 배　형벌법규는 그 시행 이후의 행위에 대해서만 적용되고 후 배　시행 이전의 행위에까지 소급하여 적용될 수 없다는. 죄형법정주의의 중요한 요소죠.

선 배　예견가능성을 보장하여 국민의 신뢰이익을 보호하고, 법적 안정성을 꾀하기 위한.

후 배　'행위시'라 함은 범죄행위의 종료시이고,[1]

선 배　그렇다면 '포괄일죄(包括一罪)'로 되는 개개의 범죄행위가 법 개정의 전후에 걸쳐서 행하여진 경우에는 범죄 실행 '종료시'의 법이라고 할 수 있는 '신법'을 적용하여 포괄일죄로 처단해야 한다는 거고.[2,3]

후 배　그런데, 소급효금지의 원칙은 행위자를 보호하기 위한 규범이니까 '유리한' 신법을 소급적용하는 것은 죄형법정주의에?

선 배　반(反) 하지 않고, 제1조 제2항!

후 배　제2항, '범죄 후 법률의 변경에 의하여 그 행위가 범죄를 구성하지 아니하거나 형이 구법보다 경한 때에는 신법에 의한다'.[4]

---

1 대법원 1994. 5. 10. 선고 94도563 판결.

2 대법원 1998. 2. 24. 선고 97도183 판결.

3 **[변호사시험 기출문제]**
Q) 형법 제1조의 해석에 관하여 옳은 설명인지?
'실행행위의 도중에 법률이 변경되어 실행행위가 신 · 구법에 걸쳐 행하여진 때에는 신법 시행 전에 이미 실행행위가 착수되었으므로 이 행위에는 구법이 적용되어야 한다' (×)

4 **[변호사시험 기출문제]**
Q) 형법 제1조의 해석에 관하여 옳은 설명은?
'개정 전후를 통하여 형의 경중에 차이가 없는 경우에는 행위시법을 적용하여야 한다' (○)
'범죄 후 법률의 개정에 의하여 법정형이 가벼워진 경우에는 법률에 특별한 규정이 없는 한 신법의 법정형이 공소시효기간의 기준이 된다' (○)

선 배 '재판시법주의(裁判時法主義)'지.

후 배 '범죄 후'란?

선 배 실행행위의 종료 후.

후 배 그리고 재판확정 전이죠.

선 배 그렇지, 제3항과의 관계상.

후 배 제3항, '재판확정 후 법률의 변경에 의하여 그 행위가 범죄를 구성하지 아니하는 때에는 형의 집행을 면제한다.'

선 배 그럼 '법률의 변경에 의하여 그 행위가 범죄를 구성하지 아니하거나'의 의미는?

후 배 조문 그대로, 형벌법규 자체가 폐지되거나 구성요건이 변경되어 그 행위가 불가벌이 되거나.

선 배 그렇게 되면 어떤 판결이 날까? 제2항의 경우에 말이지.

후 배 면소판결이죠. 형사소송법 제326조,[5] '범죄 후의 법령개폐로 형이 폐지되었을 때에는 판결로써 면소의 선고를 하여야 한다.'[6]

---

5 형사소송법 제326조(면소의 판결) 다음 경우에는 판결로써 면소의 선고를 하여야 한다.

1. 확정판결이 있은 때
2. 사면이 있은 때
3. 공소의 시효가 완성되었을 때
4. 범죄 후의 법령개폐로 형이 폐지되었을 때

6 **[변호사시험 기출문제]**

Q) 甲은 구 식품위생법 제30조의 규정에 의하여 단란주점의 영업시간을 제한하고 있던 보건복지부 고시를 위반하여 단란주점 영업을 하다가 식품위생법위반죄로 공소가 제기되어 재판을 받고 있던 중에 위 규정의 변경은 없이 보건복지부 고시가 실효되었다. 이 사례에 관하여 옳은 설명인지?

'보건복지부 고시의 실효를 형법 제1조 제2항의 법률의 변경으로 본다면 甲에게 무죄를 선고해야 한다.' (×)

선 배 헌법재판소의 위헌결정이 있는 경우와는...

후 배 다르죠! 헌법재판소의 위헌결정이 있으면 소급하여 무효가 되어서.[7]

선 배 그렇지, 처음부터 범죄로 되지 아니한 때에 해당하니,

후 배 면소판결이 아니라 '무죄판결'이죠.[8]

선 배 형사소송법 제325조[9] '**전단**'의 무죄판결.

후 배 '피고사건이 범죄로 되지 아니하는 때에는 판결로써 무죄를 선고하여야 한다.'

선 배 좋아, 다음으로... '형이 구법보다 경한 때'란?

후 배 음... '법정형'을 기준으로 판단하는데,

선 배 만약 그 사이에 수차례 법률이 변경되었다면?

후 배 그 중에서 '가장' 형이 경한 법규정을 적용하면 되죠.[10, 11]

---

7 헌법재판소법 제47조(위헌결정의 효력) ② 위헌으로 결정된 법률 또는 법률의 조항은 그 결정이 있은 날부터 효력을 상실한다.

③ 제2항에도 불구하고 형벌에 관한 법률 또는 법률의 조항은 소급하여 그 효력을 상실한다. 다만, 해당 법률 또는 법률의 조항에 대하여 종전에 합헌으로 결정한 사건이 있는 경우에는 그 결정이 있는 날의 다음 날로 소급하여 효력을 상실한다.

8 **[변호사시험 기출문제]**

Q) 면소판결에 관하여 옳은 설명인지?

'공소제기된 사건에 적용된 법령이 헌법재판소의 위헌결정으로 효력이 소급하여 상실된 경우는 범죄후의 법령개폐로 형이 폐지되었을 때에 해당하므로 법원은 면소판결을 선고하여야 한다.' (×)

9 형사소송법 제325조(무죄의 판결) 피고사건이 범죄로 되지 아니하거나 범죄사실의 증명이 없는 때에는 판결로써 무죄를 선고하여야 한다.

10 대법원 1968. 12. 17. 선고 68도1324 판결.

11 **[변호사시험 기출문제]**

Q) 형법의 시간적 적용범위에 관하여 옳은 설명인지?

'범죄행위시와 재판시 사이에 수차 법률이 개정되어 형이 변경된 경우 그 전부의 법률을 비교하

선 배　그렇지. 그런데 만약 법률이 개정되면서 법정형이 가벼운 신법의 적용을 '배제'한다는 **부칙**을 둔다면 어떨까?

후 배　그때는 부칙을 최우선으로 적용해야죠.

선 배　제1조 제2항이 적용되지 않는다?

후 배　그렇죠, 부칙이 있으면 부칙이 먼저 적용되죠.

선 배　그 근거는?

후 배　... 특별규정이니까?

선 배　형법 제8조, '형법 총칙은 타 법령에 정한 죄에 적용한다. 단, 그 법령에 특별한 규정이 있는 때에는 예외로 한다.'

후 배　부칙이 특별규정이라는 얘기네요.

선 배　맞아, 대법원[12]은 형법 제1조 제2항 및 제8조에 의하여 범죄 후 법률의 변경에 의하여 형이 구법보다 경한 때에는 신법에 의한다고 규정하고 있으나 신법에 경과규정을 두어 그 신법의 적용을 배제하는 것도 허용되는 것으로서, 형을 종전보다 가볍게 형벌법규를 개정하면서 그 부칙으로 개정법 시행 전의 범죄에 대하여 종전의 형벌법규를 적용하도록 규정한다 하여 헌법상 형벌불소급의 원칙이나 신법우선주의에 반한다고 할 수 없다고 판시하고 있어.[13]

여 가장 형이 가벼운 법률을 적용하여야 한다.' (O)

12 대법원 1999. 4. 13. 자 99초76 결정.

13 **[변호사시험 기출문제]**
Q) 형법 제1조의 해석에 관하여 옳은 설명인지?
'신법에 경과규정을 두어 재판시법주의의 적용을 배제할 수 있다.' (O)

후배 따라서 제1조 제2항이 문제되어서 신법의 법정형이 가볍게 개정된 경우에는

선배 반드시 부칙이 있는지 여부를 확인해야 해.

후배 네, 부칙이 있으면 부칙에 따라 형이 무거운 구법을 적용하고,

선배 부칙이 없으면,

후배 그때 제1조 제2항으로 가서 법정형이 가벼운 신법을 적용하는 거죠.

선배 그럼 이런 경우는 어떨까? 계속범 사안이라면.

후배 계속범(繼續犯)이란 법익침해상태가 어느 정도 시간적 계속성이 있는, 기수 이후에도 법익침해가 계속되는 동안에는 범죄행위도 종료되지 않고 계속되는... 예를 들면 주거침입죄나 체포, 감금죄 같은 것들이죠?

선배 응, 일반적으로 계속범의 경우에는 실행행위가 종료되는 시점에서의 법률이 적용되어야 하겠지. 하지만 만약 법익침해가 계속되는 중간에 법률이 개정되면서 그 부칙에서 '개정된 법 시행 전의 행위에 대한 벌칙의 적용에 있어서는 종전의 규정에 의한다'는 경과규정을 두고 있다면?

후배 그렇다면...

개정법 시행 전(前)과 후(後)를 나누나요?

선배 대법원[14]은 그와 같은 경우 개정된 법이 시행되기 전의 행위에 대해서는 개정 전의 법을, 그 이후의 행위에 대해서는 개정된

14 대법원 2001. 9. 25. 선고 2001도3990 판결.

법을 각각 적용하여야 한다고 판시하고 있어.[15]

후 배 그렇군요.

선 배 그런데, 단순히 법률의 변경으로 범죄를 구성하지 않게 되거나 형이 구법보다 경하게 되는 '모든' 경우에 제1조 제2항이 적용되는 게 아니라는 건... 알지?

후 배 부칙이 있으면 부칙이 먼저...

선 배 아니, 그와 같은 법률의 변경은 **'반성적 고려'**에서 비롯된 것이어야 해.

후 배 반성적 고려요?

선 배 형법 제1조 제2항의 규정은 형벌법령 제정의 이유가 된 법률이념의 변천에 따라 과거에 범죄로 보던 행위에 대하여 그 평가가 달라져 범죄로 인정하고 처벌한 그 자체가 부당하였다거나 또는 과형이 과중하였다는 반성적 고려에서 법령을 개폐하였을 경우에 적용하여야 할 것이라는 게 대법원의 태도야.

후 배 아, 동기설(動機說)?

15 **[변호사시험 기출문제]**

Q) 계속범에 관하여 옳은 설명은?

'계속범의 경우 실행행위가 종료되는 시점의 법률이 적용되어야 하므로, 법률이 개정되면서 그 부칙에 개정된 법시행 전의 행위에 대한 벌칙의 적용에 있어서는 종전의 규정에 의한다는 경과규정을 두고 있는 경우에도 행위 전체에 대해 개정된 법을 적용하여야 한다.' (×)

'허가받지 아니한 업체와 건설폐기물의 처리를 위한 도급계약을 체결한 자가 무허가 건설폐기물 처리업체에 위탁하여 건설폐기물을 처리하는 행위를 처벌하는 법률이 신설된 후에도 그 도급계약에 따른 건설폐기물의 처리행위를 계속하였다면, 처벌규정 신설 후에 이루어진 무허가 처리업체에 의한 건설폐기물의 위탁처리에 대하여 위 법률 조항이 적용된다.' (○)

선 배　그래, 아는구나. 그런 '법률이념의 변경'을 '동기'로 하는 경우에만 유리한 신법이 적용된다는. 그래서 그와 같은 법률이념의 변경에 의한 것이 아닌 다른 사정의 변천에 따라 그때그때의 특수한 필요에 대처하기 위하여 법령을 개폐하는 경우에는 이미 그 전에 성립한 위법행위를 현재에 관찰하여도 행위 당시의 행위로서는 가벌성이 있는 것이어서 그 법령이 개폐되었다고 하더라도 그에 대한 형이 폐지된 것이라고 할 수 없다는.

후 배　아니, 이런. 선배, 전원합의체 판결로 동기설 폐지된 거 모르세요?

선 배　동기설이 폐지됐다고?

후 배　폐지됐죠.

피고인이 도로교통법 위반(음주운전)죄로 처벌받은 전력이 있음에도 술에 취한 상태로 전동킥보드를 운전하였다고 하여 구 도로교통법 위반(음주운전)으로 기소되었는데, 구 도로교통법이 개정되어 원심판결 선고 후에 개정 도로교통법이 시행되면서 전동킥보드와 같은 '개인형 이동장치'와 이를 포함하는 '자전거 등'에 관한 정의규정을 신설함에 따라 개인형 이동장치 음주운전 행위는 자동차 등 음주운전 행위를 처벌하는 조항의 적용대상에서 제외되는 한편 자전거 등 음주운전 행위를 처벌하는 조항이 적용되어 법정형이 종전보다 가볍도록 법률이 변경되고 별도의 경과규정은 두지 않은 사안에서,

대법원 전원합의체[16]는 이러한 법률 개정은 구성요건을 규정한

16 대법원 2022. 12. 22. 선고 2020도16420 전원합의체 판결.

형벌법규 자체의 개정에 따라 형이 가벼워진 경우에 해당함이 명백하므로, 종전 법령이 반성적 고려에 따라 변경된 것인지를 따지지 않고 형법 제1조 제2항에 따라 신법인 도로교통법으로 처벌할 수 있을 뿐이라는 이유로, 행위시법인 구 도로교통법을 적용하여 공소사실을 유죄로 인정한 원심판결은 더 이상 유지될 수 없다고 판단했답니다.

선 배 아... 종전 법령이 반성적 고려에 따라 변경된 것인지를 따지지 않는다?

후 배 그래요. 이제 반성적 고려라는 애매한 기준이 사라진 거죠.

선 배 그러네. 그럼 이제, 형벌법규 자체의 개정에 따라 범죄를 구성하지 않거나 형이 가벼워진 경우라면

후 배 네, 종전 법령이 반성적 고려에 따라 변경된 것인지 여부를 따지지 않고

선 배 원칙적으로 형법 제1조 제2항을 적용한다는!

후 배 바로 그거죠.

선 배 이야, 덕분에 큰 거 하나 배웠네!

후 배 그렇죠? 그럼, 밥이나 한 번 사시죠?

선 배 그래, 좋다. 오늘 점심 어때?

후 배 네! 잘 먹겠습니다!

선 배 오전 수업 있지?

후 배 네, 강간 사건 사례연습.

선 배 그래, 그럼 이따 보자고!

후 배 선배도 파이팅해요!

사건번호 94도2781

(강간치상 등)

사건번호 94도2781

[강간치상 등]

> 甲은 새벽 2시경 乙의 집에 침입하여, 잠을 자고 있는 乙을 강제로 간음할 목적으로 乙을 향해 손을 뻗었다.
> 순간 乙이 놀라 소리쳤고, 甲은 乙의 입을 왼손으로 막고 오른손으로 乙의 음부 부위를 더듬었다.
> 乙이 甲의 손가락을 깨물며 반항하자, 甲은 물린 손가락을 비틀며 뽑았고, 이로써 乙은 우측하악치아 결손의 상해를 입었다.

교 수 좋은 아침이네요?

학 생 안녕하십니까?

교 수 자... 시작할까요?

학 생 네!

교 수 甲은 무슨 죄가 될까요?

학 생 우선... 甲은 새벽 2시경 乙의 집에 침입하였습니다. 그 주거침입 행위를 처벌할 수...

교 수 죄형법정주의(罪刑法定主義)에 비추어 볼 때 甲이 乙의 집에 침입한 행위를 주거침입죄라 하여 형사처벌할 수 있는 근거가 있나요?

학 생 죄형법정주의란 법률 없으면 범죄 없고 형벌도 없다라는...

죄형법정주의(명확성의 원칙)

교 수　네, 어떤 행위가 범죄로 되는지 또 그 범죄에 대해 어떤 종류와 범위의 형벌을 과할 것인가는 행위 이전에 미리 성문의 법률에 규정되어 있어야 한다는 거죠.

학 생　형법 제319조 제1항입니다. 주거침입죄, '사람의 주거, 관리하는 건조물, 선박이나 항공기 또는 점유하는 방실에 침입한 자는 3년 이하의 징역 또는 500만원 이하의 벌금에 처한다.'

교 수　'사람의 주거, 관리하는 건조물... 점유하는 방실에 침입한 자는'... 내용이 너무 '광범위'하거나 '불명확'한 것이 아닌가요?

학 생　'명확성 원칙'에 반하는 위헌적 법률이 아닌가 하시는?

교 수　그렇죠, 죄형법정주의에서 파생하는.

헌법재판소법 제47조 제3항은 '형벌에 관한 법률이나 법률조항의 위헌결정은 소급하여 그 효력을 상실한다'고 규정하고 있습니다. 설사 甲이 제319조 제1항을 위반하였더라도 형벌에 관한 법령이 헌법재판소의 위헌결정으로 인해 소급하여 효력을 상실하거나 법원에서 위헌·무효로 선언된다면,

학 생　당해 법령을 적용하여 공소가 제기된 피고사건은 형사소송법 제325조에 따라 무죄가 선고되어야 할 것이고,[17]

교 수　형사소송법 제325조는 '피고사건이 범죄로 되지 아니하거나, 범죄사실의 증명이 없는 때 판결로써 무죄를 선고하여야 한다'고

---

17 대법원 2010. 12. 16. 선고 2010도5986 판결.

되어 있는데?

학 생　형벌에 관한 법령이 위헌결정으로 소급하여 효력을 상실하면 피고사건이 '처음부터' 범죄로 되지 아니한 것이므로,

교 수　형사소송법 제325조 '후단'이 아닌 '전단'의 무죄가 된다는 거죠?

학 생　그렇습니다.

교 수　명확성의 원칙이란 무엇인가요?

학 생　**명확성의 원칙**은 누구나 법률이 처벌하고자 하는 행위가 무엇이며 그에 대한 형벌이 어떠한 것인지 예견할 수 있고, 그에 따라 자신의 행위를 결정할 수 있도록 구성요건이 명확할 것을 의미하는데,

교 수　만약 처벌법규의 구성요건 내용이 모호하거나 추상적이어서 불명확하다면?

학 생　무엇이 금지된 행위인지 국민이 알 수 없고, 범죄의 성립여부가 법관의 자의적 해석에 맡겨져 죄형법정주의에 의해 국민의 자유와 권리를 보장하려는 법치주의 이념이 실현될 수 없게 됩니다.[18] 따라서, 범죄의 구성요건은 일반국민이 금지된 행위가 무엇인지 알 수 있도록 명확하게 규정하여야 하고 법관이 자의적으로 확장할 수 없는 개념을 사용해야 합니다.

교 수　하지만... 일반적으로 법규는 그 문언 표현에 한계가 있는데?

---

18 헌법재판소 2002. 2. 28. 자 99헌가8 결정.

학 생 네, 따라서 성질상 어느 정도 추상성을 가지며, 다양한 사건에 대한 탄력적 적용을 위하여 법관의 보충적 해석이 필요한 규범적 개념을 사용하는 것이 불가피하긴 합니다.[19]

교 수 그럼 그 명확성의 판단기준은 무엇인가요?

학 생 사물의 변별능력을 제대로 갖춘 일반인이 처벌법규의 입법목적이나 그 전체적 내용, 구조 등을 살펴보아 그 이해와 판단으로 범죄구성요건 요소에 해당하는 행위유형을 정형화하거나 한정할 합리적 해석기준을 찾을 수 있어야 합니다.[20]

교 수 판례가 있나요?

학 생 대법원[21]은 형법 제243조...

교 수 '음란한 문서, 도화, 필름 기타 물건을 반포, 판매 또는 임대하거나 공연히 전시 또는 상영한 자는 1년 이하의 징역 등에 처한다.'

학 생 네, 음화반포 등 죄에서 정하는 '음란(淫亂)'의 개념이 일반 보통인의 성욕을 자극하여 성적 흥분을 유발하고 정상적인 성적 수치심을 해하여 성적 도의관념에 반하는 것이라 풀이되므로 불명확하다고 볼 수 없고, 따라서 죄형법정주의에 반하지 않는다고 판시하였습니다.

교 수 법관의 보충적인 해석을 통하여 그 규범내용이 확정될 수 있다고 본 것이군요?

---

19 헌법재판소 2002. 2. 28. 자 99헌가8 결정.

20 대법원 2000. 11. 16. 선고 98도3665 판결.

21 대법원 1995. 6. 16. 선고 94도2413 판결.

학 생 네, 반면 '누구든지 경조기간 중 주류 등의 접대를 할 수 없다. 다만 가정의례의 참뜻에 비추어 합리적인 범위 안에서는 그러하지 아니하다.'라는 허례허식행위의 금지를 정한 구 가정의례에 관한 법률 제4조에서 '가정의례의 참뜻'이란 결혼식 등의 하객들에게 어떻게 음식이 접대되는 것이 그 참뜻에 맞는 것인지 종래 우리 관습상 혼례식의 성격 등을 볼 때 쉽게 예상되기 어렵고, 가정의례의 참뜻에 대한 인식은 확립되었다고 볼 수도 없어 그 대강의 범위를 예측하여 이를 행동의 준칙으로 삼기에 부적절하다고 본 헌법재판소 결정[22]도 있습니다.

교 수 그에 비해 주거침입죄의 '사람의 주거 등에 침입한 자'라는 의미는 통상적인 법감정을 통하거나 법관의 합리적 해석에 의하여 판단이 가능하다는 건가요?

학 생 그렇습니다. 처벌법규의 구성요건이 어느 정도 명확하여야 하는가는 일률적으로 정할 수 없습니다. 다만, 각 구성요건의 특수성과 그러한 법적 규제의 원인이 된 여건이나 처벌의 정도 등을 고려하여 종합적으로 판단하여야 할 것입니다.

교 수 다소 광범위하고 어느 정도의 범위에서는 법관의 보충적인 해석을 필요로 하는 개념을 사용하고 있더라도

학 생 그 적용단계에서 다의적으로 해석될 우려가 없는 이상 그 점만으로 헌법이 요구하는 명확성의 요구에 배치된다고 보기 어렵다는 것입니다.[23]

22 헌법재판소 1998. 10. 15. 자 98헌마168 결정.

23 대법원 2004. 7. 9. 선고 2004도810 판결.

교수　형법 제319조 제1항 주거침입죄 규정은 죄형법정주의상 명확성 원칙에 반하지 않는다. 그럼 이제 그 의미를 해석해 볼 차례네요.

주거침입죄

교수　제319조 제1항, '사람의 주거, 관리하는 건조물 또는 점유하는 방실에 침입한'...

학생　일단 이 사건 乙이 자연인(自然人), 즉 '사람'이라는 점은 특별히...

교수　그렇죠, 이 사건에서 乙이 사람이라는 점에 대해서는 특별히 문제될 게 없어 보이죠.

그럼, 甲은 乙의 '주거, 관리하는 건조물, 점유하는 방실'에 침입한 것인가요?

학생　甲은 乙의 '집'에 침입하였습니다. '주거'에 침입한 것입니다.

교수　'주거'란 무엇인데요?

학생　사람의 기와침식에 사용되는 장소를 말합니다.

교수　기와침식이라...

학생　기와(起臥)는 일어남과 누움을, 침식(寢食)은 잠자는 일과 먹는 일을 의미합니다. 즉 일어나고 눕고, 잠자고 먹는 일에 사용되는 장소를 '주거'라 합니다.

교수　반드시 '기와침식'에 사용되는 장소여야 하나요? 사람이 일상생활을 영위하기 위하여 점거하는 장소라면 족하지 않을까요?

학생　제319조 제1항은 '주거' 외에 '점유하는 방실'을 별도로 규정하고 있습니다. 기와침식에 사용되는 장소가 아니라면 '방실(房室)'이 될 것이고, 이를 침입하면 '방실침입죄'가 될 것입니다. '주거'와 '방실'의 개념은 구별되어 있습니다.

교 수　甲은 乙의 '집'에 침입하였고, 그곳에서 乙은 새벽 2시경 '잠'을 자고 있었지요. 사실 '집'이란... '주거'죠.

학 생　더군다나, '주거'란 단순히 '가옥 자체'만을 말하는 것이 아니라 그 '위요지'도 포함하는 개념으로[24]

교 수　**위요지**(圍繞地)란 가옥의 정원 등 외부와의 경계에 문이나 담 등을 설치하여 외부와 구별되는 부분이죠.

학 생　네, 대법원[25]은 수일 전에 피해자를 강간하였던 피고인이 대문을 몰래 열고 들어와 담장과 피해자가 거주하던 방 사이의 좁은 통로에서 창문을 통하여 방안을 엿본 경우도 주거침입죄라고 판단하였습니다.[26]

교 수　乙의 집이 '주거'라는 점은 더 이상 의문이 없네요.

---

24 대법원 2001. 4. 24. 선고 2001도1092 판결.

25 대법원 2001. 4. 24. 선고 2001도1092 판결.

26 **[변호사시험 기출문제]**

Q) 주거침입죄에 관하여 옳은 설명은?

'주거침입죄에서 주거란 단순히 가옥 자체만을 말하는 것이 아니라 그 정원 등 위요지를 포함한다.' (○)

'甲이 새벽에 귀가하는 A(25세, 여)를 발견하고는 강간하기로 마음먹고, A를 따라가 A가 거주하는 아파트 엘리베이터를 같이 탄 뒤 엘리베이터 안에서 주먹으로 A의 얼굴을 수회 때려 반항을 억압한 후 A를 끌고 엘리베이터에서 내린 다음 아파트 계단에서 A를 간음하고 그로 인하여 A에게 상해를 가한 경우, 아파트의 엘리베이터, 공용계단은 특별한 사정이 없는 한 주거침입죄의 객체인 '사람의 주거'에 해당하므로 甲에게는 성폭력범죄의처벌등에관한특례법위반(강간등상해)죄가 성립한다.' (○)

교 수 그런데, 만약 그 집이 甲과 乙이 연인으로서 함께 동거하던 장소였다면... 甲은 본인이 살던 집에 다시 돌아간 것 뿐인데, 그래도 甲에게 주거침입죄가 성립할까요?

학 생 성립합니다. 여기서 '주거'란 '자기'가 그 공동생활의 일원이 아닌 '타인(他人)'의 주거를 말합니다. 가족이라도 공동생활에서 이탈한 후 옛 주거에 침입하면 주거침입죄가 성립한다는 겁니다.

교 수 그럼 이런 경우는 어떤가요?
甲을 그 집의 소유자로, 乙을 그 집의 임차인이라 해봅시다. 그런데 乙이 지속적으로 차임지급을 연체하니까 甲이 임대차계약을 해지한 거죠. 물론 적법하게요.

학 생 乙은 더 이상 그 집을 점유할 권리가 없다?

교 수 그렇죠, 이때에도 과연 甲에게 주거침입죄가 성립할까요?

학 생 주거침입죄는 **'사실상의 주거의 평온'**을 보호법익으로 합니다.

교 수 거주자가 주거할 권리를 가지고 있는지 여부는 범죄의 성립을 좌우하지 않는다는 건가요?

학 생 그렇습니다. 점유할 권리 '없는' 자의 점유라 하더라도 그 주거의 평온은 보호되어야 합니다.[27,28] 그 점유의 '개시'는 적법하다는 전제하에서요.

---

27 대법원 1984. 4. 24. 선고 83도1429 판결.

28 **[변호사시험 기출문제]**
Q) 주거침입죄에 관하여 옳은 설명인지?
'임대차 기간이 종료된 후에는 임차인이 계속 점유하고 있는 건물에 그 소유자가 무단으로 들어가더라도 주거침입죄가 성립하지 않는다.' (×)

교 수 즉 소유자 등 권리자라 하여도 그 권리를 실현함에 법에 정해진 절차에 의하지 않고 주거에 침입했다면 주거침입죄가 성립한다?

학 생 네, 사실상의 주거의 평온을 해할 정도에 이르렀다면 말입니다.[29]

교 수 좋습니다.

그럼 甲이 乙의 주거에 '침입'한 것인지 판단해 봅시다.

학 생 주거자 등의 '의사에 반(反)하여' 주거 등에 들어가는 것을 '침입'이라고 합니다.

교 수 의사에 반하여 주거 등에 들어가는 것을 침입이라 한다라. 그럼 만약 甲이 사전에 乙의 승낙이나 허가를 받았다면 어땠을까요?

학 생 乙이 甲의 강간 목적을 알았다면 그 승낙을 하지 않았을 것입니다. 즉 '불법행위'를 할 목적을 감추고 주거자 등의 승낙이나 허가를 얻어 들어간 때에는 주거자의 '추정적 의사'에 반하여 들어간 것이므로, 역시 주거침입죄가 성립합니다.

교 수 '추정적 의사'에 반하여 들어간 것이므로 주거침입죄다?

학 생 네, 그렇습니다.

교 수 흠...

학 생 ...

교 수 아직 못 들어본 게로군요. 대법원이 전원합의체로 견해를 변경했답니다.

학 생 아...

29 대법원 1984. 4. 24. 선고 83도1429 판결.

교 수 대법원[30]은 피고인이 공동거주자인 부부의 남편 부재중 그의 아내와 혼외 성관계를 가질 목적으로 아내가 열어 준 현관 출입문을 통하여 부부가 공동으로 거주하는 아파트에 들어간 사안에서, 피고인이 아내로부터 현실적인 승낙을 받아 통상적인 출입방법에 따라 주거에 들어갔으므로 주거의 사실상 평온상태를 해치는 행위태양으로 주거에 들어간 것이 아니어서 주거에 침입한 것으로 볼 수 없고, 피고인의 주거 출입이 부재중인 그녀의 남편의 의사에 반하는 것으로 추정되더라도 주거침입죄의 성립 여부에 영향을 미치지 않는다고 전원합의체로 판단했습니다.

학 생 부재중인 다른 거주자의 추정적 의사에 반하는 경우에도 주거침입죄가 성립하지 않는다는 건가요?

교 수 그렇죠.

학 생 아, 그렇다면 더 이상 주거침입죄 여부를 따질 때 거주자의 의사와 같은 주관적 사정을 고려하지 않는다는 의미이군요.

교 수 그래요. 주거침입죄에서의 '침입'이란 '거주자가 주거에서 누리는 사실상의 평온상태를 해치는 행위태양으로 주거에 들어가는 것'을 의미하고, 침입에 해당하는지 여부는 출입 당시 객관적·외형적으로 드러난 행위태양을 기준으로 판단하는 것이 원칙이라는 것이지요.

학 생 단순히 주거에 들어가는 행위 자체가 거주자의 의사에 반한다는 거주자의 주관적 사정만으로 바로 침입에 해당한다고 볼 수 없다.

30 대법원 2021. 9. 9. 선고 2020도12630 전원합의체 판결.

교 수 맞습니다. 주거침입죄는 사실상 주거의 평온을 보호법익으로 하고, 그래서 그 '침입'이란 주거의 사실상 평온 상태를 해치는 행위태양으로 주거에 들어가는 것을 의미합니다. 따라서 침입행위에 해당하는지는 거주자의 의사에 반하는지가 아니라 사실상의 평온 상태를 해치는 행위태양으로 주거에 들어가는 것을 의미하고, 침입에 해당하는지는 출입 당시 객관적·외형적으로 드러난 행위태양을 기준으로 판단함이 원칙이라는 의미이지요.

학 생 행위자가 거주자의 승낙을 받아 주거에 들어갔으나 범죄나 불법행위 등을 목적으로 한 출입이거나 거주자가 행위자의 실제 출입 목적을 알았더라면 출입을 승낙하지 않았을 것이라는 사정이 인정되는 경우에도

교 수 그런 사정이 인정되는 경우에도, 주거침입죄에서 규정하는 침입행위에 해당하려면, 출입하려는 주거 등의 형태와 용도·성질, 외부인에 대한 출입의 통제·관리 방식과 상태, 행위자의 출입 경위와 방법 등을 종합적으로 고려하여 행위자의 출입 당시 객관적·외형적으로 드러난 행위태양에 비추어 주거의 사실상 평온상태가 침해되었다고 평가되어야 한다는 것입니다.

학 생 아...

교 수 그래서 대법원[31]은 피고인들이 음식점에서 기자를 만나 식사를 대접하면서 기자가 부적절한 요구를 하는 장면 등을 확보할 목적으로 녹음·녹화장치를 설치하거나 장치의 작동 여부 확인 및

31 대법원 2022. 3. 24. 선고 2017도18272 전원합의체 판결.

이를 제거하기 위하여 음식점의 방실에 들어감으로써 주거에 침입했다는 내용으로 기소된 사안에서, 피고인들이 음식점 영업주로부터 승낙을 받아 통상적인 출입방법에 따라 음식점의 방실에 들어간 것은 주거침입죄에서 규정하는 침입행위에 해당하지 아니하고, 설령 다른 손님인 기자와의 대화 내용과 장면을 녹음·녹화하기 위한 장치를 설치하거나 장치의 작동 여부 확인 및 이를 제거할 목적으로 음식점의 방실에 들어갔더라도, 그러한 사정만으로는 피고인들에게 주거침입죄가 성립하지 않는다고 판단하기도 하였지요.

학 생　아... 그럼, 변경된 판례의 태도에 따른다면 사전에 乙의 승낙을 받은 甲의 출입행위는 객관적으로 사실상의 평온을 해한 것이 아니므로 '침입'에 해당한다고 보기는 곤란하겠네요.

교 수　그렇군요.

학 생　하지만 사안에서는 甲이 乙의 사전 승낙을 받은 정황이 전혀 보이지 않고, 오히려 잠을 자고 있는 乙을 간음하기 위해 새벽에 乙의 집에 들어갔다는 것이니.

교 수　어떻게 판단해야 하지요?

학 생　객관적으로 甲의 행위는 乙의 사실상 주거의 평온을 해한 것으로 볼 수밖에 없습니다. 주거침입죄가 성립한다고 보아야 합니다.

교 수　좋습니다. 그럼 甲은 주거침입죄의 '기수'인가요? 주거침입죄는 제322조에 미수범(未遂犯) 처벌 규정을 두고 있는데 말이죠.

학 생　주거침입죄의 기수(旣遂) 시기에 대해서는, 신체의 전부가 주거에 들어간 때 기수가 된다는 전부침입설(全部侵入說), 신체의 일부만 주거 안으로 들어갔더라도 사실상의 평온을 해할 수 있는 정도에 이르렀다면 기수가 된다는 일부침입설(一部侵入說) 등이 있는데,

교 수 판례의 태도는 무엇인가요?

학 생 대법원[32]은 주거침입죄는 사실상의 주거의 평온을 보호법익으로 하는 것이므로, 반드시 행위자 신체의 '전부'가 범행의 목적인 타인의 주거 안으로 들어가야만 성립하는 것이 '아니라', 신체의 '일부만' 타인의 주거 안으로 들어갔다고 하여도 거주자가 누리는 '사실상의 주거의 평온'을 해할 수 있는 정도에 이르렀다면 범죄구성요건을 충족하는 것이라고 보아야 하고,

따라서 주거침입죄의 고의는 반드시 신체의 '전부'가 타인의 주거 안으로 들어간다는 인식이 있어야만 하는 것이 아니라 신체의 '일부'라도 타인의 주거 안으로 들어간다는 인식이 있으면 족하다고 판시하고 있습니다.

교 수 이 사건에서는 甲의 신체 '전부'가 乙의 주거 안으로 들어갔지요?

학 생 네, 甲은 乙을 강제로 간음하고자 하였습니다. 사실상 乙 주거의 평온은 깨졌다고 보이고...

교 수 주거침입죄의 기수이다?

학 생 그렇습니다.

교 수 甲은 '주거침입죄'로 처벌된다?

학 생 음...

교 수 일단 다음 행위로 넘어가 봅시다.

32 대법원 1995. 9. 15. 선고 94도2561 판결.

강간죄

교 수　'잠을 자고 있는 乙을 강제로 간음할 목적으로 乙을 향해 손을 뻗었다.'

학 생　甲은 강간의 고의로 乙을 향해 손을 뻗었습니다. 강간죄가 문제됩니다.

교 수　강간의 고의란 거죠?

학 생　네, '강제로 간음할 목적으로'.

교 수　고의(故意)란 무엇인가요?

고의

학 생　객관적 행위상황을 인식하고 구성요건을 실현하려는 의사를 말합니다.

교 수　객관적 '행위상황'을 '인식'하고 '구성요건'을 실현한다는 '의사'라.

학 생　'객관적 구성요건요소'에 해당하는 사실의 '인식(認識)'과 '구성요건'의 실현을 목표로 하는 '의사(意思)'라는...[33]

교 수　'구성요건'이란 무엇인데요?

학 생　형법상 금지 또는 요구되는 행위가 무엇인가를 기술해 놓은 것

33 **[변호사시험 기출문제]**

Q) 착오에 관하여 옳은 설명인지?

'절도죄에 있어서 재물의 타인성을 오신하여 그 재물이 자기에게 취득할 것이 허용된 동일한 물건으로 오인하고 가져온 경우에는 범죄사실에 대한 인식이 있다고 할 수 없으므로 범의가 조각되어 절도죄가 성립하지 아니한다.' (○)

입니다.

교 수 그럼, 강간죄의 구성요건부터 보아야 하겠군요.

학 생 형법 제297조, '폭행 또는 협박으로 사람을 강간한 자는 3년 이상의 유기징역에 처한다'

교 수 '폭행 또는 협박으로 사람을 강간한'.

학 생 '강간(强姦)'이란 강제력으로 의사에 반하여 간음하는 것을 말하는데

교 수 甲은 '강제로 간음할 목적'으로 乙을 향해 손을 뻗었죠.

학 생 甲은 강제력으로 乙의 의사에 반하여 간음할 목적으로 손을 뻗었습니다.

교 수 甲에게 乙을 '강간'할 고의가 있었다?

학 생 네, 甲은 자고 있는 사람을 그 의사에 반하여 간음하고자 하였습니다. '사람을 강간'한다는 사실을 인식하고 있었으니 행위 당시 인식한 객관적 사실에 착오도 없고요.

교 수 '사람을 강간'한다는 사실을 인식하면서 그것을 '실현'하고자 하였으니 구성요건 실현의 '의사'도 인정된다는 말이군요.

학 생 甲에게는 '사람을 강간'한다는 사실에 대한 '인식'과 '의사'가 모두 존재합니다. 甲의 乙에 대한 강간죄의 고의는 인정됩니다.

교 수 그런데, '고의'란 객관적 구성요건요소에 해당하는 '모든' 사실을 인식해야 하는 것 아닌가요? 형법 제297조는 '폭행 또는 협박으로 사람을 강간한 자'라고 규정하고 있습니다. 甲에게 乙을 '폭행 또는 협박'한다는 사실에 대한 인식과 의사도 있다는 건가요?

학 생　甲은 乙을 '강제로 간음'하고자 하였습니다. 형법 제297조의 '폭행 또는 협박'은 그 '강제력' 행사의 '수단'입니다. 甲에게 강제력을 행사한다는 인식과 의사가 있다면, 거기에는 폭행이나 협박을 사용한다는 인식과 의사도 있는 것으로 보아야 할 것입니다.

교 수　'강제로 간음할 목적으로'. 사건의 사실관계는 강간의 고의 외 다른 고의에 대한 여지를 주지 않고 있군요.

학 생　그렇습니다.

교 수　만약 乙이 甲의 아내라면 어떨까요? 甲은 자신의 법률상 처를 강제로 간음해도 강간죄가 아니라고 생각했다면... 그렇다면, 강간죄의 고의가 없는 것 아닌가요?

학 생　우선, 법률상의 처가 강간죄의 대상에 해당되는지부터 따져 보아야 할 것 같습니다.

교 수　대법원[34]은 설사 남편이 강제로 처를 간음하였더라도 강간죄는 성립되지 않는다고 판시하였는데,

학 생　2013년 전원합의체 판결[35]로 그 견해를 변경하였습니다.

교 수　어떻게 변경하였나요?

학 생　혼인관계가 파탄된 경우뿐만 아니라 혼인관계가 실질적으로 유지되고 있는 경우에도 남편이 반항을 불가능하게 하거나 현저히 곤란하게 할 정도의 폭행이나 협박을 가하여 아내를 간음한 경우에는 강간죄가 성립한다.

---

34 대법원 1970. 3. 10. 선고 70도29 판결.

35 대법원 2013. 5. 16. 선고 2012도14788 판결.

교 수　강간죄의 보호법익은 **성적 자기결정권**입니다. 타당한 견해변경이죠.

학 생　그럼에도 불구하고, 법률상의 처를 강간하는 것이 죄가 되지 않는 것으로 '오인'하였다면 그 오인에 '정당한 이유'가 없는 한 강간죄로 처벌됩니다.

교 수　오인... '착오'의 문제군요.

학 생　네, '**법률의 착오**' 문제입니다.

법률의 착오

학 생　형법 제16조는 '자기의 행위가 법령에 의하여 죄가 되지 아니하는 것으로 오인한 행위는 그 오인에 정당한 이유가 있는 때에 한하여 벌하지 아니한다'고 규정하고 있습니다.

교 수　'법령에 의하여 죄가 되지 아니하는 것으로 오인한'. '사실'의 착오와는 다른 문제인가요?

학 생　네, 객관적 사실 즉 '행위상황'에 대한 인식은 있으나, 그 '위법성'을 인식하지 못한 경우입니다. '금지착오'라고도 하고요.

교 수　위법성을 인식하지 못한 경우라 함은... 금지 '규범'을 인식하지 못한 경우를 말하는 건지?

학 생　아닙니다. 대법원[36]은 금지 '규범'을 인식하지 못한 단순한 '법률의 부지(不知)'는 금지착오, 즉 법률의 착오로 보지 않습니다.

---

36 대법원 1991. 10. 11. 선고 91도1566 판결.

교 수 단순히 '죄가 되는 줄 몰랐다'라는 건 법률의 착오가 아니라는 거군요.

학 생 그렇습니다. 대법원은 법률의 착오를 일반적으로 범죄가 되는 경우이지만 자기의 특수한 경우에는 법령에 의하여 허용된 행위로서 죄가 되지 아니한다고 그릇 인식하는 경우로 제한하여 해석하고 있습니다.

교 수 예를 들면?

학 생 예를 들면, 허가를 얻어 벌채하고 남아있던 잔존목을 벌채하는 것이 '위법인 줄 몰랐다'라는 사정은 단순한 법률의 부지에 불과하여 법률의 착오라 볼 수 없다[37]는 것입니다.[38]

교 수 그렇다면 금지의 착오란 금지규범 자체에 대한 착오가 아니라

학 생 행위자가 금지규범을 잘못 판단하여 그 규정이 위헌무효라고 오인하거나

교 수 '효력의 착오'라고 하지요.

학 생 구성요건적 사실은 인식했지만 그 사실이 어떤 법률적 '의미'를 가지는지 착오한 경우가 될 것입니다.

교 수 그것을 '규범적 구성요건의 착오'라고 하는가요.

학 생 네, 고의는 구성요건 요소에 표시된 사실을 인식할 것을 요합니다. 그런데 구성요건 중에는 여러 가지 의미로 해석할 수 있

37 대법원 1986. 6. 24. 선고 86도810 판결.

38 **[변호사시험 기출문제]**

Q) 법률의 착오(금지착오)에 관하여 옳은 설명인지?

'행위자가 금지규범의 존재를 아예 인식하지 못한 법률의 부지는 행정형법의 영역에서 많이 발생하며 법률의 착오의 전형적인 사례로 인정된다.' (×)

는 요소가 있고, 그러한 경우에는 순수한 사실의 인식 외에 그 안에 포섭된 '규범적 의미내용'을 인식할 것이 요구되는데

교 수　그 '규범적 의미내용'을 착오한 것이 '규범적 구성요건의 착오'라는 것이군요.

학 생　그렇습니다. 예를 들면, 형법 제129조 제1항이 '공무원이 그 직무에 관하여 뇌물을 수수, 요구 또는 약속한 때에는 5년 이하의 징역 등에 처한다.'고 규정하고 있는데, 국립대학교 직원이 자신은 공무원이 아니니 뇌물을 수수하여도 죄가 되지 않는다고 오인하는 경우 등입니다.

교 수　금지규범을 '좁게' 해석해서 자신의 행위는 허용된다고 믿는 경우라 할 것이지요. 그래서 '포섭의 착오'라고도 합니다.

학 생　이 사건에서 甲은 형법 제297조에서 정한 '사람을 강간'한다는 '사실'에 대해서는 착오가 없습니다. 다만 법률상의 처는 그 '사람'에 해당되지 않으므로 자신의 아내를 강간하여도 형법 제297조의 '사람을 강간'하는 것이 아니니 강간죄로 처벌되지 않는다고 착오한 법률의 착오 즉 금지착오이고, 그 중에서 포섭의 착오가 될 것입니다.

교 수　그 착오에 '정당한 이유'가 있어야 벌하지 않는다는 것이 형법 제16조의 내용이고요.

학 생　그렇습니다.

교 수　'**정당한 이유**'가 있는지 여부는 어떻게 판단하나요?

학 생　행위자에게 '위법성의 인식가능성'이 있었느냐 여부를 기준으로 판단합니다.

교 수 '위법성의 인식가능성'이라...

학 생 대법원[39]은 행위자에게 자기 행위의 위법의 가능성에 대해 심사숙고하거나 조회할 수 있는 계기가 있어 자신의 지적능력을 다하여 이를 회피하기 위한 진지한 노력을 다하였더라면 스스로의 행위에 대해 위법성을 인식할 수 있는 가능성이 있었음에도 그를 다하지 못한 결과 자기 행위의 위법성을 인식하지 못한 것인지 여부에 따라 판단하여야 한다고 판시하고 있습니다.[40]

교 수 그와 같은 기준이라면 정당한 이유가 인정되는 경우가 거의 없겠군요.

학 생 실제로 그렇습니다.

교 수 이 사안에서는 어떤가요?

학 생 甲이 자신의 지적능력을 다하여 위법을 회피하기 위한 진지한 노력을 다했더라면, 법률상 처를 강제로 간음하여도 강간죄가 성립한다는 것을 알 수 있지 않았을까.

교 수 좋습니다.

---

39 대법원 2015. 2. 12. 선고 2014도11501 판결.

40 **[변호사시험 기출문제]**

Q) 법률의 착오(금지착오)에 관하여 옳은 설명인지?

'법률의 착오에 있어 정당한 이유가 있는지 여부는 행위자에게 자기 행위의 위법의 가능성에 대해 심사숙고하거나 조회할 수 있는 계기가 있어 자신의 지적능력을 다하여 이를 회피하기 위한 진지한 노력을 다하였더라면 스스로의 행위에 대하여 위법성을 인식할 수 있는 가능성이 있었음에도 이를 다하지 못한 결과 자기 행위의 위법성을 인식하지 못한 것인지 여부에 따라 판단하여야 한다.' (O)

Q) 책임에 관하여 옳은 설명인지?

'법률의 착오와 관련하여, 위법성의 인식에 필요한 노력의 정도는 구체적인 행위정황과 행위자 개인의 인식능력 그리고 행위자가 속한 사회집단에 따라 달리 평가되어야 한다.' (O)

다시 이 사건 본래의 사실관계로 돌아와보죠.

교 수 甲에게 乙에 대한 강간의 고의가 인정된다면... 그럼 이제 甲을 형법 제297조 강간죄로 처벌할 수 있는 건가요?

학 생 아닙니다. 일반적으로 불법(不法)을 행위반가치(行爲反價値)와 결과반가치(結果反價値)의 불가분적 연관 속에서 파악하는데,

교 수 이른바 '**이원적(二元的) 인적(人的) 불법론**'이지요.

학 생 '행위반가치'는 다시 고의와 같은 '주관적 요소'와 범행실행의 종류나 방법과 같은 '객관적 요소'로 나뉘고, '결과반가치'는 법익침해의 결과가 발생하거나 발생이 가능한 상태로 나뉩니다.

교 수 법익침해의 결과가 발생하였다면 기수범이 될 것이고, 결과가 발생하진 않았지만 발생이 가능한 상태라면 미수범이 될 것이고요.

학 생 그런데 지금 甲의 고의가 인정된다고 검토한 것은 그 '불법' 중에서 '행위반가치'의 '주관적 요소'만을 파악한 것에 불과합니다.

교 수 다시 말해, 甲을 강간죄로 처벌하기 위해서는 행위반가치의 주관적 요소 외 '객관적 요소'도 있어야 하고, 그 행위로 인한 '결과반가치'도 인정되어야 한다는 것이지요?

학 생 맞습니다. 행위반가치의 주관적 요소를 **주관적 구성요건**이라고 하고, 객관적 요소를 **객관적 구성요건**이라고 합니다.

교 수 그럼 다음 검토 순서는?

학 생 행위반가치의 '객관적 요소'입니다.

교 수 강간죄의 객관적 구성요건에 해당하는가의 문제로군요. 다시 한 번 법조문을 볼 필요가 있겠네요.

학 생　'폭행 또는 협박으로 사람을 강간한 자는'

폭행 · 협박의 의미

교 수　甲은 乙을 '폭행 또는 협박'하였나요?

학 생　강간죄에서의 폭행, 협박이란 최협의의 폭행과 협박을 의미하는데

교 수　최협의의 폭행, 협박... 그렇죠, 형법상 '폭행'과 '협박'의 개념은 모든 범죄에 대해 동일한 것이 아니지요.

학 생　네, 폭행의 개념에 대해서는 최광의(最廣義)의 폭행, 광의(廣義)의 폭행, 협의(狹義)의 폭행, 최협의(最狹義)의 폭행으로, 협박의 개념에 대해서는 광의(廣義)의 협박, 협의(狹義)의 협박, 최협의(最狹義)의 협박으로 각 구분되는데,

교 수　폭행이나 협박의 정도가 가장 넓은 의미에서 가장 좁은 의미로 갈수록 강해질 것 같군요.

학 생　그렇습니다. 최광의의 폭행이란 사람이나 물건에 대한 것이든 불문한 일체의 유형력의 행사를 말합니다. 내란죄[41]나 소요죄[42]

---

41 형법 제87조(내란) 국토를 참절하거나 국헌을 문란할 목적으로 폭동한 자는 다음의 구별에 의하여 처단한다.
   1. 수괴는 사형, 무기징역 또는 무기금고에 처한다.
   2. 모의에 참여하거나 지휘하거나 기타 중요한 임무에 종사한 자는 사형, 무기 또는 5년 이상의 징역이나 금고에 처한다. 살상, 파괴 또는 약탈의 행위를 실행한 자도 같다.
   3. 부화수행하거나 단순히 폭동에만 관여한 자는 5년 이하의 징역 또는 금고에 처한다.

42 형법 제115조(소요) 다중이 집합하여 폭행, 협박 또는 손괴의 행위를 한 자는 1년 이상 10년 이하의 징역이나 금고 또는 1천500만원 이하의 벌금에 처한다.

등에서의 폭행이 여기에 해당하고.

교 수 광의의 폭행이란 '사람에 대한' 직접 또는 간접의 유형력의 행사를 말하지요?

학 생 네, 공무집행방해죄[43]에서의 폭행이 광의의 폭행에 해당합니다. 협의의 폭행이란 사람의 신체에 대한 '직접적' 유형력의 행사를 말하고요.

교 수 형법 제260조[44] 폭행죄에서의 폭행이 바로 이 협의의 폭행에 해당하지요.

학 생 그리고 최협의의 폭행이란 상대방의 반항을 불가능하게 하거나 현저히 곤란하게 할 정도의 직접 또는 간접적인 유형력의 행사를 말하는데, 강간죄나 강도죄[45]에서의 폭행이 바로 여기에 해당합니다.

교 수 협박의 경우는 어떤가요?

학 생 광의의 협박이란 사람에게 공포심을 일으킬 목적으로 상대방에게 해악의 고지를 하는 것을 말하는데, 현실적으로 상대방이 공포심을 느꼈는지 여부는 문제삼지 않습니다.

교 수 소요죄나 공무집행방해죄에서의 협박이 광의의 협박에 해당하지요.

협의의 협박은 무엇이지요?

---

43 형법 제136조(공무집행방해) ① 직무를 집행하는 공무원에 대하여 폭행 또는 협박한 자는 5년 이하의 징역 또는 1천만원 이하의 벌금에 처한다.

44 형법 제260조(폭행 등) ① 사람의 신체에 대하여 폭행을 가한 자는 2년 이하의 징역, 500만원 이하의 벌금, 구류 또는 과료에 처한다.

45 형법 제333조(강도) 폭행 또는 협박으로 타인의 재물을 강취하거나 기타 재산상의 이익을 취득하거나 제3자로 하여금 이를 취득하게 한 자는 3년 이상의 유기징역에 처한다.

학 생 상대방의 반항을 불능케 하거나 곤란케 할 정도는 아니지만 상대방에게 현실로 공포감을 느낄 수 있을 정도의 해악의 고지를 하는 것을 의미합니다. 형법 제283조[46] 협박죄에서의 협박이 여기에 해당합니다.

그리고 최협의의 협박이란 상대방의 반항을 불가능하게 하거나 현저히 곤란하게 할 정도의 강한 해악의 고지를 말하는데,

교 수 강간죄나 강도죄의 협박의 개념은 폭행과 마찬가지로 모두 최협의에 해당하지요?

학 생 네, 그렇습니다.

교 수 음, 강간죄가 그렇다면... 그럼 강제추행죄도 마찬가지인가요? 강제추행죄도 강간죄와 마찬가지로 최협의의 폭행과 협박이 필요하다?

학 생 아니요, 아닙니다. 강제추행죄는 그렇지 않습니다.

교 수 그렇지 않나요?

학 생 네, 강제추행죄 역시 본래는 강간죄와 마찬가지로 최협의의 폭행과 협박이 필요하다고 본 것이 맞습니다. 그러나 최근 대법원 전원합의체가 그 견해를 변경하였습니다.

교 수 좋습니다. 잘 알고 있군요. 더 설명해 보시죠.

학 생 기존 대법원은 **강제추행죄**는 폭행 또는 협박을 가하여 사람을 추행함으로써 성립하는 것으로서 그 폭행 또는 협박이 항거를 곤란하게 할 정도일 것을 요한다고 보았습니다.

---

46 형법 제283조(협박 등) ① 사람을 협박한 자는 3년 이하의 징역, 500만원 이하의 벌금, 구류 또는 과료에 처한다.

그러나, 최근 대법원 전원합의체[47]는 피고인이 자신의 주거지 방안에서 4촌 친족관계인 피해자의 학교 과제를 도와주던 중 피해자를 양팔로 끌어안은 다음 침대에 쓰러뜨린 후 피해자의 가슴을 만지는 등 강제로 추행하였다는 범죄사실로 기소된 사안에서, 폭행 또는 협박이 추행보다 시간적으로 앞서 그 수단으로 행해지는 경우, 그러니까 이른바 '폭행·협박 선행형' 사안에서 그 폭행 또는 협박은 상대방의 항거를 곤란하게 할 정도로 강력할 것이 요구되지 아니하고, 상대방의 신체에 대하여 불법한 유형력을 행사하거나 일반적으로 보아 상대방으로 하여금 공포심을 일으킬 수 있는 정도의 해악을 고지하는 것이라며, 당시 피고인의 행위는 피해자의 신체에 대하여 불법한 유형력을 행사하여 피해자를 강제추행한 것에 해당한다고 볼 여지가 충분하다고 기존의 견해를 변경한 바 있습니다.

교 수　강제추행죄의 폭행이란 상대방의 신체에 대하여 불법한 유형력을 행사하는 것이고

학 생　네, 폭행죄의 폭행과 동일합니다. 즉 협의의 폭행이 됩니다.

교 수　또한 강제추행죄의 협박이란 상대방으로 하여금 공포심을 일으킬 수 있는 정도의 해악을 고지하는 것이다.

학 생　이 역시 협박죄의 협박과 같습니다.

교 수　그렇죠, 협의의 협박이라는 의미이지요.

학 생　네, 맞습니다.

47 대법원 2023. 9. 21. 선고 2018도13877 전원합의체 판결.

교 수　하지만, 강제추행죄는 방금 본 '폭행·협박 선행형'이 있기도 하고, 폭행행위 자체가 곧바로 추행에 해당하는 경우도 있지 않나요?

학 생　네, 폭행행위 자체가 곧바로 추행에 해당하는, 즉 '기습추행형'이 있습니다.

교 수　'기습추행형'에서의 폭행에 대한 대법원의 태도는 어떤가요?

학 생　대법원[48]은 강제추행죄에 있어서 폭행 또는 협박을 한다 함은 폭행행위 자체가 추행행위라고 인정되는 경우도 포함된다며, 이 경우에 있어서의 폭행은 반드시 상대방의 의사를 억압할 정도의 것임을 요하지 않고 다만 상대방의 의사에 반하는 유형력의 행사가 있는 이상 그 힘의 대소강약을 불문한다고 판시한 바 있습니다.

교 수　상대방의 의사에 반하는 유형력의 행사가 있는 이상 힘의 대소강약을 불문한다.

그래서 대법원[49]은 피고인이 밤에 술을 마시고 배회하던 중 버스에서 내려 혼자 걸어가는 피해자를 발견하고 마스크를 착용한 채 뒤따라가다가 인적이 없고 외진 곳에서 가까이 접근하여 껴안으려 하였으나, 피해자가 뒤돌아보면서 소리치자 그 상태로 몇 초 동안 쳐다보다가 다시 오던 길로 되돌아갔다고 하여 강제추행 혐의로 기소된 사안에서, 피고인의 팔이 피해자의 몸에 닿지 않았더라도 양팔을 높이 들어 갑자기 뒤에서 껴안으려는 행위는 피해자의 의사에 반하는 유형력의 행사로서 폭행행

48 대법원 1994. 8. 23. 선고 94도630 판결.

49 대법원 2015. 9. 10. 선고 2015도6980, 2015모2524 판결.

위에 해당한다며, 피고인의 행위가 강제추행미수죄에 해당한다고 보기도 하였지요.

학 생 네, 그렇습니다.

교 수 좋습니다. 그럼 다시 우리 사안으로 돌아와 봅시다. 이 사안에서 최협의의 폭행이나 협박이 있다는 것인가요?

학 생 우선 협박이란 사람으로 하여금 공포심을 일으키기 충분한 해악(害惡)을 고지(告知)하는 것인데,[50] 해악의 고지가 명시적이든 묵시적이든 그 방법에 제한이 없다지만,[51] 이 사건에서 甲이 乙에게 '해악을 고지'하였다고 볼 만한 사정은 부족해 보입니다.

교 수 甲의 행위가 乙의 반항을 불가능하게 하거나 현저히 곤란케 할 정도의 '폭행'에 해당하는지 여부가 문제라는 거군요.

학 생 그렇습니다. 강간죄가 성립하려면 가해자의 폭행이나 협박은 피해자의 항거를 불가능하게 하거나 현저히 곤란하게 할 정도의 것이어야 하고,

교 수 폭행이나 협박이 피해자의 항거를 불가능하게 하거나 현저히 곤란하게 할 정도의 것이었는지 여부는...

학 생 그 폭행이나 협박의 내용과 정도는 물론 유형력을 행사하게 된 경위, 피해자와의 관계, 성교 당시와 그 후의 정황 등 모든 사정을 종합하여 판단하여야 합니다.[52]

교 수 甲은 잠을 자고 있는 乙을 향해 손을 뻗었습니다.

---

50 대법원 2007. 9. 28. 선고 2007도606 판결.

51 대법원 2006. 12. 8. 선고 2006도6155 판결.

52 대법원 2001. 10. 30. 선고 2001도4462 판결.

학 생 그 행위만으로는 乙의 항거를 불가능하게 하거나 현저히 곤란케 할 정도의 폭행을 하였다고는 보기 곤란할 것 같습니다. 대법원[53]은 피고인이 강간할 목적으로 피해자의 집에 침입하였다 하더라도 안방에 들어가 누워 자고 있는 피해자의 가슴과 엉덩이를 만지면서 간음을 기도하였다는 사실만으로는 강간의 수단으로 피해자에게 폭행이나 협박을 개시하였다고 하기는 어렵다고 판시한 바 있습니다.

교 수 그럼 만약 甲에게 '강제력' 행사에 대한 고의가 없었다면 어떨까요?

학 생 그렇다면...

형법 제299조의 준강간죄(準强姦罪) 성립 여부를 검토해 볼 수 있을 것입니다.

준강간죄

교 수 형법 제299조, '사람의 심신상실 또는 항거불능의 상태를 이용하여 간음 또는 추행한 자는 강간죄, 강제추행죄의 예에 의한다.'

학 생 '심신상실'이란 정신기능의 장애로 정상적 판단능력이 없는 상태를 말하고, '항거불능'이란 심신상실 외의 사유로 심리적으로 또는 육체적으로 반항이 불가능하거나 현저히 곤란한 경우를 말합니다.[54]

---

53 대법원 1990. 5. 25. 선고 90도607 판결.

54 **[변호사시험 기출문제]**

Q) 옳은 설명인지?

'피고인이 간음하기 위해 피해자의 바지를 벗기려는 순간 피해자가 어렴풋이 잠에서 깨어나 피고

따라서 乙이 깊은 수면에 빠져 완전 무의식상태에 있었다면 준강간죄의 대상이 될 수 있을 것이고, 甲이 그러한 乙의 상태를 이용하여 乙을 간음하려 했다면 甲에게 준강간죄의 고의를 인정할 수 있을 것입니다.

교 수　그럼 준강간죄의 실행의 착수도 인정할 수 있을까요?

학 생　대법원[55]은 피고인이 잠을 자고 있는 피해자의 옷을 벗기고 자신의 바지를 내린 상태에서 피해자의 음부 등을 만지는 행위를 한 시점에서, 피해자의 항거불능 상태를 이용하여 간음할 의도로 간음의 수단이라 할 수 있는 행동을 시작한 것으로 준강간죄의 실행에 착수한 것이라고 판단한 바 있습니다.

교 수　甲이 乙을 향해 손을 뻗은 행위를 한 때를, 잠을 자고 있는 乙의 상태를 이용하여 간음할 의도로 그 수단이라 할 수 있는 행동을 시작한 것으로 볼 수도 있겠군요.

학 생　그렇습니다.

교 수　좋습니다. 다시 강간죄에 집중해 봅시다.
이 사건에서 강간죄의 실행의 착수행위는 언제 있는 건가요?

학 생　甲이 손을 뻗는 순간 乙이 놀라 소리쳤고 甲은 乙의 입을 막았습니다.

교 수　그 행위가 강간죄의 실행의 착수인 최협의의 폭행이라는 건가요?

인을 자신의 애인으로 착각하여 불을 끄라고 말하였고, 피고인이 여관으로 가자고 제의하자 그냥 빨리하라고 하면서 성교에 응하자 피고인이 피해자를 간음한 경우 준강간죄가 성립하지 않는다.' (O)

55 대법원 2000. 1. 14. 선고 99도5187 판결.

乙은 甲의 손가락을 깨물며 '반항'하였습니다. 과연 손으로 입을 막은 정도로 乙의 항거를 불가능하게 하거나 현저히 곤란하게 할 정도의 폭행이 있었다고 볼 수 있는 건가요?

학 생 강간죄는 사람을 간음하기 위하여 피해자의 항거를 불능하게 하거나 현저히 곤란하게 할 정도의 폭행 또는 협박을 개시한 때에 그 실행의 착수가 있다고 보아야 할 것이고, 실제로 그와 같은 폭행 또는 협박에 의하여 피해자의 항거가 불능하게 되거나 현저히 곤란하게 되어야만 실행의 착수가 있다고 볼 것은 아닙니다.[56]

교 수 그렇지요. 그렇다면 甲은 강간죄의 실행에 착수했다는 것인데... 강간의 기수라는 건가요, 미수라는 건가요?

학 생 '간음'했는지 여부를 따져보아야 합니다.

교 수 실행의 착수 이후 기수인지 미수인지 검토해야 한다는 거죠?

학 생 그렇습니다.

교 수 간음이란 무엇인가요?

학 생 간음(姦淫)이란 남성의 성기를 여성의 성기에 직접 삽입하는 성교행위를 말하는데,

교 수 그럼 그 기수시기는,

학 생 네, 삽입시입니다. 그 때 강간죄의 보호법익인 성적 자기결정권에 대한 현실적 침해가 발생한다는,

교 수 기수범의 결과반가치라는 거죠.

---

56 대법원 2000. 6. 9. 선고 2000도1253 판결.

그런데, 이 사건에서 甲은 피해자의 음부 부위를 더듬었을 뿐 삽입에는 성공하지 못했습니다. 강간죄의 기수범은 아니라는 거네요.

학 생　강간죄의 미수범입니다.

교 수　'미수'라...

미수범

학 생　'미수'란 범죄의 실행에 착수하여 행위를 종료하지 못하였거나 종료하였더라도 결과가 발생하지 아니한 경우를 말합니다.

교 수　현실적인 법익침해의 결과는 발생하지 않았지만 그 침해의 발생이 '가능'한 상태로 법익침해의 '위험성'이 있으니 '미수범의 결과반가치'는 있다는 건가요?

학 생　그렇습니다. 미수범의 처벌근거는 기본적으로 범죄의사 즉 고의에 있지만, 그 가벌성은 행위자의 법 적대적(敵對的) 의사의 실행이 일반인에게 법질서의 효력과 법적 안정성을 침해한다는 인상(印象)을 주었을 때 인정됩니다.

교 수　이른바 '인상설'이죠.

학 생　甲은 새벽 2시경 乙의 집에 침입하여 잠을 자고 있는 乙을 강제로 간음하고자 그녀의 입을 막고 그녀의 음부 부위를 더듬었습니다.

교 수　그와 같은 정도의 행위라면 일반인에게 법질서의 효력과 법적 안정성을 침해한다는 인상을 줄 수 있다는 거고요?

학 생　그렇습니다.

교수 그런데, 강간죄의 미수범 처벌규정이 있나요? 미수가 문제되는 경우라면 미수범 처벌규정이 있는지부터 확인해야 합니다. 형법 제29조는 '미수범을 처벌할 죄는 각 본조에 정한다'고 규정하고 있지요.

학생 형법 제300조[57]가 강간죄나 강제추행죄의 미수범을 처벌하고 있습니다.

교수 네, 그런데 미수에는 세 종류가 있습니다. 어느 미수에 해당하는지에 따라 처벌내용도 달라지는데

학생 맞습니다. 장애미수, 중지미수, 불능미수가 있는데

교수 하나씩 검토해 보시죠.

학생 일단 크게, 결과발생이 가능한 '가능(可能) 미수'와 불가능한 '불가능(不可能) 미수'로 나누고, 가능미수는 다시 '장애미수'와 '중지미수'로 나눌 수 있습니다. 불가능미수는 '불능미수'고요.

교수 즉 불능미수는 처음부터 결과발생이 불가능한 것인 반면, 장애미수나 중지미수는 결과발생은 가능하였지만 그 결과가 발생하지 않았거나 못하였다는 거지요.[58]

---

57 형법 제300조(미수범) 제297조, 제297조의2, 제298조 및 제299조의 미수범은 처벌한다.

58 **[변호사시험 기출문제]**

Q) 미수에 관하여 옳은 설명은?

'일반적으로 공범이 자신의 행위를 중지한 것만으로는 중지미수가 성립하지 않지만, 다른 공범 또는 정범의 행위를 중단시키기 위하거나 결과 발생을 저지하기 위한 진지한 노력이 있었을 경우에는 비록 결과가 발생하였다고 할지라도 그 공범에게는 예외적으로 중지미수가 성립될 수 있다.' (×)

'공동정범 중 1인이 자의로 범행을 중지하였다 하더라도 다른 공범자들의 실행행위를 중지시키지

그럼 장애미수(障碍未遂)부터 살펴볼까요?

학 생　형법 제25조, '범죄의 실행에 착수하여 행위를 종료하지 못하였거나 결과가 발생하지 아니한 때에는 미수범으로 처벌한다'. 이때에는 기수범의 형보다 감경할 수 있습니다.

교 수　감경 '할 수 있다'. 임의적 감경(任意的 減輕) 이군요.

학 생　행위자가 예상하지 못한 **'외부적 장애'**로 인해 자신의 의사에 반하여 범죄를 완성하지 못한 경우에는 기수범의 형보다 감경할 수도, 또 안 할 수도 있다는 것입니다.

교 수　의외의 외부적 장애로 인하여, 자신의 의사에 반하여...

학 생　대법원[59]은 피고인이 장롱 안에 있는 옷가지에 불을 놓아 건물을 소훼하려 하였으나 불길이 치솟는 것을 보고 겁이 나서 물을 부어 불을 끈 사안에서, 치솟는 불길에 놀라거나 자신의 신체안전에 대한 위해 또는 범행발각시의 처벌 등에 두려움을 느끼는 것은 일반 사회통념상 범죄를 완수함에 장애가 되는 사정에 해당한다고 판시한 바 있습니다.

교 수　네, 특별한 주관적 요건으로서 **'자의성**(自意性)'을 요구하는 형법 제26조의 중지미수와 구별되지요.

학 생　형법 제26조, '범인이 자의로 실행에 착수한 행위를 중지하거나 그 행위로 인한 결과의 발생을 방지한 때에는 형을 감경 또는 면제한다.'[60]

아니하거나 결과발생을 방지하지 아니한 이상 중지범을 인정할 수 없다.' (O)

59 대법원 1997. 6. 13. 선고 97도957 판결.

60 **[변호사시험 기출문제]**

교 수　감경 또는 면제 '한다'. 형의 필요적 감면(必要的 減免)입니다.

학 생　네, 범인이 자신의 의사에 반하여서가 아니라 '자의로' 행위를 중지했거나 결과의 발생을 방지했다면 반드시 형을 감경하거나 면제'하여야' 한다는.

교 수　그 '자의성'을 근거로 장애미수보다 가볍게 처벌한다는 거죠.

학 생　범죄완성을 스스로 방지하도록 유도하기 위한 형사정책적 고려 때문이라거나 행위자가 스스로 범죄완성을 방지한 것에 대한 보상을 위한 것이라고도 합니다.

교 수　그 '자의성'이란 무엇인가요?

학 생　일반 사회관념상 범죄수행에 장애가 될 만한 사유가 없음에도 불구하고 자기의사 즉 **자율적 동기**에 의하여 실행에 착수한 행위를 중지하였다면 중지미수라는 것입니다.

교 수　일반 사회관념상 범죄수행에 '장애'가 될 만한 사유가 '있었다면' 장애미수이고 말이지요.

불능미수(不能未遂)로 넘어가 볼까요.

학 생　형법 제27조, '실행의 수단 또는 대상의 착오로 인하여 결과의 발생이 불가능하더라도 위험성이 있는 때에는 처벌한다.'

교 수　이때에는 형을 감경 또는 면제 '할 수' 있군요. 임의적 감면(任意的 減免)이네요.

Q) 미수에 관하여 옳은 설명인지?

'甲과 乙이 공동으로 A를 살해하려고 칼로 찔렀으나 A가 상처만 입고 죽지 않자 乙은 그대로 가버리고 甲만이 A를 살리려고 노력하여 A가 사망하지 않은 경우 甲에게만 중지미수에 의한 형의 감면이 인정된다.' (○)

학생 네, 처음부터 사실상 결과발생이 불가능하지만 '**위험성**'이 있다면 처벌한다는 것이 불능미수입니다.

교수 위험성이 없다면 불능범(不能犯)으로 불가벌이고요. 위험성 유무를 판단하는 기준이 중요하겠군요.

학생 대법원[61]은 피고인이 행위 당시 인식한 사정을 놓고 이것이 객관적으로 일반인의 판단으로 보아 결과발생의 가능성이 있느냐를 따져 위험성 유무를 판단해야 한다고 판시하고 있습니다.[62]

교수 그렇죠. 그런데, 이 사건에서는 강간의 결과가 불가능한 경우가 아니지요?

학생 乙이 반항하지 않았다면 甲은 乙을 강간할 수 있었을 겁니다.

교수 불능미수의 경우는 아니고.

학생 장애미수냐 중지미수냐의 문제입니다.

교수 형의 임의적 감경이냐, 필요적 감면이냐?
甲에게는 중요한 갈림길이군요.

학생 甲이 강간의 실행에 착수한 행위를 과연 자의로 중지했느냐.

교수 즉 일반 사회관념상 甲의 강간 실행행위에 장애가 될 만한 사유가 있었느냐.

학생 그와 같은 장애 사유가 없었음에도 불구하고 과연 甲이 그 자율적 동기에 의해 강간의 실행행위를 중지하였느냐가 문제됩니다.

---

61 대법원 1978. 3. 28. 선고 77도4049 판결.

62 **[변호사시험 기출문제]**
Q) 미수에 관하여 옳은 설명인지?
'불능미수는 행위자가 결과발생이 불가능하다는 것을 알면서 실행에 착수하여 결과는 발생하지 않았지만 위험성이 있는 경우에 성립한다.' (×)

교수 그럼 검토해 봅시다. 甲이 강간 행위를 중지할 의외의 외부적 장애 사유가 있었나요?

학생 乙이 甲의 손가락을 깨물자 甲이 물린 손가락을 비틀며 뽑았고,

교수 이때 乙의 치아가 같이 빠졌죠?

학생 네, 甲은 그런 사정으로 더 이상 강간행위에 나아가지 못한 것이 아닐까... 그렇게 봄이 합리적일 것 같습니다.

교수 그와 같은 외부적 사정이 강간의 실행행위에 장애사유가 되었다. 즉 甲은 그 자율적 동기에 의해 행위를 중지한 것이 아니다? 중지미수에 대한 대법원의 태도는 어떤가요?

학생 대법원은 자의성을 거의 인정하지 않고 있습니다.

피고인이 피해자를 강간하려고 하였으나 잠자던 피해자의 어린 딸이 잠에서 깨어 우는 바람에 그만두었거나 피해자가 시장에 간 남편이 돌아온다고 하면서 임신 중이라고 말하자 피고인이 도주한 경우, 피고인이 자의로 강간행위를 중지하였다고 볼 수 없다고 판시[63]하였고,

피고인이 피해자를 강간하려고 방으로 끌고 가 팬티를 강제로 벗기고 음부를 만지던 중 피해자가 수술한 지 얼마 안되어 배가 아프다면서 애원하는 바람에 그 뜻을 이루지 못한 사안에서, 피고인이 간음행위를 중단한 것은 피해자를 불쌍히 여겨서가 아니라 피해자의 신체조건상 강간을 하기에 지장이 있다고 본 데에 기인한 것이므로, 이는 일반의 경험상 강간행위를 수행함에

---

63 대법원 1993. 4. 13. 선고 93도347 판결.

장애가 되는 외부적 사정에 의하여 범행을 중지한 것에 지나지 않는 것으로 자의성 요건을 결여하였다고 판시[64]하였습니다.

교 수 반면, 대법원은 피고인이 피해자를 강간하려다 피해자의 다음에 만나 **친해지면** 응해 주겠다는 취지의 간곡한 부탁으로 인하여 그 목적을 이루지 못한 후 피해자를 자신의 차에 태워 집으로 데려다 준 사안에서, 피해자의 다음에 만나 친해지면 응해 주겠다는 취지의 간곡한 부탁은 사회통념상 범죄실행에 대한 장애라고 여겨지지 않으므로, 피고인의 행위는 중지미수에 해당한다고 보았지요.[65]

학 생 그렇습니다. 아마 자의성을 인정한 유일한 판례가 아닐까 싶습니다.

하지만 이 사건에서는 甲이 강간의 실행행위를 중지할 자율적 동기를 인정하거나 추정할 수 있는 사정이 보이지 않습니다. 甲은 강간죄의 장애미수이고, 강간죄에서 정한 형을 임의적으로 감경할 수 있을 뿐입니다.

교 수 결론인가요? 강간죄의 장애미수?

학 생 아직입니다. 乙의 치아결손 상해 부분에 대한 검토가 필요합니다. 강간치상죄 말입니다.

64 대법원 1992. 7. 28. 선고 92도917 판결.

65 대법원 1993. 10. 12. 선고 93도1851 판결.

강간치상죄

교 수　형법 제301조[66]군요. 강간죄를 범한 자가 사람을 상해하거나 상해에 이르게 한 때에는 무기 또는 5년 이상의 징역에 처한다. 강간죄에 비해 법정형이 더 무겁지요.

학 생　네, 甲이 강간미수죄에 그치지 않고 나아가 '강간치상죄'가 되는 것은 아닌지 검토되어야 합니다.

교 수　'강간상해죄'는 안 되나요?

학 생　甲은 乙에게 물린 손가락을 비틀며 뽑았는데 그로 인해 乙은 우측하악치아 결손의 상해를 '입었습니다'. 강간상해는 상해의 결과가 '고의'의 상해행위에 의해 발생해야 하는데, 甲은 고의로 乙의 치아를 뽑는 '상해를 가한 것'이 아니라 물린 손가락을 뽑다가 乙에게...

교 수　과실로 치아결손의 상해를 '입혔다'는 거군요.

학 생　그렇습니다. 치상(致傷)입니다.

교 수　쉽게 얘기해서, 강간상해죄가 고의 강간죄와 고의 상해죄의 결합범(結合犯)이라면,

학 생　강간치상죄는 고의 강간죄와 과실치상죄의 결합범입니다.

교 수　**결과적 가중범**(結果的 加重犯)의 문제군요.

66 형법 제301조(강간 등 상해 · 치상) 제297조, 제297조의2 및 제298조부터 제300조까지의 죄를 범한 자가 사람을 상해하거나 상해에 이르게 한 때에는 무기 또는 5년 이상의 징역에 처한다.

결과적 가중범(기본범죄)

교 수 형법 제15조 제2항은 '결과로 인하여 형이 중할 죄에 있어서 그 결과의 발생을 예견할 수 없었을 때에는 중한 죄로 벌하지 아니한다.'고 규정하고 있지요.

학 생 네, 결과적 가중범이란 고의에 의한 기본범죄에 의해 행위자가 예견할 수 있었던 중한 결과가 발생한 경우 그 형이 가중되는 범죄를 말합니다. 즉 결과적 가중범으로 처벌하기 위해서는 **고의의 기본범죄**와 그와 **인과관계** 있는 **중한 결과**가 있고, 행위자에게 고의의 기본범죄 실행시 중한 결과 발생에 대한 **예견가능성**이 있어야 합니다.

교 수 이 사건에서는 '강간'이 고의의 기본범죄가 될 것이고, 강간 '치상'이 중한 결과가 되겠군요.

그런데, 甲은 강간미수에 그쳤습니다. 미수죄가 결과적 가중범의 기본범죄가 될 수 있나요?

학 생 결과적 가중범에서 고의의 기본범죄는 기수, 미수를 불문합니다. 대법원[67]은 강간이 미수에 그친 경우라도 그 수단이 된 폭행에 의하여 피해자가 피해를 입었으면 강간치상죄가 성립하는 것이며, 미수에 그친 것이 피고인이 자의로 실행에 착수한 행위를 중지한 경우이든 실행에 착수하여 행위를 종료하지 못한 경우이든 가리지 않는다고 판시한 바 있습니다.[68]

---

67 대법원 1988. 11. 8. 선고 88도1628 판결.

68 **[변호사시험 기출문제]**

교수 좋습니다.

그럼 사안에서 중한 결과, 즉 상해의 결과도 인정될까요?

학생 인정됩니다. 상대적 상해개념에 비추어도 말입니다.

상대적 상해개념

교수 '**상대적**(相對的) **상해개념**'이란 무엇이지요?

학생 우선 '상해'의 개념부터 살펴보겠습니다. 상해죄, 형법 제257조입니다.

교수 '사람의 신체를 상해한 자는 7년 이하의 징역, 10년 이하의 자격정지 또는 1천만원 이하의 벌금에 처한다.'

학생 여기에서 '상해'의 개념에 대해서는, 신체의 외관을 변경시키는 것을 포함하여 신체의 완전성에 대한 침해를 의미한다는 신체완전성침해설(身體完全性侵害說), 신체외관의 변경은 폭행에 해당하고 상해는 건강침해로서 육체적, 정신적 병적 상태의 야기나 증가를 의미한다는 생리적기능훼손설(生理的機能毁損說) 등이 있고,

교수 대법원의 태도는 어떤가요?

Q) 옳은 설명은?

'결과적 가중범의 기본범죄가 미수에 그친 경우에도 중한 결과가 발생하면 결과적 가중범의 기수가 성립한다.' (○)

'특수강간이 미수에 그쳤다 하더라도 그로 인하여 피해자가 상해를 입었으면 특수강간치상죄가 성립한다.' (○)

학 생 대법원[69]은 피해자가 오랜 시간 동안의 협박과 폭행을 이기지 못하고 실신하여 범인들이 불러온 구급차 안에서야 정신을 차리게 되었다면, 외부적으로 어떤 상처가 발생하지 않았다고 하더라도 '생리적 기능에 훼손'을 입어 신체에 대한 상해가 있었다고 판시한 바 있습니다.[70]

교 수 생리적기능훼손설이군요.

학 생 그렇습니다.

교 수 이 사건에서는 乙의 치아가 박리되었지요. 그렇다면 육체적 병적상태가 야기된.

학 생 네, 생리적 기능이 훼손된 것입니다. 따라서 상해죄에서의 '상해'가 맞습니다.

교 수 그런데 '상대적' 상해개념에 따른다면요?

학 생 대법원은 강간상해나 강간치상 또는 강도상해나 강도치상 등의 죄에 있어서는 상해의 개념을 보다 '엄격하게' 판단합니다.

교 수 상대적으로 엄격하게 판단한다는 거군요.

학 생 네, 대법원은 피고인이 피해자를 강간하려다가 그 과정에서 약 7일간의 가료를 요하는 상처가 발생하였으나, 그 상처가 굳이 치료를 받지 않더라도 일상생활에 아무런 지장이 없고 시일이

---

69 대법원 1996. 12. 10. 선고 96도2529 판결.

70 **[변호사시험 기출문제]**

Q) 옳은 설명인지?

'평소 건강에 별다른 이상이 없는 피해자에게 성인 권장용량의 2배에 해당하는 졸피뎀 성분의 수면제가 섞인 커피를 마시게 하여 피해자가 정신을 잃고 깊이 잠이 든 사이 피해자를 간음한 경우, 피해자가 4시간 뒤에 깨어나 잠이 든 이후의 상황에 대해서 제대로 기억하지 못하였다면 이는 강간치상죄의 상해에 해당한다.' (○)

경과함에 따라 자연적으로 치유될 수 있는 정도라면 그로 인하여 신체의 완전성이 손상되고 생활기능에 장애가 왔다거나 건강상태가 불량하게 변경되었다고 보기 어려워 강간치상죄의 상해에 해당된다고 할 수 없다라고 판시[71]하거나,

피고인이 15일경 피해자의 집에 들어가 피해자의 반항을 억압하고 강취한 신용카드의 비밀번호를 알아내는 과정에서 피해자를 수회 폭행하여 피해자의 얼굴과 팔다리 부분에 멍이 생긴 사실, 피해자는 간호사로서 그 다음날인 16일이 직장휴무였으므로 출근하지 않았고 17일부터는 정상적으로 근무하였으며 상처로 인해 병원에서 치료를 받지도 않았고 18일에는 몸 상태가 호전되어 진단서도 발급받지 않았던 사실에 비추어, 피해자가 입은 상처는 일상생활에 지장을 초래하지 않았고 나아가 그 회복을 위하여 치료행위가 특별히 필요하지 않은 정도로서 강도상해죄에 있어서의 상해에 해당되지 않는다고 판시[72]하였습니다.

교 수 상해를 인정하는 기준이 다르군요. 이유가 무엇인가요?

학 생 강도죄나 강간죄에서 상해가 인정된다면 기본범죄와의 형량 차이가 커지게 됩니다. 아주 가벼운 상해임에도 불구하고 너무 쉽게 형이 높은 범죄로 처벌되는 것은 가혹하기 때문일 것입니다.

교 수 교통사고 뺑소니, 그러니까 특정범죄 가중처벌 등에 관한 법률 제5조의3[73] 위반죄에서 상해의 개념을 엄격하게 보는 것과 같은

---

71 대법원 1994. 11. 4. 선고 94도1311 판결.

72 대법원 2003. 7. 11. 선고 2003도2313 판결.

73 특정범죄 가중처벌 등에 관한 법률 제5조의3(도주차량 운전자의 가중처벌) ① 도로교통법 제2조에

이치이지요.

학 생 그렇습니다. 상해가 인정되지 않는다면 중죄(重罪)인 특가법 제5조의3 위반죄도 성립되지 않습니다.

교 수 이 사건에서는 어떤가요? 상대적 상해개념에 따른다면?

학 생 치아결손이라는 상해는 굳이 치료를 받지 않더라도 일상생활에 아무런 지장이 없거나 시일이 경과함에 따라 자연적으로 치유될 수 있는 성질의 것이 아닐 것입니다.

교 수 아무래도 치과에 가서 치료를 받아야겠지요.

학 생 신체의 완전성이 손상된 것일 뿐만 아니라 음식물을 씹는 저작기능 등 생활기능에 장애가 초래되었다고 볼 수 있습니다. 대법원[74]은 미성년자에 대한 추행행위로 인하여 그 외음부 부위에 염증이 발생한 것이라면, 그 증상이 약간의 발진과 경도의 염증이 수반된 정도에 불과하다고 하더라도 그로 인하여 그 신체의 건강상태가 불량하게 변경되고 생활기능에 장애가 초래된 것이 아니라고 볼 수 없으니, 이러한 상해는 미성년자의제강제추행치상죄의 상해의 개념에 해당한다고 보았습니다.[75]

규정된 자동차 · 원동기장치자전거의 교통으로 인하여 형법 제268조의 죄를 범한 해당 차량의 사고운전자가 피해자를 구호하는 등 도로교통법 제54조 제1항에 따른 조치를 하지 아니하고 도주한 경우에는 다음 각 호의 구분에 따라 가중처벌한다.

1. 피해자를 사망에 이르게 하고 도주하거나, 도주 후에 피해자가 사망한 경우에는 무기 또는 5년 이상의 징역에 처한다.
2. 피해자를 상해에 이르게 한 경우에는 1년 이상의 유기징역 또는 500만원 이상 3천만원 이하의 벌금에 처한다.

74 대법원 1996. 11. 22. 선고 96도1395 판결.

75 **[변호사시험 기출문제]**

Q) 옳은 설명인지?

교수 엄격하게 해석하여도 상해에 해당한다.

학생 그렇습니다.

결과적 가중범(직접성의 원칙)

교수 그럼 甲의 강간미수행위와 치아결손의 상해 결과 사이에 **인과관계**는 인정되나요? 결과적 가중범에서의 중한 결과는 기본범죄에 내포된 '전형적인 위험'의 실현이어야 합니다. '**직접성의 원칙**'이라고 하지요.

학생 맞습니다. 중한 결과는 중간원인을 거치지 않고 기본범죄로부터 '직접' 야기된 것이어야 합니다. 만약 피고인에게 강간을 당한 피해자가 집에 돌아가 강간을 당함으로 인해 생긴 수치심과 장래에 대한 절망감 등으로 자살을 하였더라도 그 자살행위가 바로 강간행위로 인해 생긴 당연한 결과라 볼 수 없으므로, 피고인의 강간행위와 피해자의 자살행위 사이의 인과관계를 인정할 수 없을 것입니다.[76]

교수 그런 경우는 피해자나 제3자의 고의 또는 중과실에 의한 '중간행위'가 개입된 경우이지요.

학생 그러나 그와 같은 경우가 아니라면, 상해의 결과는 강간의 수

'8세인 미성년자에 대한 추행행위로 피해자의 외음부 부위에 염증이 발생한 경우 그 증상이 약간의 발적과 경도의 염증이 수반된 정도에 불과하더라도 그로 인하여 피해자 신체의 건강상태가 불량하게 되고 생활기능에 장애가 초래된 것이라면 이러한 상해는 미성년자의제강제추행치상죄의 상해의 개념에 해당한다.' (○)

76 대법원 1982. 11. 23. 선고 82도1446 판결.

단으로 사용한 폭행으로 발생한 경우뿐만 아니라 간음행위 그 자체로부터 발생한 경우나 강간에 수반하는 행위에서 발생한 경우도 포함하므로,[77]

교 수 즉 상해의 결과가 널리 '강간의 기회'에 이루어졌다면 모두 인과관계가 있다는 건가요?

학 생 그렇습니다. 대법원[78]은 피해자가 소형 승용차 안에서 강간범행을 모면하려고 저항하는 과정에서 피고인과의 물리적 충돌로 인하여 입은 우측 슬관절 부위 찰과상 등이 강간치상죄의 상해에 해당한다고 판시하고 있습니다.

교 수 乙 역시 甲의 강간범행을 모면하기 위해 저항하는 과정에서 치아결손의 상해를 입었고요.

학 생 이 사건 乙의 상해는 널리 강간의 기회에 이루어진 것이라고 볼 수 있습니다.

교 수 인과관계도 인정된다. 좋습니다.

과실범 (1/2)

학 생 나아가 甲이 강간의 기본범죄를 실행할 때 중한 결과, 즉 상해에 대한 **예견가능성**이 있었는지도 검토되어야 합니다.

교 수 그렇죠, 결과적 가중범은 고의범과 과실범이 결합된 형태이니까.

77 대법원 2003. 5. 30. 선고 2003도1256 판결.

78 대법원 2005. 5. 26. 선고 2005도1039 판결.

학 생　그 예견가능성이란 '**과실**(過失)'과 동일한 의미이고요.

과실범에 대해서는 형법 제14조에서 규정하고 있습니다.

교 수　'정상의 주의를 태만함으로 인하여 죄의 성립요소인 사실을 인식하지 못한 행위는 법률에 특별한 규정이 있는 경우에 한하여 처벌한다.'

'정상의 주의를 태만'. 이것이 '과실'인가요?

학 생　대법원[79]은 의료사고에 있어서 의사의 과실을 인정하기 위해서는 의사가 결과 발생을 예견할 수 있었음에도 불구하고 그 결과발생을 예견하지 못하였고, 그 결과 발생을 회피할 수 있었음에도 불구하고 결과 발생을 회피하지 못한 과실이 검토되어야 한다고 판시하였는데,

교 수　즉 행위자가 사전에 주의력을 집중하여 법익침해에 대한 위험성을 인식해야 할 '**결과예견의무**'와 위험성을 인식했을 때 구성요건적 결과발생을 방지하는 데 필요한 적절한 외적 방어조치를 취할 '**결과회피의무**'를 위반한 경우를,

학 생　네, 그와 같은 경우를 '객관적 주의의무'를 위반한 '과실'이라고 합니다.[80]

---

79 대법원 1999. 12. 10. 선고 99도3711 판결.

80 **[변호사시험 기출문제]**

Q) 과실범의 주의의무에 관하여 옳은 설명인지?

'의사가 특정 진료방법을 선택하여 진료를 하였다면 해당 진료방법 선택과정에 합리성이 결여되어 있다고 볼 만한 사정이 없는 이상, 진료의 결과만을 근거로 하여 그 진료방법을 선택한 것이 과실에 해당한다고 말할 수 없다.' (○)

교 수 그럼 그 주의의무 위반의 판단기준은 무엇인가요? 사람들의 주의능력은 모두 다를 텐데 말이죠.

학 생 대법원[81]은 의료사고 사안에서 그 과실의 유무를 판단함에는 '같은 업무와 직무에 종사하는 일반적 보통인'의 주의정도를 표준으로 하여야 하며, 거기에는 사고 당시의 일반적인 의학의 수준과 의료 환경 및 조건, 의료행위의 특수성 등이 고려되어야 한다고 판시하고 있습니다.[82]

교 수 '같은 업무와 직무에 종사하는', 즉 '사회적 교류'에서 일반적으로 요구되는 주의를 기준으로 한다는 거군요.

학 생 의료과실이 문제되는 경우라면 단순히 일반적 보통인을 기준으로 주의의무를 판단할 것이 아니라 개인병원이라면 개업의들에게 통상 요구되는 주의의무를, 대학병원이라면 대학병원 의사들에게 통상 요구되는 주의의무를 기준으로 판단하여야 한다는 겁니다.

교 수 그럼 그 기준에서 보면 甲은 乙을 강간하고자 할 때 乙에게 상해의 결과가 발생하리라는 것을 예견하고 회피할 수 있었다는 건가요?

---

81 대법원 1999. 12. 10. 선고 99도3711 판결.

82 **[변호사시험 기출문제]**

Q) 과실범에 관하여 옳은 설명인지?

'의료과오사건에서 의사의 과실 유무를 판단할 때에는 동일 업종에 종사하는 일반적 보통인의 주의정도를 표준으로 하고, 사고 당시의 일반적인 의학 수준과 의료환경 및 조건 등을 고려하여야 한다.' (O)

학 생 그렇습니다. 강간죄는 피해자의 항거를 불가능하게 하거나 현저히 곤란하게 할 정도의, 즉 최협의의 폭행을 구성요건으로 합니다. 피해자를 강제로 간음하고자 하였다면 그 과정에서 피해자에게 상해를 입힐 수 있음은 일반적 보통인이라면 충분히 예상할 수 있다고 생각합니다.

교 수 甲이 강간범죄를 행할 때 중한 결과, 즉 상해의 발생에 대한 회피(回避)의무를 위반하였다...

학 생 甲은 乙을 강간하고자 할 때 乙에게 상해를 입힐 것을 예견하고 회피할 수 있었음에도 그렇게 하지 않았다는 것입니다.

교 수 좋습니다.
그럼 이제 甲을 강간치상죄로 처벌할 수 있다는 건지?

학 생 아직 검토할 것이 남아 있습니다.
위법성조각사유에 대한 것입니다.

위법성조각사유

교 수 위법성조각사유라.

학 생 범죄는 **구성요건해당성**, **위법성**, **책임성**의 3요소로 구성되어 있습니다. 그 요소의 검토 순서는 구성요건해당성, 위법성, 책임성의 순서에 따르는데

교 수 범죄란 무엇인가에 관한 범죄체계 논의 중 이른바 '**3단계 범죄체계론**(犯罪體系論)'이군요.

학 생 네, 甲의 행위가 강간치상죄의 구성요건해당성을 충족한다면 다음으로 위법성 단계 검토를 해야 합니다.

교 수 그렇죠. **위법성**(違法性)이란 무엇인가요?

학 생 구성요건에 해당하는 행위의 가치가 법질서 전체의 입장에서 실질적으로 부정적인 평가를 받는 것을 말합니다.

교 수 쉽게 얘기하면?

학 생 규범(規範) 위반입니다. 규범을 위반하여 법익을 침해하거나 침해할 위험을 발생시켰다는 거죠.

교 수 甲은 무가치(無價値)하므로 의사결정을 하여서는 안 된다고 형법에서 규정해 놓은 강간치상죄의 구성요건에 해당하는 행위를 하였고,

학 생 그로써 乙의 성적 자기결정권이라는 보호법익을 침해할 위험을 발생시켰으니 '위법하다'라는 겁니다.

교 수 구성요건해당성이 인정되면 그로부터 위법성이 **추정**된다는 거군요?

학 생 그렇습니다. 그래서 위법성 검토 단계에서는 위법성이 '있는지' 여부를 판단하는 것이 아니라,

교 수 그 추정되는 위법성을 '배제'할 사유가 있는지 판단해야 한다?

학 생 네, 위법성을 '조각'할 사유, 즉 위법성조각사유(違法性阻却事由)가 있는지 여부를 검토해야 합니다.

교 수 그렇지요.

위법성조각사유에는 어떤 것들이 있지요?

학 생 형법에는 정당방위, 긴급피난, 자구행위, 피해자의 승낙 등이 규정되어 있습니다.

교 수　甲의 '강간'행위에 대해서는... 특별히 위법성을 조각할 사정이 없어 보이는데?

학 생　甲이 乙의 입을 막자 乙은 甲의 손가락을 깨물었습니다. 이에 甲은 자신의 손가락을 '구하기 위해' 손가락을 뽑았고 그 과정에서 부득이 乙에게 치아결손의 상해를 입힌,

교 수　'치상'의 점에 대해서는 위법성이 조각되는 게 아닌가 하는?

학 생　네, 검토할 필요가 있다고 생각됩니다.

교 수　만약 강간치상에서 '치상'의 점에 대한 위법성이 배제된다면

학 생　甲은 강간치상죄보다 법정형이 낮은 강간미수죄만으로 처벌될 것입니다.

교 수　그렇네요. 그럼 살펴볼까요?

학 생　정당방위부터 따져 보겠습니다.

정당방위

교 수　정당방위(正當防衛)란 무엇인가요?

학 생　형법 제21조 제1항입니다. '자기 또는 타인의 법익에 대한 현재의 부당한 침해를 방위하기 위한 행위는 상당한 이유가 있는 때에는 벌하지 아니한다'

교 수　'벌하지 아니한다'. 위법성이 조각되어 무죄라는 거군요.

학 생　그렇습니다. 우선 '자기 또는 타인의 법익'이란 법에 의하여 보호되는 모든 개인적 법익을 말하는데,

교 수　개인적 법익이라... 국가적 법익이나 사회적 법익은 안 된다는 건가요?

학 생　원칙적으로는 그렇습니다. 다만 국가도 사법(私法)상 권리귀속의 주체인 국고(國庫)로서 법익의 주체가 된다면,

교 수　국가의 '개인적' 법익이라면 말이죠?

학 생　네, 그와 같은 경우라면 보호대상이 됩니다.

교 수　그렇지요.

이 사건에서 甲이 보호하고자 했던 것은 자신의 손가락이죠?

학 생　손가락. 甲이 보호하고자 했던 법익은 신체의 건강(健康)입니다.

교 수　개인적 법익이군요.

학 생　네, 대법원[83]은 타인이 보는 자리에서 자식으로부터 인륜상 용납할 수 없는 폭언과 함께 폭행을 가하려는 피해자를 1회 구타한 것이 지면에 넘어져서 머리 부분에 상처를 입은 결과로 사망에 이르렀다 하여도, 그것은 아버지인 피고인 자신의 신체와 신분에 대한 현재의 부당한 침해를 방위하기 위한 행위로서 피고인은 피해자에게 일격을 가하지 아니할 수 없는 상당한 이유가 있는 경우에 해당한다고 판시한 바 있습니다.

교 수　신체는 물론 '신분'에 대한 법익도 보호법익으로 보는군요?

학 생　'모든' 개인적 법익이 보호대상이 됩니다.

교 수　甲이 보호하고자 했던 손가락의 건강이라는 법익이 정당방위에서 보호하고자 하는 법익임에는 의문이 없네요.

83 대법원 1974. 5. 14. 선고 73도2401 판결.

교수 그럼 그 법익에 대한 '현재의 부당한 침해'가 있나요?

학생 '침해'가 있는지, 있다면 '현재의' 침해인지, 또 그렇다면 현재의 '부당한' 침해인지 검토되어야 하는데,

교수 '침해'가 있는지부터 살펴봅시다.

학생 정당방위에서 '침해(侵害)'란 법익에 대한 실해(實害) 또는 그 위험을 발생시키는 '사람'의 행위입니다.

교수 '사람'의 행위라.

학생 사람의 행위로서의 성질을 가진다면 고의나 과실 또는 작위나 부작위 등은 묻지 않습니다.

교수 동물이나 자연현상에 의한 공격은 배제된다는 건가요?

학생 그렇습니다. 다만, 동물 등에 의한 공격이 사람의 고의나 과실에 의해 야기된 경우라면,

교수 사육주가 있는 경우와 같이 말이죠?

학생 네, 그렇다면 여기에서의 '사람의 행위'라고 보아야 할 것입니다.

교수 이 사건에서 乙은 '사람'이죠.

학생 그 '사람'이 甲의 손가락을 깨물었습니다.

교수 그 '사람'이 신체의 건강이라는 甲의 개인적 법익을 해하거나 그에 대한 위험을 발생시켰군요.

학생 네, '침해'입니다.

교수 그럼 '현재'의 침해인가요?

학생 침해의 '**현재성**(現在性)'이란 법익에 대한 침해가 급박한 상태에 있거나, 막 개시되었거나 또는 계속되고 있는 것을 말합니다.

대법원[84]은 피해자의 침해행위에 대하여 자기의 권리를 방위하기 위한 부득이한 행위가 아니고 그 침해행위에서 '벗어난 후' 분을 풀려는 목적에서 나온 공격행위는 정당방위에 해당한다고 할 수 없다고 판시하였는데,

교 수　과거나 장래의 침해에 대해서는 정당방위를 할 수 없다?

학 생　그렇습니다.

교 수　침해가 막 개시되었거나 또는 계속되고 있는 경우는 현재성이 있다고 볼 것인데…

그런데 침해가 '급박한' 상태에 있는 경우는 장래의 침해가 아닌가요?

학 생　침해행위의 착수 직전으로 그에 대한 방어를 지체함으로써 방어가 어려워지는 경우라면 현재성을 인정할 수 있을 것입니다.

교 수　침해가 당장 임박한 것은 아니지만 단순히 예상되는 경우라거나 침해가 일정기간 반복되어 앞으로도 같은 침해가 예상되는 경우에는,

학 생　네, 술만 마시면 폭행을 한다든가 하는.

교 수　그런 경우에는 정당방위에서의 침해의 '현재성'을 인정할 수 없다는 거군요.

학 생　그렇습니다. 폭행행위가 '급박한' 상태에 있지 않은 경우라면 '현재성'을 인정할 수 없습니다.

84 대법원 1996. 4. 9. 선고 96도241 판결.

교 수　그럼 집에 도둑이 들 것을 예상해 펜스에 감전장치를 설치하는 것도 침해의 현재성을 인정할 수 없어 정당방위가 될 수 없겠군요?

학 생　그건 정당방위가 가능합니다.

교 수　침해의 현재성이 인정된다는 건가요?

학 생　인정됩니다. '현재성'을 판단하는 시점은 '방위행위시'가 아닌 '침해행위시'이기 때문입니다.

교 수　그렇죠. 도둑이 '침입할 때' 비로소 감전장치가 작동한다는 것이니 항상 현재성이 인정될 것이지요.

이 사건에서는 乙이 甲의 손가락을 깨물었으니...

학 생　甲의 법익에 대한 침해가 개시되어 계속되고 있습니다. 침해의 '현재성'도 인정됩니다.

교 수　좋습니다. 그럼 현재의 '부당한' 침해인지 여부를 검토할 차례이군요. '부당한' 침해란 무엇인가요?

학 생　'부당(不當)한' 침해란 침해행위가 '객관적으로 법질서와 모순되는 위법한 것'으로 반드시 형법상의 불법한 것을 의미하는 것은 아닙니다.

교 수　'불법(不法)'과 '위법(違法)'의 개념을 구별해야 하지요. '불법'이란 구성요건에 해당하고 위법하다고 평가되는 실체적(實體的) 개념을 말하는 것인 반면, 구성요건해당성이 없는 행위라도 전체 법질서에 배치되거나 모순된다면 관계적(關係的) 개념인 '위법'에는 해당될 수 있습니다.

학 생　예를 들면 형법[85]은 고의 손괴행위만을 처벌합니다. 즉 과실로 타인의 재물을 손괴한 행위는 형법상 불가벌로 '불법'에는 해당되지 않지만 전체 법질서에 비추어서는 '위법'하다는 것이니,

교 수　그 과실 손괴행위는 '부당'한 침해이고 따라서 그에 대해서도?

학 생　정당방위가 가능하다는 것입니다.

교 수　그렇죠, 정당방위의 기본사상은 '부정 대 정(不正 對 正)'임을 염두에 두어야 할 것입니다.

학 생　대법원[86]은 경찰관의 행위가 적법한 공무집행을 벗어나 불법하게 체포한 것으로 볼 수밖에 없다면 그 체포를 면하려고 반항하는 과정에서 경찰관에서 상해를 가한 것은 불법 체포로 인한 신체에 대한 현재의 부당한 침해를 벗어나기 위한 행위로서 정당방위에 해당한다고 보았습니다.

교 수　그런데... 乙이 甲의 손가락을 깨문 것은 甲에 대한 '부당한' 침해 아닌가요? 乙이 甲에게 가한 상해행위는 甲에 대한 '부당한' 침해이고 甲이 그 침해를 방위하기 위하여 손가락을 빼다가 乙에게 치아결손의 상해를 입힌 것인데. 그럼 甲은 정당방위 아닌가요?

학 생　乙이 甲의 손가락을 깨문 것이 형법상 상해행위에 해당하더라도 乙의 상해행위에 위법성이 '배제'되는 사유는 없는지 즉 부당한 것이 '아닌 것'은 아닌지 검토되어야 합니다.

---

85 형법 제366조(재물손괴등) 타인의 재물, 문서 또는 전자기록등 특수매체기록을 손괴 또는 은닉 기타 방법으로 기 효용을 해한 자는 3년 이하의 징역 또는 700만원 이하의 벌금에 처한다.

86 대법원 2000. 7. 4. 선고 99도4341 판결.

교 수　乙의 행위는 형법상 상해죄의 구성요건에 해당하여 그 위법성이 추정되나 위법성조각사유가 있는 것은 아닌지 검토되어야 한다?

학 생　그렇습니다. 만약 위법성조각사유가 있어 위법성이 배제된다면 乙이 甲의 손가락을 깨문 행위는 위법한 행위가 아니고,

교 수　따라서 부당한 침해가 아니다.

학 생　네, 그렇다면 甲은 그에 대한 방위행위 즉 정당방위를 할 수 없고 '치상'의 점은 유죄가 됩니다.

교 수　甲에 대한 乙의 상해행위에 위법성을 배제할 사유가 있는지 살펴보아야겠군요.

학 생　정당방위에 해당하는지부터 검토해 보겠습니다.
甲은 乙의 입을 막고 음부 부위를 더듬으며 乙에 대한 강간죄의 실행에 착수하였습니다.

교 수　甲은 위법한 즉 '부당한' 행위를 '막 개시'하였다?

학 생　그렇습니다. '현재의 부당한 침해'가 인정됩니다. 이에 乙은 그 침해를 '방위하기 위하여' 甲의 손가락을 깨물었고,

교 수　순수하게 방위했다기보다 오히려 적극적으로 공격한 것 아닌가요?

학 생　정당방위의 '방위하기 위한 행위'에는 수세적 보호방위에 그치지 않고 적극적으로 반격을 취하는 공격방위도 포함됩니다.[87]

87 **[변호사시험 기출문제]**

Q) 위법성조각사유에 관하여 옳은 설명은?

'정당방위의 성립요건으로서의 방어행위는 순수한 수비적 방어뿐만 아니라 적극적 반격을 포함하는 반격방어의 형태도 포함된다.' (O)

'가해자의 행위가 피해자의 부당한 공격을 방위하기 위한 것이라기보다는 서로 공격할 의사로 싸

교 수 하지만 형법 제21조 제1항은 자기 또는 타인의 법익에 대한 현재의 부당한 침해를 방위하기 위한 행위는 '상당한 이유가 있는 때에는 벌하지 아니한다.'라고 규정하고 있습니다. 정당방위가 성립하려면 **'상당성'**이라는 요건도 충족해야 합니다.

학 생 맞습니다. '상당한 이유'란 방위행위가 사회상규에 비추어 상당한 정도를 넘지 않고 당연시되는 것을 말하는데,

교 수 이 사건에서 甲의 강간을 피하기 위한 乙의 상해행위가 사회상규에 비추어 상당한 정도를 넘지 않고 당연시될 수 있다는 건가요?

학 생 앞서 말씀하셨지만 정당방위의 기본사상은 '부정 대 정(不正 對 正)'입니다. 소위 '법은 불법에 양보하지 않는다'는. 따라서 그 '상당성 이유'의 판단에는 '보충성의 원칙'이나 '균형성의 원칙'이 적용되지 않습니다.

교 수 보충성(補充性)의 원칙. 무슨 의미인가요?

학 생 '최후수단성'이어야 한다는 의미입니다. 즉 보충성의 원칙이 적용되지 않는다는 건 방위행위가 반드시 최후수단일 필요가 없다는 것입니다.

교 수 방위자에게 다른 방법이 가능하더라도 방위행위를 할 수 있다는 것이군요.

균형성(均衡性)의 원칙이 적용되지 않는다는 의미는요?

우다가 먼저 공격을 받고 이에 대항하여 가해하게 된 경우, 그 가해행위는 방어행위인 동시에 공격행위의 성격을 가지므로 정당방위라고 볼 수 없다.' (O)

학 생　보전되는 법익이 침해되는 법익과 균형을 이루거나 우월할 필요가 없다는, 즉 보전되는 법익이 침해되는 법익보다 우월하지 않더라도 정당방위가 가능하다는 의미입니다.

교 수　법은 불법에 양보하지 않으므로 법익균형성을 요하지 않는다는 것이죠.

학 생　다만 최소침해(最小侵害)의 원칙은 적용됩니다.

교 수　방위자는 방위에 적합한 여러 수단 중에서 침해자에게 '가장 경미한' 손실을 입히는 수단을 선택해야 한다는 방어 '수단'의 균형성은 지켜져야 한다.

학 생　그렇습니다. 대법원은 절도범으로 오인받은 자가 야간에 군중들로부터 무차별 구타를 당하자 이를 방위하기 위하여 소지하고 있던 손톱깎이 칼을 휘둘러 상해를 입힌 행위는 정당방위에 해당한다고 판시[88]한 반면, 전투경찰대원이 상관의 다소 심한 기합에 격분하여 상관을 사살한 행위는 자신의 신체에 대한 침해를 방위하기 위한 상당한 방법이었다고 볼 수 없다고 판시[89]한 바 있습니다.

교 수　피고인이 길이 26센티미터의 과도로 복부와 같은 인체의 중요한 부분을 3, 4회 찔러 피해자에게 상해를 입힌 행위는 비록 그와 같은 행위가 피해자의 구타행위에 기인한 것이라 하여도

88 대법원 1970. 9. 17. 선고 70도1473 판결.

89 대법원 1984. 5. 29. 선고 84도682 판결.

정당방위에 해당한다고 볼 수 없다고 판시[90]하기도 하였지요.[91]

학 생 또한 피고인이 인적이 드문 심야에 혼자 귀가중인 피해자에게 뒤에서 느닷없이 달려들어 양팔을 붙잡고 어두운 골목길로 끌고 들어가 담벽에 쓰러뜨린 후 음부를 만지며 반항하는 피해자의 옆구리를 무릎으로 차고 억지로 키스를 하자 피해자가 정조와 신체를 지키려는 일념에서 엉겁결에 피고인의 혀를 깨물어 설절단상(舌切斷傷)을 입혔다면, 피해자의 범행은 자기의 신체에 대한 현재의 부당한 침해에서 벗어나려고 한 행위로서 그 행위에 이르게 된 경위와 목적 및 수단, 행위자의 의사 등 제반사정에 비추어 위법성이 결여된 행위라고 판시[92]하였습니다.

교 수 혀를 깨물어 자른 정도를 정당방위에 해당한다고 보았다면,

학 생 손가락을 깨문 정도 역시 최소침해성 원칙이 준수되는 것으로 볼 수 있을 것입니다.

교 수 상당성 요건도 충족된다는 것이군요. 그럼 乙이 甲의 손가락을 깨문 행위, 즉 乙의 甲에 대한 상해행위는 정당방위로서 위법성이 조각되어 무죄라는 건가요?

---

90 대법원 1989. 12. 12. 선고 89도2049 판결.

91 **[변호사시험 기출문제]**

Q) 甲의 행위가 위법성이 조각되는 경우는?

'甲이 乙과 말다툼을 하던 중 乙이 건초더미에 있던 낫을 들고 반항하자 乙로부터 낫을 빼앗아 그 낫으로 乙의 가슴, 배, 왼쪽 허벅지 부위 등을 수차례 찔러 乙이 사망한 경우' (×)

'甲이 乙의 개가 자신의 애완견을 물어뜯는 공격을 하자 소지하고 있던 기계톱으로 乙의 개를 절개하여 죽인 경우' (×)

92 대법원 1989. 8. 8. 선고 89도358 판결.

학 생　네, 위법하지 않고 '부당'하지 않습니다. '부당한 침해'가 아니니 甲이 손가락을 빼며 乙의 치아를 결손케 한 것은,

교 수　정당방위가 될 수 없다는 거죠. 결국 甲의 乙에 대한 '치상'의 점은 유죄라는 건가요?

학 생　긴급피난에 해당하는 것은 아닌지 검토해 보겠습니다.

교 수　그렇죠, 위법성조각사유는 정당방위 하나만 있는 것이 아니죠.

긴급피난

학 생　형법 제22조 제1항입니다. '자기 또는 타인의 법익에 대한 현재의 위난을 피하기 위한 행위는 상당한 이유가 있는 때에는 벌하지 아니한다.'[93]

교 수　긴급피난에도 '자기 또는 타인의 법익'이라는 개념이 나오는군요?

---

93 **[변호사시험 기출문제]**

Q) 다음과 같은 근거로 벌하지 아니하는 경우인지?

> 자기 또는 타인의 법익에 대한 현재의 위난을 피하기 위한 행위는 상당한 이유가 있는 때에는 벌하지 아니한다.

'선장이 피조개양식장에 피해를 주지 않기 위해 양식장까지의 거리가 약 30미터가 되도록 선박의 닻줄을 7샤클(175미터)에서 5샤클(125미터)로 감아놓았는데, 태풍을 갑자기 만나게 되면서 선박의 안전을 위하여 어쩔 수 없이 선박의 닻줄을 7샤클로 늘여 놓았다가 피조개양식장을 침범하여 물적 피해를 야기한 경우' (O)

Q) 위법성조각사유에 관하여 옳은 설명인지?

'선박의 이동에도 새로운 공유수면점용허가가 있어야 하고 휴지선을 이동하는 데는 예인선이 따로 필요한 관계로 비용이 많이 들어 다른 해상으로 이동을 하지 못하고 있는 사이에 태풍을 만나게 되고, 그와 같은 위급한 상황에서 선박과 선원들의 안전을 위한 조치를 취한 결과 인근 양식장에 피해를 준 경우 긴급피난에 해당한다.' (O)

학 생 하지만 정당방위와는 달리 개인적 법익은 물론 국가적 또는 사회적 법익도 원칙적으로 포함된다는 견해가 우세한 것 같습니다. 문제는 '현재의 위난'이라는 개념입니다.

교 수 '현재의 부당한 침해'가 아니라 '현재의 위난'이군요. '위난(危難)'이란 무엇인가요?

학 생 법익침해가 발생할 수 있는 가능성 있는 상태를 의미합니다. 그 원인에는 제한이 없고요.

교 수 원인에 제한이 없다면 사람의 행위든 동물, 천재지변에 의한 것이든 불문한다는 건가요?

학 생 네, 위난의 원인에 제한이 없다는 것은 반드시 위난의 원인이 위법할 것을 요하지 않는다는 의미이기도 합니다.

교 수 그렇죠, 긴급피난은 정당방위와 달리 '정 대 정(正 對 正)'의 관계입니다. 긴급행위의 일종으로 보는 거죠.

학 생 그래서 긴급피난에서는 '상당한 이유'를 매우 엄격하게 판단합니다. 정당방위와 달리 보충성의 원칙이나 균형성의 원칙이 모두 '적용'됩니다.

교 수 즉 피난행위는 위난에 처한 법익을 보호하기 위한 '유일'하고 '가장 경미'한 수단이어야 하며

학 생 피난행위에 의해 보호되는 이익은 침해되는 이익보다 '본질적으로 우월'한 것이어야 합니다.

교 수 위난의 '현재성'의 의미는 어떤가요? 이 또한 정당방위에서의 침해의 현재성 개념과 다른가요?

학생　다릅니다. 법익침해의 발생이 임박한 것은 아니지만 피난행위를 미룰 경우 그 피해가 증대될 것으로 '예상'되는 경우나 위난상태가 오랫동안 반복되어 앞으로도 같은 위난이 '예상'되는 경우에도 그 현재성이 인정됩니다.

교수　'예방적' 긴급피난이 가능하다는 거군요?

학생　그렇습니다. 정당방위의 '현재성' 의미보다 그 범위가 넓습니다.

교수　甲이 乙에게 자신의 손가락을 물린 것은 '위난'이군요.

학생　다만 예외가 있습니다. 목적이나 고의에 의하여 위난을 '자초'한 자는 긴급피난이 허용되지 않습니다.

교수　자초위난(自招危難)은 긴급피난에서의 '위난'에 해당하지 않는다?

학생　그렇습니다. 甲이 강간을 시도하다가 반항하는 乙에게 손가락을 물린 것은 甲 자신의 고의의 강간행위로부터 초래된 '자초위난'으로서 긴급피난에서의 '위난'에 해당하지 않습니다.

교수　甲이 乙의 치아를 결손케 한 행위는 긴급피난에서의 피난행위가 될 수 없다는 거군요.

학생　치아결손의 '치상'의 점은 긴급피난으로 위법성이 조각될 수 없습니다.

교수　좋습니다. 더 검토해야 할 위법성조각사유가 있나요?

학생　'자구행위'와 '피해자의 승낙'이 있긴 한데,

교수　자구행위(自救行爲)부터 살펴볼까요?

자구행위 · 피해자의 승낙

학 생 형법 제23조, '법정절차에 의하여 청구권을 보전하기 불능한 경우에 그 청구권의 실행불능 또는 현저한 실행곤란을 피하기 위한 행위는 상당한 이유가 있는 때에는 벌하지 아니한다'. 권리자가 과거에 권리에 대한 불법한 침해를 받았는데 국가기관의 법정절차에 의해서는 그 권리를 보전하기 불가능하여 자력으로 권리를 보전한다는 것인데,[94] 이 사안과 관련하여 검토될 성질의 위법성조각사유는 아닙니다.

교 수 네, 자구행위의 예로는 절도 피해자가 상당한 시일의 경과 후 우연히 그 도난당한 물건을 소지하고 있는 자와 마주쳐 도망하려는 그를 폭행하여 물건을 탈환하는 경우 등을 들곤 하지요.

학 생 또한 乙이 자신에게 치아결손의 상해를 입혀도 된다고 甲에게 '승낙'한 사정도 전혀 보이지 않으니 피해자의 승낙[95]도 문제되는 경우가 아닙니다.

교 수 정당방위나 긴급피난도 아니고 자구행위나 피해자의 승낙도 아니면 '정당행위'를 검토해봐야겠군요.

---

94 **[변호사시험 기출문제]**

Q) 위법성조각사유에 관하여 옳은 설명인지?

'인근 상가의 통행로로 이용되고 있는 토지의 사실상 지배권자가 위 토지에 철주와 철망을 설치하고 포장된 아스팔트를 걷어냄으로써 통행로로 이용하지 못하게 한 경우 자구행위에 해당하지 않는다.' (O)

95 형법 제24조(피해자의 승낙) 처분할 수 있는 자의 승낙에 의하여 그 법익을 훼손한 행위는 법률에 특별한 규정이 없는 한 벌하지 아니한다.

정당행위

학 생 형법 제20조, '법령에 의한 행위 또는 업무로 인한 행위 기타 사회상규에 위배되지 아니하는 행위는 벌하지 아니한다.'

교 수 우선 '법령에 의한 행위'부터 알아봅시다.

학 생 법령에 의한 행위란 법령에 근거하여 정당한 권리나 의무로서 행해지는 행위로서 형사소송법[96]에 근거하여 사인(私人)이 현행범을 체포한다거나 민사소송법에 근거하여 강제집행을 한다거나 하는.

교 수 민법상 친권자의 징계행위[97] 같은 것도 있을 수 있고요.

학 생 주로 문제되는 것은 상관의 명령에 복종하여 하는 행위인데 이때 위법성이 조각되기 위해서는 상관의 명령이 '적법'할 것이 전제됩니다.

교 수 위법한 명령은 법적 구속력이 없으니 그 명령에 따른 행위는 위법성이 조각되지 않지요.

학 생 또한 노동쟁의행위가 문제됩니다. 노동쟁의행위는 형법상 업무방해죄[98]의 구성요건에는 해당하지만 그것이 '노동조합 및 노동관계조정법'에 따른 것이라면 위법성이 조각됩니다.

교 수 좋습니다. '업무로 인한 행위'로 넘어가 볼까요?

---

96 형사소송법 제212조(현행범인의 체포) 현행범인은 누구든지 영장없이 체포할 수 있다.

97 민법 제915조(징계권) 친권자는 그 자를 보호 또는 교양하기 위하여 필요한 징계를 할 수 있고 법원의 허가를 얻어 감화 또는 교정기관에 위탁할 수 있다.

98 형법 제314조(업무방해) ① 제313조의 방법 또는 위력으로써 사람의 업무를 방해한 자는 5년 이하의 징역 또는 1천500만원 이하의 벌금에 처한다.

학생 업무로 인한 행위에는 의사의 치료행위, 변호사의 직무상 변론 행위 등이 있는데,

교수 의사의 치료행위란 무엇인가요?

학생 의사의 치료행위란 '치료의 목적'으로 '의술의 법칙'에 따라 행해지는 '신체 침해행위'입니다.

교수 즉 의사의 치료행위는 상해죄의 구성요건에는 해당하나 환자의 승낙 즉 '피해자의 승낙'으로 그 위법성이 조각된다는 건가요?

학생 그렇습니다.

교수 성공한 치료행위라면 상해죄의 구성요건해당성조차 없다고 보는 견해도 있습니다. 치료행위가 실패하더라도 애초에 상해죄의 '고의'가 인정될 수 없고 객관적 의술의 법칙에 따른 것이니 '과실'도 인정될 수 없어 구성요건해당성이 없다고 볼 수도 있고요.

학생 네, 피해자의 승낙으로 위법성이 조각되든 구성요건해당성이 부정되든 어느 것에 의하든지 '불가벌'이라는 결론면에서는 동일합니다. 다만 성형수술과 같이 직접적으로 치료의 목적으로 행해진다고 볼 수 '없는' 신체 침해행위는 상해죄의 구성요건해당성은 인정되나 '환자의 승낙'에 의해 그 위법성이 조각되는 것으로 봄이 더 설득력 있어 보입니다.

교수 그렇죠, 의사의 행위 중에서 직접적으로 치료의 목적으로 행해지는 경우와 그렇지 아니한 경우를 구분해야 합니다.

학 생　그리고 변호사의 변론행위는 경우에 따라 명예훼손죄[99]의 구성요건에는 해당될 수 있지만 업무로 인한 정당행위로서 위법성조각이 가능하다는 것이고요.

교 수　甲이 손가락을 잡아 뺀 행위는 법령에 의한 것도 아니고 업무에 의한 것도 아니네요. 그렇다면,

학 생　마지막으로 남아있는 위법성조각사유, '기타 사회상규에 위배되지 아니하는 행위'로서 위법성이 조각되는 것은 아닌지 검토해야 합니다.

교 수　최후의 위법성조각사유군요.

학 생　정당방위나 긴급피난과 같은 개별적 위법성조각사유에 해당되지 않는다고 하여 바로 위법성이 조각되지 않는다고 볼 것이 아니라 항상 마지막으로 '사회상규에 위배되지 아니하는 행위'인지 여부를 따져 결국 위법성이 조각되는 것은 아닌지 검토하여야 합니다.

교 수　'최후'의 위법성조각사유이면서 개별적 위법성조각사유 외 가능한 '초법규적(超法規的)' 위법성조각사유를 포괄한 '일반적' 위법성조각사유란 거죠.

'사회상규에 위배되지 아니하는 행위'란 무엇인가요?

학 생　행위가 법규정의 문언상 범죄구성요건에 해당된다고 보이는 경우에도 그것이 극히 정상적인 생활형태의 하나로서 역사적으로 생성된 사회생활질서의 범위 안에 있는 것이라고 생각되는 경우에 한해 그 위법성이 조각되어 처벌할 수 없게 되는 것입니다.

---

99 형법 제307조(명예훼손) ① 공연히 사실을 적시하여 사람의 명예를 훼손한 자는 2년 이하의 징역이나 금고 또는 500만원 이하의 벌금에 처한다.

교 수 좀 더 풀어서 얘기해 주시죠.

학 생 어떤 법규정이 처벌대상으로 하는 행위가 사회발전에 따라 전혀 위법하지 않다고 인정되고 그 처벌이 무가치할 뿐 아니라 사회정의에 위반된다고 생각할 정도에 이를 경우나 국가법질서가 추구하는 사회의 목적추구에 비추어 그를 실현하기 위해 사회적 상당성이 있는 수단으로 행하여졌다는 평가가 가능한 경우라면 사회상규에 위배되지 않는다는 것입니다.[100]

교 수 즉 사회상규란 국가질서의 존엄성을 기초로 한 국민일반의 건전한 도의감 또는 공정하게 사유하는 일반인의 건전한 윤리감정이라고도 할 수 있겠군요.[101]

학 생 공정하게 사유하는 평균인이 건전한 사회생활을 하면서 옳다고 승인한 정상적인 행위규칙이라거나 일반인이 통상 객관성과 합리성을 인정하는 규칙이라고도 정의할 수 있을 것입니다.

교 수 그야말로 '일반적' 위법성조각사유지요. 그럼 그 판단기준이 중요하겠지요?

학 생 대법원[102]은 어떠한 행위가 위법성조각사유로서의 정당행위가 되는지 여부는 구체적인 경우에 따라 합목적적, 합리적으로 가려져야 할 것인바, 정당행위를 인정하려면 첫째, 그 행위의 동기나

100 대법원 1985. 6. 11. 선고 84도1958 판결.

101 **[변호사시험 기출문제]**

Q) 위법성조각사유에 관하여 옳은 설명인지?

'형법 제20조의 사회상규에 위배되지 아니하는 행위라 함은 국가질서의 존중이라는 인식을 바탕으로 한 국민일반의 건전한 도의적 감정에 반하지 아니한 행위로서 초법규적인 기준에 의하여 이를 평가해야 한다.' (O)

102 대법원 1999. 1. 26. 선고 98도3029 판결.

목적의 정당성, 둘째, 행위의 방법이나 **수단의 상당성**, 셋째, 보호법익과 침해**법익의 균형성**, 넷째, **긴급성**, 다섯째, 그 행위 이외의 다른 수단이나 방법이 없다는 **보충성**의 요건을 모두 갖추어야 한다고 판시한 바 있습니다.

교 수　甲은 강간을 시도하다가 乙에게 손가락을 물렸고 그 손가락을 구하려고 뽑다가 乙에게 상해를 입혔지요.

학 생　甲이 손가락을 뽑으며 乙에게 상해를 입힌 행위가 평균인이 객관적, 합리적으로 인정하는 행위규칙이나 국민 일반의 건전한 도의감에 위배되지 않는다고 보는 것은 좀…

교 수　곤란해 보인다?

학 생　네, '사회상규에 위배되지 않는 행위'에 해당하지 않습니다. 甲의 행위는 사회상규에 위배됩니다.

교 수　甲의 행위는 최후의 위법성조각사유에도 해당되지 않고 따라서 위법성이 조각되지 않는다.

학 생　네, 강간치상죄의 유죄입니다.

교 수　그렇다면 주거침입죄와 강간치상죄는,

학 생　실체적으로 경합합니다.

죄수론(동시적 경합)

교 수 주거침입죄와 강간치상죄의 '실체적 경합'이라...

학 생 '판결이 확정되지 아니한 수개의 죄'로서 동시에 판결될 것이 요(要)해지는 형법 제37조 전단[103]의 동시적 경합범입니다.

교 수 흠...

학 생 따라서 甲은 경합범의 처벌에 대해 정하고 있는 형법 제38조[104]에 따라서 처벌하면 될 것이고,

교 수 만약 그렇다면...
그 전에 형종(刑種)을 먼저 선택해야 하지요?[105]

학 생 그렇습니다.

교 수 예를 들어 보시죠.

학 생 예를 들어 법정형이 3년 이하의 징역 또는 500만원 이하의 벌금인 주거침입죄에서 '징역형'을 선택하면 그 선택형은 '3년 이하의 징역'이 되고,

---

103 형법 제37조(경합범) 판결이 확정되지 아니한 수개의 죄 또는 금고 이상의 형에 처한 판결이 확정된 죄와 그 판결확정 전에 범한 죄를 경합범으로 한다.

104 형법 제38조(경합범과 처벌례) ① 경합범을 동시에 판결할 때에는 다음의 구별에 의하여 처벌한다.
1. 가장 중한 죄에 정한 형이 사형 또는 무기징역이나 무기금고인 때에는 가장 중한 죄에 정한 형으로 처벌한다.
2. 각 죄에 정한 형이 사형 또는 무기징역이나 무기금고 이외의 동종의 형인 때에는 가장 중한 죄에 정한 장기 또는 다액에 그 2분의 1까지 가중하되 각 죄에 정한 형의 장기 또는 다액을 합산한 형기 또는 액수를 초과할 수 없다. 단 과료와 과료, 몰수와 몰수는 병과할 수 있다.
3. 각 죄에 정한 형이 무기징역이나 무기금고 이외의 이종의 형인 때에는 병과한다.
② 전항 각 호의 경우에 있어서 징역과 금고는 동종의 형으로 간주하여 징역형으로 처벌한다.

105 형법 제54조(선택형과 작량감경) 1개의 죄에 정한 형이 수종인 때에는 먼저 적용할 형을 정하고 그 형을 감경한다.

교수 유기징역의 하한(下限)은 1개월이니 '1개월 이상 3년 이하의 징역'이 되겠지요.

학생 법정형이 무기 또는 5년 이상의 징역인 강간치상죄에서 '유기징역형'을 선택한다면 그 선택형은 '5년 이상의 징역'이 되는데,

교수 상한(上限)은 30년 이하이니 '5년 이상 30년 이하의 징역'이 되겠고요.

학생 '1개월 이상 3년 이하의 유기징역'과 '5년 이상 30년 이하의 유기징역'은 사형 또는 무기징역이나 무기금고 이외의 '동종(同種)'의 형이므로 경합범 처벌에 관한 형법 제38조 제1항 제2호[106]에 따라 가장 중한 죄에 정한 장기에 그 2분의 1까지 가중하되, 각 죄에 정한 형의 장기를 합산한 형기를 초과할 수 없으므로...

교수 가장 중한 죄는 어떻게 판단하는데요?

학생 동종의 형은 '장기(長期)의 긴 것'을 중한 것으로 하고 장기가 동일한 때에는 그 단기(短期)의 긴 것을 중한 것으로 하므로[107] '1개월 이상 3년 이하'의 주거침입죄와 '5년 이상 30년 이하'의 강간치상죄 중 두 죄의 장기를 비교해보면 30년인 강간치상죄가 3년인 주거침입죄보다 중한 죄이므로,

---

106 형법 제38조(경합범과 처벌례) ① 경합범을 동시에 판결할 때에는 다음의 구별에 의하여 처벌한다.
2. 각 죄에 정한 형이 사형 또는 무기징역이나 무기금고 이외의 동종의 형인 때에는 가장 중한 죄에 정한 장기 또는 다액에 그 2분의 1까지 가중하되 각 죄에 정한 형의 장기 또는 다액을 합산한 형기 또는 액수를 초과할 수 없다. 단 과료와 과료, 몰수와 몰수는 병과할 수 있다.

107 형법 제50조(형의 경중) ② 동종의 형은 장기의 긴 것과 다액의 많은 것을 중한 것으로 하고 장기 또는 다액이 동일한 때에는 그 단기의 긴 것과 소액의 많은 것을 중한 것으로 한다.

교 수　그 중한 죄, 즉 강간치상죄에 정한 장기 30년에 그 2분의 1인 15년을 가중한다는 거죠?

학 생　네, 그러면 장기는 '45년 이하'가 됩니다.

교 수　형의 가중상한은 50년[108]까지니까 45년도 가능하지요.

학 생　그런데 각 죄에 정한 형의 장기를 합산한 형기를 초과할 수 없으니 장기는 45년이 아닌 '33년 이하의 유기징역'이 됩니다.

교 수　'처단형'의 범위는 '5년 이상 33년 이하의 유기징역'이 된다?

학 생　거기에서 다시 '범죄의 정상에 참작할 만한 사유가 있는 때'에는 장기와 단기를 2분의 1씩 감경하는 작량감경[109]을 할 수 있고,[110] 만약 그렇다면 '2년 6개월 이상 16년 6개월 이하의 유기징역'이 최종적인 처단형의 범위가 됩니다.

교 수　법관은 그 범위 안에서 형을 '선고' 하면 된다는 거고요.

학 생　그 외 다른 가중감경사유가 없다는 전제하에서 말입니다.

---

108 형법 제42조(징역 또는 금고의 기간) 징역 또는 금고는 무기 또는 유기로 하고 유기는 1개월 이상 30년 이하로 한다. 단, 유기징역 또는 유기금고에 대하여 형을 가중하는 때에는 50년까지로 한다.

109 형법 제53조(작량감경) 범죄의 정상에 참작할 만한 사유가 있는 때에는 작량하여 그 형을 감경할 수 있다.

110 형법 제56조(가중감경의 순서) 형을 가중감경할 사유가 경합된 때에는 다음 순서에 의한다.
1. 각칙 본조에 의한 가중
2. 제34조 제2항의 가중
3. 누범가중
4. 법률상감경
5. 경합범가중
6. 작량감경

교 수 네. 그런데 이 사안에서 경합범 가중이 과연 필요한 것이었는지 의문이군요.

학 생 ...?

교 수 '주거침입죄'가 나오면 항상 다른 죄와의 관계에 대해서 생각해 보아야 합니다.

학 생 아...

교 수 이 사건에서는 주거침입죄와 강간치상죄가 수죄로서 경합관계에 있는 것이 아니라, 성폭력범죄의 처벌등에 관한 특례법, 즉 성폭법위반죄 일죄(一罪)만이 성립합니다.

성폭력범죄의 처벌 등에 관한 특례법

학 생 ... 성폭법 제8조 제1항이군요. '성폭법 제3조 제1항의 죄를 범한 사람이 다른 사람을 상해하거나 상해에 이르게 한 때에는 무기징역 또는 10년 이상의 징역에 처한다.'

교 수 성폭법 제3조 제1항은 형법상 '주거침입의 죄'를 범한 사람이 형법상 '강간의 죄'를 범한 경우 무기징역 또는 5년 이상의 징역에 처할 것을 정하고 있습니다.

학 생 다시 말해 주거침입죄를 범하고 강간죄를 범한 자는 형법상 주거침입죄와 강간죄의 실체적 경합범으로 처벌되는 것이 아니라 성폭법 제3조 제1항의 '주거침입강간'으로 처벌되는 것이고,

주거침입죄를 범하고 강간죄를 범한, 즉 성폭법 제3조 제1항의 죄를 범한 사람이 다른 사람을 '상해'에 이르게 한 때에는 형법상 주거침입죄와 강간치상죄의 실체적 경합범이 아닌 성폭법 제8조 제1항의 '강간등 치상'으로 처벌된다는 말이군요.

교 수　정확합니다. 대법원[111]은 현 성폭법 제3조 제1항인 구 성폭법 제5조 제1항은 형법상 주거침입죄에 대해 규정하고 있는 제319조 제1항의 죄를 범한 자가 강간의 죄를 범한 경우를 규정하고 있고, 현 성폭법 제8조 제1항인 구 성폭법 제9조 제1항은 현 성폭법 제3조 제1항인 구 성폭법 제5조 제1항의 죄에 대한 결과적 가중범을 동일한 구성요건에 규정하고 있으므로, 피해자의 방안에 '침입'하여 식칼로 위협함으로써 반항을 억압한 다음 피해자를 '강간'하여 '상해'를 입히게 한 피고인의 행위는 그 전체가 포괄하여 현 성폭법 제8조 제1항인 구 성폭법 제9조 제1항의 죄를 구성할 뿐이지 그 중 주거침입의 행위가 나머지 행위와 별도로 주거침입죄를 구성한다고는 볼 수 없다고 판시한 바 있습니다.

학 생　성폭법위반죄 일죄이지 그 외 별도로 주거침입죄가 성립하는 것은 아니다...

교 수　그리고 성폭법 제8조 제1항의 '제3조 제1항을 범한 자'에는 미수범도 포함되므로 성폭법 제8조 제1항은 강간이 미수에 이른 이 사건에도 적용될 수 있겠지요.

111 대법원 1999. 4. 23. 선고 99도354 판결.

학 생　결국 甲은 형법상 주거침입죄와 강간미수죄를 범한 자로서 乙을 상해에 이르게 하였으므로 성폭법 제8조 제1항 위반죄로 처벌될 것인데 그 법정형은 '무기징역 또는 10년 이상의 징역'이니 만약 유기징역형을 선택하고 다른 가중감경사유 없이 정상참작의 여지만이 있는 경우라면 '10년 이상 30년 이하의 유기징역'에서 작량감경을 한 '5년 이상 15년 이하의 유기징역'이 그 처단형이 될 것이라는...

교 수　결론이군요.

첫 수업이라 힘들었을텐데 고생했습니다.

학 생　휴... 감사합니다!

[점심시간]

죄수론

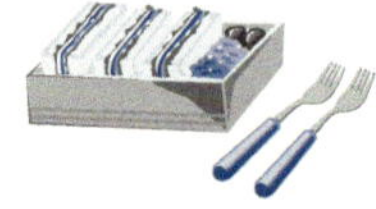

선 배　죄수(罪數) 관계가 중요해...

후 배　죄수관계요?

선 배　응, 죄수관계가 중요하더라고.

후 배　그렇죠, 시험에서 중요하죠.

선 배　그것도 그런데 죄수에 따라서 어떻게 처벌할 것인가 법적 취급이 달라지니까. 일죄냐 수죄냐, 실체적 경합이냐 상상적 경합이냐.

후 배　음... 밥먹으면서 죄수론 한 번 정리해 봅시다. 저도 좀 배우게.

선 배　먼저 죄수결정 기준에 대한 학설들부터 정리해 보자.

죄수결정의 기준

후 배　일죄냐 수죄냐를 결정하는 기준 말이지요?

선 배　응, 우선 '자연적 의미의 행위의 수'에 의하여 죄수를 결정하는 '행위표준설(行爲標準說)'이라고 강간죄나 강제추행죄, 공갈죄 등에 대한,

후 배　강간죄나 강체추행죄는 '행위시마다' 한 개의 범죄가 성립한다는 거죠.[112]

선 배　그렇지, 대법원[113]은 동일인에 대해 여러 차례에 걸쳐 금전갈취를 위한 협박의 서신이나 전화를 한 경우에 1개의 협박행위마다 1개의 공갈미수죄가 성립한다고 판시한 바 있어.

후 배　'행위'를 기준으로 보는 견해가 있으면 '의사'를 기준으로 보는 견해도 있겠지요?

선 배　범죄의사의 수를 기준으로 죄수를 결정하는 '의사표준설(意思標準說)'이라고. 판례는 연속범(連續犯) 사안에서 이 의사표준설을 어느 정도 취하는 것 같기도 하고...

후 배　연속범이라 하면 연속하여 행해진 수개의 행위가 동종의 범죄에 해당하는 경우인데,

선 배　맞아, 예를 들면 여러 개의 뇌물수수행위가 있는데 그 각 행위가 단일하고 계속된 범의 아래 동종의 범행으로 일정기간 반복하

---

112 대법원 1982. 12. 14. 선고 82도2442 판결.

113 대법원 1958. 4. 11. 선고 4290형상360 판결.

여 행해졌고 그 피해법익도 동일하다면 그 각 범행을 통틀어 '포괄일죄'로 본다는.

후 배 피고인이 취직교제비 명목으로 금원을 편취함에 있어 동일 피해자로부터 재물을 여러 차례에 걸쳐 수수함으로써 그 행위가 여러 개로 보이더라도 그것이 단일하고 계속되는 범의에 의하여 이루어진 것이고 동일한 법익을 침해한 때에는 사기죄의 포괄일죄로 본다는 판례[114]가 있지요.[115]

선 배 반면 그러한 범의의 단일성과 계속성을 인정할 수 없다면 포괄일죄가 아니라 각 범행마다 별개의 죄가 성립한다는 것이고.

후 배 즉 '경합범 수죄'로 처단된다는 것이고요.[116]

선 배 그렇지, 대법원[117]은 피고인이 미성년자를 유인하여 금원을 취득할 마음을 먹고 제3자로 하여금 피해자를 유인토록 하였으나 마음이 약해져 각 실행을 중지하여 미수에 그친 후 다음 달 드디어 피해자를 린치, 살해하고 금원을 요구하는 내용의 협박편지를 피해자의 집 마루에 갖다 놓고 피해자의 안전을 염려하는 부모로부터 재물을 취득하려 하였다면,

---

114 대법원 1988. 9. 6. 선고 87도1166 판결.

115 **[변호사시험 기출문제]**

Q) 인터넷 파일공유 사이트를 운영하는 甲은 사이트를 통해 저작재산권 대상인 디지털 콘텐츠가 불법 유통되고 있음을 알면서도 저작재산권의 침해를 방지할 조치를 취하지 않고 회원들로 하여금 불법 디지털 콘텐츠를 업로드하게 한 후 이를 다운로드하게 하면서 일부 이익을 취득하였다. 甲 죄책의 죄수와 관련된 옳은 설명인지?

'동일 죄명에 해당하는 수개의 행위 또는 연속된 행위는 범의가 단일하지 않아도 포괄일죄로 처단된다.' (×)

116 대법원 1998. 2. 10. 선고 97도2836 판결.

117 대법원 1983. 1. 18. 선고 82도2761 판결.

후 배　피고인은 당초의 범의를 철회 내지 방기하였다가 다시 범의를 일으켰다?

선 배　다시 범의를 일으켜 마지막의 약취유인 살해에 이른 것이니 '범의의 갱신'이 있는 것이다. 따라서 그간의 범행은 단일한 의사발동에 의한 것이라고 할 수 없으니,

후 배　미수죄와 기수죄를 경합범으로 의율하는 것이 정당하다.

선 배　정확해.

후 배　'법익표준설(法益標準說)'도 있지요?

선 배　침해되는 보호법익의 수 또는 결과의 수에 따라 죄수를 결정하는.

후 배　예를 들면 피고인이 피해자에 대해 흉기로 찔러 죽인다고 해악을 고지하여 협박한 후 다시 주먹과 발로 수회 구타하여 상해를 입힌 경우 피고인은 피해자의 서로 다른 법익을 침해한 것이고 그렇다면 그 두 행위는 같은 무렵에 같은 장소에서 저질러진 것이라고 하여도 별개의 독립된 행위로서 실체적 경합범 관계에 있다는 거죠.[118]

선 배　대법원[119]은 수인의 피해자에 대하여 각별로 기망행위를 하여 각각 재물을 편취한 경우 범의가 단일하고 범행방법이 동일하더라도 각 피해자의 피해법익은 독립한 것이므로 포괄일죄가 아니라 피해자별로 독립한 사기죄가 된다고 판시하고 있기도 하지.

---

118 대법원 1982. 6. 8. 선고 82도486 판결.

119 대법원 2001. 12. 28. 선고 2001도6130 판결.

후 배　비교해서 알아두어야 할 판례들이 많죠. 절도범이 피해자의 집에 침입하여 그 집의 방안에서 그 소유의 재물을 절취하고 그 무렵 그 집에 '세들어 사는' 다른 사람의 방에 침입하여 재물을 절취하려다가 미수에 그쳤다면, 그 두 범죄는 범행장소와 물품의 관리자를 달리하고 있어 별개의 범죄를 구성한다는 판례가 있고.[120]

선 배　강도가 동일한 장소에서 동일한 방법으로 시간적으로 접착된 상황에서 수인의 재물을 강취하였다고 하더라도 수인의 피해자들에게 폭행 또는 협박을 가하여 그들로부터 그들이 각기 점유관리하고 있는 재물을 각각 강취하였다면 피해자들의 수에 따라 수개의 강도죄를 구성한다는 판례[121]가 있는 반면,

후 배　강도가 시간적으로 접착된 상황에서 '가족'을 이루는 수인에게 폭행, 협박을 가하여 집안에 있는 재물을 탈취하였다면 그 재물은 가족의 '공동점유' 아래 있는 것으로서 그것을 탈취하는 행위는 그 소유자가 누구인지에 불구하고 단일한 강도죄의 죄책을 진다고 본 판례가 있지요.[122]

선 배　행위표준설, 의사표준설, 법익표준설.

하지만 어느 하나의 견해만으로 죄수를 판단하는 것은 타당하지 않아. 구성요건의 충족횟수를 결정하는 데에는 '행위'가 결정적 역할을 하겠지만,

---

120 대법원 1989. 8. 8. 선고 89도664 판결.

121 대법원 1991. 6. 25. 선고 91도643 판결.

122 대법원 1996. 7. 30. 선고 96도1285 판결.

후 배　그 행위의 수는 '범죄의사'와 '법익'을 떠나 판단할 수 없으니까요.

선 배　맞아, 죄수는 범죄의 모든 면들을 종합적으로 고려해서 결정하는 것이 타당해.

일죄

후 배　실제로는 한 개의 죄밖에 성립하지 않는데 외관상 수개의 죄가 성립하는 것처럼 보이는 경우도 있잖아요?

선 배　응, '**법조경합**(法條競合)'이라고. 한 개 또는 수 개의 행위가 겉으로 보기에는 수 개의 구성요건에 해당하는 것처럼 보이지만 실제로는 한 구성요건이 다른 구성요건을 배척하여 일죄만 성립하는 경우이지.

후 배　한 개의 행위에 대해 이중평가를 금지한다는 이중평가금지의 원칙(二重評價禁止 原則)이죠.

선 배　그 중에서 어떤 구성요건이 다른 구성요건의 '모든' 요소를 포함하고 그 외 '다른' 요소까지 구비하는 경우를 '**특별관계**'라고 하는데,

후 배　예를 들면, 기본 구성요건과 가감적 구성요건과의 관계인 '살인죄와 존속살인죄'나 결합범 등의 관계인 '절도죄와 강도죄' 또는 '폭행죄와 강도죄' 같은 관계 등이 여기에 해당되겠지요.

선배 '특별법은 일반법에 우선한다'는 원칙에 따라 살인죄와 존속살인죄 중에서는 존속살인죄가, 절도죄와 강도죄 또는 폭행죄와 강도죄 중에서는 강도죄 일죄만이 성립한다는 거지.

선배 그리고 어떤 구성요건이 다른 구성요건의 적용이 '없을 때' 보충적으로만 적용되는 경우를 '**보충관계**'라고 하는데,

후배 미수죄와 기수죄, 상해죄와 살인죄, 교사범과 정범, 과실범과 고의범, 부작위범과 작위범 등의 경우가 있겠지요.

선배 대법원[123]은 살해의 목적으로 동일인에게 일시 장소를 달리하고 수차에 걸쳐 단순한 예비행위를 하거나 또는 공격을 가하였으나 미수에 그치다가 드디어 그 목적을 달성한 경우, 그 예비행위 내지 공격행위가 동일한 의사발동에서 나왔고 그 사이에 '범의의 갱신이 없는 한' 각 행위가 같은 일시 장소에서 행하여졌거나 또는 다른 장소에서 행하여졌거나를 막론하고 또 그 방법이 동일한지 여부를 가릴 것 없이 그 살해의 목적을 달성할 때까지의 행위는 모두 실행행위의 일부로서 그를 포괄적으로 보아 단순한 한 개의 살인기수로 처단할 것이지 살인예비 내지 미수죄와 기수죄의 경합범으로 처단할 수 없다고 판시하였어.

후배 또한 피고인이 검사로부터 범인을 검거하라는 지시를 받고도 그 직무상의 의무에 따른 적절한 조치를 취하지 아니하고 오히려 범인에게 전화로 도피하라고 권유하여 그를 도피케 하였다는

123 대법원 1965. 9. 28. 선고 65도695 판결.

범죄사실만으로는 직무위배의 위법상태가 범인 도피행위 속에 포함되어 있는 것으로 보아야 할 것이므로 그와 같은 경우에는 작위범인 범인도피죄만이 성립하고 부작위범인 직무유기죄는 따로 성립하지 아니한다고 본 판례[124]도 있지요.

선 배　'기본법은 보충법에 우선한다'는 거지.

후 배　끝으로 어떤 구성요건에 해당하는 행위의 불법과 책임의 내용이 다른 구성요건의 불법과 책임을 포함하면서 특별관계나 보충관계가 아닌, '**흡수관계**'라고 있지요?

선 배　우선 '**불가벌적 수반행위**(不可罰的 隨伴行爲)'라고 특정 범죄행위에 일반적, 전형적으로 결합되어 있는 제3의 경미한 위법행위로서

후 배　예를 들면 피해자를 칼로 찔러 죽였는데 피해자의 옷이 손괴된 경우 그 재물손괴죄는 살인죄에 흡수된다는.

불가벌적 수반행위

선 배　그 옷을 손괴하는 행위는 피해자를 칼로 찔러 살인하는 데에 전형적으로 결합된 경미한 위법행위라는 거지. 대법원[125]은 이른바 불가벌적 수반행위란 법조경합의 한 형태인 흡수관계에 속하는 것으로서 행위자가 특정한 죄를 범하면 비록 논리필연적인 것은 아니지만 일반적, 전형적으로 다른 구성요건을 충족

---

124 대법원 1996. 5. 10. 선고 96도51 판결.

125 대법원 2012. 10. 11. 선고 2012도1895 판결.

하고 이때 그 구성요건의 불법이나 책임 내용이 주된 범죄에 비하여 경미하기 때문에 처벌이 별도로 고려되지 않는 경우라고 하였어.

후 배 도난 또는 분실된 신용카드를 사용하는 자를 처벌하는 신용카드부정사용죄의 구성요건적 행위는 신용카드의 본래 용도인 대금결제를 위하여 가맹점에 신용카드를 제시하고 매출표에 서명하여 이를 교부하는 일련의 행위를 가리키고 단순히 신용카드를 제시하는 행위만을 가리키는 것은 아니라 할 것이므로, 그 매출표의 서명 및 교부가 별도로 사문서위조 및 동행사죄의 구성요건을 충족한다고 하여도 그 사문서위조 및 동행사의 죄는 신용카드부정사용죄에 흡수되어 신용카드부정사용죄의 일죄만이 성립되고 별도로 사문서위조 및 동행사의 죄는 성립하지 않는다는 거죠.[126]

선 배 향정신성의약품수수죄가 성립되는 경우에 그 수수행위의 결과로서 그에 당연히 수반되는 향정신성의약품의 소지행위는 수수죄의 불가벌적 수반행위로서 수수죄에 흡수되고 별도의 범죄를 구성하지 않는다고 본 판례[127]도 있고 말이지.

또한 '흡수관계'에는 불가벌적 수반행위 말고 **'불가벌적 사후행위**(不可罰的 事後行爲)'라고도 있지?

126 대법원 1992. 6. 9. 선고 92도77 판결.

127 대법원 1990. 1. 25. 선고 89도1211 판결.

불가벌적 사후행위

후 배 범죄에 의하여 획득한 위법한 이익을 확보하거나 사용, 처분하는 사후행위가 별개의 구성요건에는 해당하지만 '그 불법이 이미 주된 범죄에 의하여 완전히 평가'되었기 때문에 별죄를 구성하지 않는다는. 이중평가금지의 원칙을 근거로 하지요.

선 배 예를 들면 금융기관 발행의 자기앞수표는 그 액면금을 즉시 지급받을 수 있는 점에서 현금에 대신하는 기능을 가지고 있으므로 장물인 자기앞수표를 취득한 후 이를 현금 대신 교부한 행위는 장물취득에 대한 가벌적 평가에 당연히 포함되는 불가벌적 사후행위로서 별도의 범죄를 구성하지 않는다는 거지.[128, 129]

후 배 '전부법은 부분법을 폐지한다'. 불가벌적 사후행위에 해당하면 형사소송법 제325조[130] **전단**의 무죄가 되는 거죠.

선 배 다만 불가벌적 사후행위에 해당한다고 보려면 몇 가지 요건이 충족되어야 하지.

후 배 사후행위는 '주된' 범죄의 '행위자' 또는 '공범자'에 의한 것으로서 '구성요건해당성'이 인정되어야 하죠.

---

128 대법원 1993. 11. 23. 선고 93도213 판결.

129 **[변호사시험 기출문제]**

Q) 甲은 휴가를 떠나 비어 있던 A의 집에 들어가 잠을 잔 후, 같은 날 방에 있던 태블릿PC 1대와 자기앞수표 1장을 훔쳤다. 위 사례에 관하여 옳은 설명인지?

'자기앞수표로 백화점에서 물건을 구입한 행위는 절취한 재물을 통해 새로운 법익을 침해한 것으로 사기죄가 성립한다.' (×)

130 형사소송법 제325조(무죄의 판결) 피고사건이 범죄로 되지 아니하거나 범죄 사실의 증명이 없는 때에는 판결로써 무죄를 선고하여야 한다.

선 배 행위자도 공범자도 아닌 '제3자'가 사후행위에 관여하였다면 그 제3자는 처벌될 수 있다?

후 배 대법원[131]은 불가벌적 사후행위 자체에 대한 공범의 성립은 가능하다라며 A라는 사람이 관세포탈의 본범이므로 A에 의한 포탈물건의 운반 등은 불가벌적 사후행위라 하여도 그 사후행위를 알선한 사후행위의 공범인 B의 행위도 처벌할 수 없는 것은 아니라고 판시하고 있어요.

또한 사후행위는 주된 범죄와 '동일한' 행위객체, '동일한' 보호법익에 대한 것이어야 하고요.

선 배 즉 사람을 살해한 다음 그 범죄의 흔적을 은폐하기 위하여 시체를 다른 장소로 옮겨 유기하였을 때에는 살인죄와 사체유기죄의 경합범이 성립하지. 사체유기를 불가벌적 사후행위라 할 수 없고.[132,133]

후 배 절취한 은행예금통장을 이용하여 은행원을 기망해서 진실한 명의인이 예금을 찾는 것으로 오신시켜 예금을 편취한 경우에도 통장에 대한 절도죄 외에 예금에 대한 사기죄가 따로 성립한다는 것이지요.[134]

131 대법원 1977. 5. 18. 선고 77도541 판결.

132 대법원 1984. 11. 27. 선고 84도2263 판결.

133 **[변호사시험 기출문제]**

Q) 甲의 ⓑ행위가 ⓐ행위에 대한 불가벌적 사후행위로 평가받는가?

'ⓐ 甲은 乙을 살해하였다. ⓑ 甲은 乙의 시체를 바다에 투기하였다.' (×)

134 대법원 1974. 11. 26. 선고 74도2817 판결.

선 배　끝으로 사후행위는 주된 범죄의 '침해의 양'을 초과하지 않아야 하지. 이 요건과 관련해서 최근에 중요한 전원합의체 판결이 있었는데. 횡령죄에 대해서 말야.

후 배　맞아요, 대법원[135]은 횡령죄는 다른 사람의 재물에 관한 소유권 등 본권을 보호법익으로 하고 법익침해의 '위험'이 있으면 침해의 결과가 발생되지 아니하더라도 성립하는 위험범인데, 일단 특정한 선행 처분행위로 인하여 법익침해의 위험이 발생함으로써 횡령죄가 기수에 이른 후 종국적인 법익침해의 결과가 발생하기 전에 새로운 후행 처분행위가 이루어진 경우,

후행 처분행위가 선행 처분행위에 의하여 발생한 위험을 현실적인 법익침해로 완성하는 수단에 불과하거나 그 과정에서 당연히 예상될 수 있는 것으로서 새로운 위험을 추가하는 것이 아니라면 후행 처분행위에 의해 발생한 위험은 선행 처분행위에 의하여 이미 성립된 횡령죄에 의해 평가된 위험에 포함되는 것이므로 후행 처분행위는 이른바 불가벌적 사후행위에 해당하나,

후행 처분행위가 그를 '넘어서서' 선행 처분행위로 예상할 수 없는 새로운 위험을 추가함으로써 법익침해에 대한 위험을 증가시키거나 선행 처분행위와는 무관한 방법으로 법익침해의 결과를 발생시키는 경우라면 그것은 선행 처분행위에 의하여 이미 성립된 횡령죄에 의해 평가된 위험의 범위를 벗어나는 것이므로 특별한 사정이 없는 한 별도로 횡령죄를 구성한다고 보아야 할 것이므로,

135 대법원 2013. 2. 21. 선고 2010도10500 판결.

타인의 부동산을 보관 중인 자가 불법영득의사를 가지고 그 부동산에 근저당권설정등기를 경료함으로써 일단 횡령행위가 기수에 이르렀다 하더라도 그 후 같은 부동산에 별개의 근저당권을 설정하여 새로운 법익침해의 위험을 추가함으로써 법익침해의 위험을 증가시키거나 해당 부동산을 매각함으로써 기존의 근저당권과 관계없이 법익침해의 결과를 발생시켰다면, 당초의 근저당권 실행을 위한 임의경매에 의한 매각 등 그 근저당권으로 인해 당연히 예상될 수 있는 범위를 넘어 새로운 법익침해의 위험을 추가시키거나 법익침해의 결과를 발생시킨 것이므로 특별한 사정이 없는 한 불가벌적 사후행위로 볼 수 없고 '별도의' 횡령죄를 구성한다고 판시하였지요.[136]

선 배 정확해, 불가벌적 사후행위로서 별도의 횡령죄를 구성하지 않는다고 보았던 종전의 견해를 변경하였지.

포괄일죄

선 배 이 정도면 법조경합 관계는 어느 정도 정리된 것 같은데?

후 배 그런 것 같네요. 이제 일죄 중에서는 '포괄일죄'가 남았군요. 앞서 검토한 '연속범' 개념을 생각해 보면 될 것 같은데... 그런데 '

136 **[변호사시험 기출문제]**

Q) 甲은 乙의 부동산을 명의신탁받아 보관하던 중, 乙의 승낙 없이 X은행으로부터 1억원을 대출받고 제1근저당권을 설정해주었다. 그 후 甲은 다시 丙으로부터 1억 5천만원을 대여받고 제2근저당권을 설정해주었다. 위 사례에 관하여 옳은 설명은?

'甲의 제1근저당권 설정행위는 횡령죄가 성립한다.' (○)

'甲의 제2근저당권 설정행위는 불가벌적 사후행위가 되어 별개의 횡령죄가 성립하지 않는다.'(×)

접속범'이라는 개념도 있잖아요?

선 배　연속범이든 접속범(接續犯)이든 개념이 좀 비슷하긴 한데...

후 배　연속범 보다는 수 개의 행위가 시간적, 장소적으로 '접속'하여 행해진다는 것 아닐까요.

선 배　대법원[137]이 하나의 사건에 관하여 한 번 선서한 증인이 같은 기일에 여러 가지 사실에 관하여 기억에 반하는 허위의 진술을 한 경우 그것은 하나의 범죄의사에 의하여 계속하여 허위의 진술을 한 것으로 포괄하여 한 개의 위증죄를 구성하는 것이고 각 진술마다 수 개의 위증죄를 구성하는 것이 아니라고 판시한 것과 같은 것이지.

후 배　또한 대법원[138]은 피해자를 1회 간음하고 '200미터'쯤 오다가 다시 1회 간음한 경우에 있어 피해자의 의사 및 그 범행시각과 장소로 보아 두 번째의 간음행위는 처음 한 행위의 계속으로 볼 수 있어 그 2회의 간음행위를 '단순일죄'로 처벌하는 것이 정당하다고 보기도 하였지요.

선 배　하지만 피해자를 1회 강간하여 상처를 입게 한 후 '약 1시간 후'에 장소를 옮겨 같은 피해자를 다시 1회 강간한 행위는 그 범행시각과 장소를 달리하고 있을 뿐만 아니라 각 별개의 범의에서 이루어진 행위로서 '실체적 경합범'에 해당한다고 본 판례[139]도 있어.

후 배　'200미터'와 '1시간 후'. 비교해서 알아두어야 겠네요.

---

137 대법원 1998. 4. 14. 선고 97도3340 판결.

138 대법원 1970. 9. 29. 선고 70도1516 판결.

139 대법원 1987. 5. 12. 선고 87도694 판결.

선배 포괄일죄에 대해서는 '상습범(常習犯)'이나 '영업범(營業犯)'에 대해서도 또한 생각해 볼 수 있지.

후배 다수의 동종의 행위가 동일한 의사의 경향에 따라 반복되는데 그 수 개의 행위가 일괄하여 일죄를 구성하는 경우죠. 상습도박죄라거나 무면허의료행위라거나.

선배 대법원[140]은 무면허의료행위는 그 범죄의 구성요건 성질상 동종행위의 반복이 예상되는 것이므로 반복된 수 개의 행위는 포괄적으로 한 개의 범죄로서 처단되어야 할 것이라고 판시한 바 있어.

후배 이제 '수죄'로 넘어가도 될 것 같은데요?

선배 일죄도 어느 정도 정리되었을까?

후배 네, 짧은 시간내 충분히.

'상상적 경합(想像的 競合)'부터 가볼까요?

선배 그러자, 형법 제40조.

---

140 대법원 1966. 9. 20. 선고 66도928 판결.

수죄

상상적 경합

후 배 '1개의 행위가 수 개의 죄에 해당하는 경우에는 가장 중한 죄에 정한 형으로 처벌한다'

선 배 1개의 행위가 실제로 수 개의 죄에 해당하여 서로 관념적으로 경합한다는 거지. 그래서 '관념적 경합'이라고도 하고.
그럼 '1개의 행위'란 무슨 의미일까?

후 배 법적 평가를 떠나 사회관념상 행위가 '사물자연의 상태'로서 1개로 평가되는 것을 말하는 것으로[141] 1개의 행위라고 하기 위해서는 수죄 사이에 '객관적 실행행위의 동일성'이 인정되어야 해요.

선 배 수 개의 구성요건을 실현하는 행위가 '완전히' 동일한 경우는 말할 것도 없고,

후 배 어떤 기관을 비방할 목적으로 15여회에 걸쳐 출판물에 의하여 공연히 허위의 사실을 적시, 유포함으로써 그 기관의 명예를 훼손하고 '동시에' 업무를 방해하였다거나,[142] 자동차 운전자가 다른 차량을 들이받아 그 차량을 손괴하고 '동시에' 그 차량에 타고 있던 승객에게 상해를 입히는 경우[143] 등이 있죠.

---

141 대법원 1987. 2. 24. 선고 86도2731 판결.

142 대법원 1993. 4. 13. 선고 92도3035 판결.

143 대법원 1986. 2. 11. 선고 85도2658 판결.

선 배 나아가 수개의 구성요건을 실현하는 행위가 '부분적으로' 동일한 경우에도 행위의 동일성이 인정될 수 있어.

후 배 대법원[144]은 피고인이 피해자의 자동차에서 내릴 수 없는 상태를 이용하여 강간하고자 결의하고 주행 중인 자동차에서 탈출 불가능하게 함으로써 외포케 하여 50킬로미터를 운행해서 여관 앞까지 강제로 연행하여 강간하려다 미수에 그친 경우,
그 협박은 감금죄의 실행의 착수임과 동시에 강간미수죄의 실행의 착수라고 할 것이고 감금과 강간미수의 두 행위가 시간적, 장소적으로 중복될 뿐 아니라 감금행위 그 자체가 강간의 수단인 협박행위를 이루고 있는 경우로서 그 감금과 강간미수죄는 1개의 행위에 의하여 실현된 경우로서 상상적 경합이라고 해석함이 상당하다고 판시하였지요.[145]

선 배 하지만 감금행위가 단순히 강간의 수단이 되는 데 그치지 아니하고 강간의 범행이 끝난 뒤에도 '계속'된 경우라면?

후 배 그렇다면 1개의 행위가 감금죄와 강간미수죄에 해당하는 경우라고 볼 수 없고, 두 죄는 서로 실체적 경합범 관계에 있다고 보아야겠지요.

---

144 대법원 1983. 4. 26. 선고 83도323 판결.

145 **[변호사시험 기출문제]**

Q) 감금의 죄에 관하여 옳은 설명은?

'감금을 하기 위한 수단으로 행사된 단순한 협박행위는 감금죄에 흡수되어 따로 협박죄를 구성하지 않는다.' (O)

'감금행위가 강간죄나 강도죄의 수단이 된 경우에도 감금죄는 강간죄나 강도죄에 흡수되지 아니하고 별도로 성립한다.' (O)

선 배 맞아, 두 판례 사안을 구별할 줄 알아야 해. 대법원[146]은 감금행위가 단순히 강도상해 범행의 수단이 되는 데 그치지 아니하고 강도상해의 범행이 끝난 뒤에도 계속된 경우에는 1개의 행위가 감금죄와 강도상해죄에 해당하는 경우라고 볼 수 없고, 감금죄와 강도상해죄는 실체적 경합범 관계에 있다고 판시하였어.[147]

후 배 그래서 상상적 경합의 요건을 충족한다면 '가장 중한 죄에 정한 형으로 처벌한다'는 건데. 법정형 기준이겠지요?

선 배 법정형 기준이지.

그런데 이런 경우는 어떨까? A죄와 B죄가 상상적 경합관계인데 A죄의 법정형은 10년 이하의 유기징역이고 B죄의 법정형은 1년 이상 7년 이하의 유기징역이라면?

후 배 A죄의 법정형이 B죄보다 중하니 가장 중한 A죄에 정한 형으로 처벌하면 되네요.

선 배 10년 이하의 유기징역으로?

후 배 네, 유기징역의 하한은 1개월이니 1개월 이상 10년 이하의 범위에서 처단하면 되는 거죠.

---

146 대법원 2003. 1. 10. 선고 2002도4380 판결.

147 **[변호사시험 기출문제]**

Q) 옳은 설명은?

'재물을 강취하기 위하여 피해자를 강제로 승용차에 태우고 가다가 주먹으로 때려 반항을 억압한 다음 현금 35만원 등이 들어 있는 가방을 빼앗은 후 약 15km를 계속하여 진행하여 가다가 교통사고를 일으켜 발각된 경우 감금죄와 강도죄는 실체적 경합 관계이다.' (O)

'감금행위가 단순히 강도상해 범행의 수단이 되는 데 그치지 아니하고 강도상해의 범행이 끝난 뒤에도 계속된 경우에는 감금죄와 강도상해죄가 성립하고, 두 죄는 실체적 경합범 관계에 있다.' (O)

선배 '가장 중한 죄에 정한 형으로 처벌한다'. 이 의미는 수 개의 죄명 중 가장 중한 형을 규정한 법조에 의하여 처단한다는 취지와 함께, 다른 법조의 최하한의 형보다 가볍게 처단할 수 없다는 취지 즉 각 법조의 상한과 하한을 모두 중한 형의 범위 내에서 처단한다는 것을 포함하는 것이야.[148]

후배 상한은 B죄 보다 중한 A죄의 10년으로, 하한은 A죄보다 중한 B죄의 1년으로?

선배 '1개월 이상 10년 이하'가 아닌 '1년 이상 10년 이하'가 되는 거지.

후배 상한과 하한 '모두' 중한 형으로 처벌한다라.

선배 '전체적 대조주의(全體的 對照主義)'. 대법원의 태도야.

후배 실수하기 좋은 문제네요. 잘 정리해 둬야겠어요.

선배 이제 실체적 경합 하나 남았나?

사후적 경합

후배 형법 제37조, '판결이 확정되지 아니한 수개의 죄 또는 금고 이상의 형에 처한 판결이 확정된 죄와 그 판결확정 전에 범한 죄를 경합범으로 한다.'

선배 1, 2교시 때 나온 내용이야. 결론이 틀리긴 했지만…

후배 기억이 생생하겠네요. 제37조 전단? 후단?

선배 1, 2교시 때는 전단의 경합범만 다뤘어.

148 대법원 1984. 2. 28. 선고 83도3160 판결.

후 배　'판결이 확정되지 아니한 수개의 죄'. '동시적 경합범'이야 제38조에 따라서 처리하면 될 것이고.

'금고 이상의 형에 처한 판결이 확정된 죄와 그 판결 확정 전에 범한 죄'. '사후적 경합범'은...

선 배　그래, 문제는 후단의 사후적 경합이지. '금고 이상의 형에 처한 판결이 확정된 죄'[149]란 수개의 독립된 죄 중의 어느 죄에 대하여 '확정판결이 있었던 사실 그 자체'를 의미하는데,

후 배　일반사면[150]으로 형 선고의 효력이 상실된 여부는 묻지 않는다는 거네요.

선 배　그렇지, 거기에는 집행유예의 판결과 선고유예의 판결도 포함되고 집행유예의 선고나 형의 선고유예를 받은 후 유예기간이 경과하여 형 선고가 실효되었거나 면소된 것으로 간주되었더라도 마찬가지라는 거야.[151, 152]

---

149 **[변호사시험 기출문제]**

Q) 경합범에 관하여 옳은 설명인지?

'피고인이 A, B, C죄를 순차적으로 범하고 이 중 A죄에 대하여 벌금형에 처한 판결이 확정된 후, 그 판결확정 전에 범한 B죄와 판결확정 후에 범한 C죄가 기소된 경우 법원은 B죄와 C죄를 동시적 경합범으로 처벌할 수 없다.' (×)

150 사면법 제5조(사면 등의 효과) ① 사면, 감형 및 복권의 효과는 다음 각 호와 같다.

1. 일반사면: 형 선고의 효력이 상실되며, 형을 선고받지 아니한 자에 대하여는 공소권이 상실된다. 다만, 특별한 규정이 있을 때에는 예외로 한다.

151 대법원 1992. 11. 24. 선고 92도1417 판결.

152 **[변호사시험 기출문제]**

Q) 형법 제37조 후단의 사후적 경합범에 관하여 옳은 설명인지?

'판결이 확정된 죄라 함은 수개의 독립된 죄 중의 어느 죄에 대하여 확정판결이 있었던 사실 그 자체를 의미하나, 일반사면으로 형의 선고의 효력이 상실된 경우에는 판결이 확정된 죄에 해당하지 않는다.' (×)

그리고 '그 판결확정 전에 범한 죄'란 '경합범 중 판결을 받지 아니한 죄가 있는 때에는 그 죄와 판결이 확정된 죄를 동시에 판결할 경우와 형평을 고려하여 그 죄에 대하여 형을 선고한다. 이 경우 그 형을 감경 또는 면제할 수 있다'고 규정하고 있는 형법 제39조 제1항에 비추어 볼 때…[153]

후 배　제37조 후단의 '사후적 경합범'은 '금고 이상의 형에 처한 판결이 확정된 죄'와 '그 판결 확정 전에 범한 죄'가 '동시에 판결'할 수 있었던 경우여야 한다는 거죠?

선 배　바로 그거야. 대법원[154]은 '금고 이상의 형에 처한 판결이 확정된 죄와 그 판결확정 전에 범한 죄'는 제37조 후단에서 정하는 경합범에 해당하고 그 경우 제39조 제1항에 의하여 경합범 중 판결을 받지 아니한 죄와 판결이 확정된 죄를 동시에 판결할 경우와 형평을 고려하여 그 죄에 대해 형을 선고하여야 하는 바, 아직 판결을 받지 아니한 죄가 이미 판결이 확정된 죄와 '동시에 판결할 수 없었던 경우'에는 제39조 제1항에 따라 동시에 판결할 경우와 형평을 고려하여 형을 선고하거나 그 형을 감경 또는 면제할 수 '없다'고 해석하고 있거든.

153 **[변호사시험 기출문제]**

Q) 경합범에 관하여 옳은 설명은?

'형법 제37조 후단 경합범의 선고형은 그 죄에 선고될 형과 판결이 확정된 죄의 선고형의 총합이 두 죄에 대하여 형법 제38조를 적용하여 산출한 처단형의 범위에서 정하여야 한다.' (×)

'경합범 중 판결을 받지 아니한 죄가 있는 때에는 그 죄와 판결이 확정된 죄를 동시에 판결할 경우와 형평을 고려하여 그 죄에 대하여 형을 선고한다. 이 경우 그 형을 감경 또는 면제할 수 있다.' (○)

154 대법원 2014. 5. 16. 선고 2013도12003 판결.

후 배 예를 들면...

선 배 예를 들어 피고인이 15년 7월 15일 A죄로 징역 1년에 집행유예 2년을 선고받아 16년 2월 26일 판결이 확정되었다고 치자.

후 배 편의상 그 확정판결을 '제1 확정판결' 이라고 하죠.

선 배 그리고 피고인이 19년 7월 19일 B죄로 징역 1년 6월을 선고받아 19년 11월 15일 그 판결이 확정되었는데,

후 배 그건 '제2 확정판결'이라고 하죠.

선 배 제2 확정판결에서 인정된 범죄사실이 제1 확정판결의 확정일 이전에 있었다면, 제2 확정판결의 죄는 제1 확정판결의 확정일 후에 범한 C죄와 동시에 판결할 수 없었던 경우이니,

후 배 즉 B죄는 제1 확정판결 이전에 범해진 것이니 제1 확정판결 이후에 범해진 C죄와는 당초부터 동시에 판결할 수 있었던 관계가 아니다?

선 배 그렇지, 그럼에도 불구하고 제2 확정판결의 죄, 즉 B죄와의 형평을 고려하여 C죄의 형을 정하는 것은 제39조 제1항의 법리를 오해한 것이라는 거야.

후 배 동시에 판결할 수 있었던 관계라야 동시에 판결할 경우와 형평을 고려하여 그 형을 감경 또는 면제할 수 있다.

선 배 그래, 정확해. 그나저나 다음 수업 늦겠다. 시간이 벌써.

후 배 아, 밥이 입으로 들어가는지 코로 들어가는지...

선 배 하하, 어서 들어갑시다.

후 배 네네, 다시 또 시작합시다!

사건번호 98도321

(특수절도 등)

사건번호 98도321

[특수절도 등]

> 속칭 '삐끼주점'의 지배인인 甲은 丁을 구타하여 그의 신용카드를 빼앗았다.
> 甲과 삐끼인 乙, 삐끼주점 업주인 丙은 현금자동지급기에서 인출한 돈을 삐끼주점의 분배관례에 따라 분배할 것을 전제로 甲은 삐끼주점 내에서 丁을 계속 붙잡아 두면서 감시하는 동안 乙과 丙은 丁의 위 신용카드를 이용하여 현금자동지급기에서 현금을 인출하기로 공모하였다. 그에 따라 乙과 丙은 함께 근처의 ○○마트 편의점으로 가 丁의 카드로 현금자동지급기에서 현금 4,730,000원을 인출하였다.

교 수　식사는 잘 하셨나요?

학 생　네, 교수님도 맛있게 드셨습니까?

교 수　잘 먹었습니다.
이번 사안은 재산에 대한 죄... 재산죄(財産罪) 사건 같군요?

학 생　개인적 법익에 관한 죄 중 재산에 대한 죄입니다.

교 수　시작해 볼까요?

학 생　'甲이 乙을 구타하여 신용카드를 빼앗았다'. 우선 강도죄(强盜罪) 가 문제됩니다.

교 수　형법 제333조 말인가요?

학 생　'폭행 또는 협박으로 타인의 재물을 강취하거나 기타 재산상의 이익을 취득하거나 제3자로 하여금 이를 취득하게 한 자는 3년

이상의 유기징역에 처한다.'

교 수 '甲은 丁을 구타하여 빼앗았다'... 공갈죄는 안 될까요? 강도죄와 공갈죄는 폭행 또는 협박으로 재물이나 재산상 이익을 얻는다는 면에서 동일한데 말이죠.

학 생 제350조 제1항, '사람을 공갈하여 재물의 교부를 받거나 재산상의 이익을 취득한 자는 10년 이하의 징역 또는 2천만원 이하의 벌금에 처한다.'

공갈죄

학 생 하지만 두 죄는 폭행이나 협박의 개념이 서로 다릅니다.

교 수 어떻게 다른가요?

학 생 강도죄에서의 폭행이나 협박은 상대방의 반항을 억압할 수 있는 정도인 '최협의'의 폭행, 협박입니다.

교 수 공갈죄에서의 폭행이나 협박은요?

학 생 사람에 대한 일체의 유형력 행사를 말하는 '광의'의 폭행, 상대방에게 현실로 공포감을 느낄 수 있을 정도의 해악의 고지를 하는 '협의'의 협박입니다.

교 수 甲은 丁을 구타했지요. 이건 '광의'의 폭행에도 해당될 수 있는 것 아닌가요?

학 생 '**공갈**(恐喝)'이란 폭행 또는 협박으로 상대방이 공포심을 느껴 의사결정 및 실행의 자유가 방해되는 심적상태인 외포심(畏怖心)을 일으키게 하는 행위를 말합니다. 즉 공갈죄는 공갈행위에 의해 의사결정이나 실행의 자유가 방해된 피해자의 '처분행위'로 인해 직접 재물이 교부되거나 재산상의 이익이 취득되어져야 합니다.

교 수 공갈죄가 사기죄[155]와 같이 재물 등을 지배하고 있는 자의 '하자(瑕疵)있는 의사표시'에 의하여 그 재물 등을 취득하는 편취죄(騙取罪)라는 거죠?

학 생 네, 공갈죄는 사기죄와 마찬가지로 '처분행위'가 필요한 편취죄인 반면 강도죄는 상대방의 처분행위가 필요 '없는' 탈취죄(奪取罪)입니다.

대법원[156]은 강도죄에 있어서 폭행과 협박의 정도는 사회통념상 객관적으로 상대방의 반항을 억압하거나 항거 불능케 할 정도의 것이라야 한다며, 피고인 일행이 대낮에 피해자를 공동묘지로 데리고 가는 도중 슈퍼마켓에 들러 피해자의 요구에 의하여 캔맥주를 사 주었고 휴대전화로 돈을 입금하라는 말을 듣고 피해자를 직접 대면하기를 원하는 피해자 고모의 요구를 받아들여 고모가 있는 장소까지 차를 몰고 가서 피해자와 고모를 대면시켜 주고 고모로부터 추가 입금을 받았을 뿐 아니라 피고인은 피해자측으로부터 돈을 받은 다음 그런 취지의 확인서까지 작성해 주었고 그 과정에서 피고인 일행이 피해자에게 어떠한 유형적인 물리력도 행사하지 아니하였는 바, 피고인들 일행

155 형법 제347조(사기) ① 사람을 기망하여 재물의 교부를 받거나 재산상의 이익을 취득한 자는 10년 이하의 징역 또는 2천만원 이하의 벌금에 처한다.

156 대법원 2001. 3. 23. 선고 2001도359 판결.

4명이 피해자를 체포하여 승합차에 감금한 상태에서 경찰관을 사칭하면서 기소중지 상태의 피해자에게 '경찰서로 가자', '돈을 갚지 않으면 풀어줄 수 없다.' 또는 '돈을 더 주지 않으면 가만두지 않겠다.'는 등의 협박을 하였다는 정도만으로는 공갈죄에 있어서의 폭행과 협박에 해당함은 별론으로 하더라도 사회통념상 객관적으로 상대방의 반항을 억압하거나 항거불능케 할 정도에 이르렀다고 볼 수 없다고 판시한 바 있습니다.

교수　강도죄에서의 폭행과 협박은 아니라는 거군요.

학생　네, 공갈죄에서의 폭행, 협박과 강도죄에서의 폭행, 협박은 구별되어야 합니다.

교수　그럼 甲이 丁을 구타하여 신용카드를 '빼앗았다'라는 건,

학생　丁이 甲의 구타행위에 의해 외포된 결과 그 하자있는 의사표시로 자신의 신용카드를 甲에게 '처분'한 것이 '아니라' 甲은 丁을 구타하고 그 반항을 억압하여 丁의 처분행위 개입 없이 신용카드를 탈취하였다는 것입니다.

교수　甲의 丁에 대한 구타는 丁의 반항을 억압할 정도에 이른 최협의의 폭행이다?

학생　공갈죄에서의 폭행이 아닌 강도죄에서의 폭행입니다.

교수　강도죄의 구성요건에 대해 검토해 보아야겠군요.

학생　그렇습니다.

강도죄

교 수　제333조, '폭행 또는 협박으로 타인의 재물을 강취하거나 기타 재산상의 이익을 취득하거나'. 甲은 타인인 丁의 '재물'을 강취한 것인가요, 아니면 '재산상 이익'을 취득한 것인가요?

학 생　丁의 '재물'을 강취한 것입니다.

교 수　타인의 재물이라. '재물'이란 무엇인가요?

재물

학 생　재산죄의 객체인 '**재물**(財物)'과 관련하여 형법 제346조는 '관리할 수 있는 동력은 재물로 간주한다'라고 규정하고 있는데,

교 수　재물 자체에 대한 정의규정은 아니군요.

학 생　제346조를 예외규정이나 특별규정으로 보아 재물은 원칙적으로 '유체물(有體物)', 즉 일정한 공간을 차지하고 있는 물체에 한한다고 보는 견해가 있지만, 재물의 개념은 형법상 소유권 침해범죄의 취지에 따라 결정되어야 하며 여기에는 무체물에 대한 형법적 보호도 포함된다고 봄이 타당하므로,

교 수　유체물은 물론 무체물도 '재물'이다?

학 생　네, 형법 제346조는 특별규정이 아니라 당연규정이라고 보아야 할 것입니다.

교 수　민법 제98조도 '유체물 및 전기 기타 관리할 수 있는 자연력'을 '물건'이라고 정의하고 있지요.

그렇다면 어디까지 무체물로 볼 수 있느냐가 문제겠군요. 제346조의 '관리할 수 있는'의 의미가 무엇인지 말이죠.

학 생　여기에서 '관리'란 법적, 사무적 관리가 아닌 '물리적(物理的) 관리'를 말합니다.

교 수　재물과 재산상 이익의 구별기준이군요.

학 생　대법원[157]은 횡령죄에 있어서 '재물'은 동산, 부동산의 유체물에 한정되지 아니하고 관리할 수 있는 동력도 재물로 간주되지만, 여기에서 말하는 '관리'란 물리적 또는 물질적 관리를 가리킨다 볼 것이고, 재물과 재산상 이익을 구별하고 횡령과 배임을 별개의 죄로 규정한 현행 형법[158]의 규정에 비추어 볼 때 사무적으로 관리가 가능한 채권이나 그 밖의 권리 등은 재물에 포함된다고 해석할 수 없다며, '광업권'을 재물로 볼 수 없다고 판시한 바 있습니다.[159]

교 수　그럼 '**재산상 이익**'이란 무엇인가요?

학 생　재물 이외 일체의 재산적 가치 있는 이익을 말합니다.[160]

---

157 대법원 1994. 3. 8. 선고 93도2272 판결.

158 형법 제355조(횡령, 배임) ① 타인의 재물을 보관하는 자가 그 재물을 횡령하거나 그 반환을 거부한 때에는 5년 이하의 징역 또는 1천500만원 이하의 벌금에 처한다.
② 타인의 사무를 처리하는 자가 그 임무에 위배하는 행위로써 재산상의 이익을 취득하거나 제3자로 하여금 이를 취득하게 하여 본인에게 손해를 가한 때에도 전항의 형과 같다.

159 **[변호사시험 기출문제]**
Q) A건설회사에 근무하는 甲과 乙은 영업비밀을 경쟁업체에 유출하여 판매하기 위해 다른 사원들이 모두 퇴근한 자정 무렵 경비원 몰래 A회사 건물 안으로 진입하여, 乙이 사무실 출입문 밖에서 망을 보고 있는 사이 甲은 사무실 안으로 들어가 컴퓨터에 저장되어 있는 설계도면 파일을 열어 프린터를 이용하여 출력해 나왔다. 위 사례에 관하여 옳은 설명인지?
'甲과 乙의 행위는 설계도면 파일을 2인 이상이 합동하여 절취한 경우에 해당한다.' (×)

160 **[변호사시험 기출문제]**

교 수　'재산적 가치'는 무엇인데요?

학 생　경제적 교환가치가 있는 모든 이익의 총집합입니다.

교 수　'경제적' 교환가치라. '법적'인 측면은 고려하지 않는다는 건가요, 다시 말해 '위법'한 이익도 재산상 이익이 될 수 있다?

학 생　대법원[161]은 일반적으로 부녀와의 성행위 자체는 경제적으로 평가할 수 없고 부녀가 상대방으로부터 금품이나 재산상 이익을 받을 것을 약속하고 성행위를 하는 약속 자체는 선량한 풍속 기타 사회질서에 위반한 사항을 내용으로 하는 법률행위로서 무효이나, 사기죄의 객체가 되는 재산상의 이익이 반드시 사법상 보호되는 경제적 이익만을 의미하지 아니하고 부녀가 금품 등을 받을 것을 전제로 성행위를 하는 경우 그 행위의 대가는 사기죄의 객체인 경제적 이익에 해당하므로, 부녀를 기망하여 성행위 대가의 지급을 면하는 경우에도 사기죄가 성립한다고 판시하였습니다.

교 수　여기서 丁의 신용카드는 유체물이니 '재물'임을 의심할 여지가 없네요.

만약 그 신용카드가 유효기간이 지난 것으로 더 이상 정상적으로 쓸 수 없는 것이라면, 그래도 여전히 재산죄의 객체인 '재물'일까요?

학 생　'재물'은 반드시 객관적인 금전적 교환가치를 가질 필요가 없고 소유자가 '주관적' 가치를 가짐으로서 족합니다. 따라서 주관적

Q) 재산죄에 관하여 옳은 설명인지?
'통정허위표시로서 무효인 임대차계약에 기초하여 임차권등기를 마침으로써 외형상 임차인으로서 취득하게 된 권리는 사기죄에서의 재산상 이익에 해당하지 않는다.' (×)

161 대법원 2001. 10. 23. 선고 2001도2991 판결.

경제적 가치 유무를 판별함에 그것이 타인에 의하여 이용되지 않는다고 하는 소극적 관계에 있어서 그 가치가 성립하더라도 상관없다는 거죠.[162]

대법원[163]은 발행자가 약속어음을 회수하여 세 조각으로 찢어 버림으로서 쓸모없는 것처럼 보이는 그 폐지를 가져갔더라도 절도죄가 성립한다고 판시하기도 하였습니다.

교수 유효기간이 지난 신용카드에도 같은 논리가 적용될 수 있다.

학생 네, 여전히 '재물'입니다.

교수 그럼 丁의 카드는 '타인'의 재물인가요?

학생 丁, '타인'의 재물입니다.

교수 타인 '소유'의 재물이라는 말이죠.

학생 네, 소유권은 민법에 따라 해결하면 될 것입니다.

교수 '그'의 신용카드. 사안상 카드의 소유권은 특별히 문제될 게 없어 보이네요.

그럼 丁의 카드가 강도죄의 '객체'란 말이지요?

학생 丁, 즉 타인 '점유'의 재물인지 검토되어야 합니다.

교수 그렇죠, 강도죄 객체로서의 재물은 타인 '소유', 그리고 타인 '점유'의 재물이지요.

---

162 대법원 1996. 5. 10. 선고 95도3057 판결.

163 대법원 1976. 1. 27. 선고 74도3442 판결.

점유

학 생　형법상 '**점유**(占有)'란 재물에 대하여 '사실상의 지배'를 하고 있는 상태를 말합니다. '규범적' 개념인 민법상의 점유와 구별되는 순수한 '사실상'의 개념입니다.

교 수　민법에서 인정하는 점유개정,[164] 간접점유,[165] 점유의 상속[166] 등은 형법에서는 인정되지 않지요.
그럼 형법상 '점유'란 어떤 요건을 갖추어야 하나요?

학 생　주관적 요소로서 재물을 자기 의사에 따라 관리 또는 지배하려는 사실상 의사가 있고, 객관적 요소로서 그 의사를 실현함에 현실적인 장애요소가 없어 언제든지 재물에 대해 물리적 또는 장소적으로 지배할 가능성이 있는, 즉 '사실상 지배하고 있는 상태'가 있어야 합니다.

교 수　'점유의사'와 '점유사실'이 있어야 한다. '**점유의사**'는 '소유의사'를 필요로 하는 것이 아닐테고 말이죠.

학 생　사실상의 '지배'의사입니다. 따라서 유아(幼兒)나 정신병자에게도 인정될 수 있고 반드시 현실적 의사임을 요하지 않아 '잠재적 의사'로도 족하니 숙면자(熟眠者)나 의식상실자에게도 인정될 수 있습니다.

---

164 민법 제189조(점유개정) 동산에 관한 물권을 양도하는 경우에 당사자의 계약으로 양도인이 그 동산의 점유를 계속하는 때에는 양수인이 인도받은 것으로 본다.

165 민법 제194조(간접점유) 지상권, 전세권, 질권, 사용대차, 임대차, 임치 기타의 관계로 타인으로 하여금 물건을 점유하게 한 자는 간접으로 점유권이 있다.

166 민법 제193조(상속으로 인한 점유권의 이전) 점유권은 상속인에 이전한다.

교 수 타인에게 상해를 가하여 '혼수상태'에 빠지게 한 경우에도 현장에 떨어진 피해자의 물건은 의연히 그 '지배 내'에 있는 것이라며 절도죄 성립을 인정한 판례[167]가 있지요.

그렇다면 **사자**(死者)에게는 점유의사를 인정할 수 없겠군요. 사자는 잠재적으로도 지배의사를 가질 수 없으니.

학 생 …

교 수 점유는 주관적 요소와 객관적 요소 외에 '사회적, 규범적 요소'를 고려하여야 합니다. 대법원[168]은 어떤 물건이 타인의 점유 하에 있다고 할 것인지의 여부는 객관적 요소로서의 관리범위 내지 사실적 관리가능성 외에 주관적 요소로서의 지배의사를 참작하여 결정하되, 궁극적으로는 당해 물건의 형상과 그 밖의 구체적인 사정에 따라 사회통념에 비추어 규범적 관점에서 판단할 수밖에 없다고 판시하고 있지요.

학 생 주관적 요소와 객관적 요소에 의한 점유의 개념이 사회적, 규범적 요소에 의해 확대되거나 축소될 수 있다는 건지요?

교 수 그렇죠, 대법원[169]은 피고인이 피해자를 살해한 방에서 사망한 피해자 곁에 4시간 30분쯤 있다가 그 곳 피해자의 자취방 벽에 걸려 있던 피해자가 소지하는 물건들을 영득의 의사로 가지고 나온 사안에서, 피해자가 생전에 가진 점유는 사망 후에도 여

167 대법원 1956. 8. 17. 선고 4289형상170 판결.

168 대법원 1999. 11. 12. 선고 99도3801 판결.

169 대법원 1993. 9. 28. 선고 93도2143 판결.

전히 계속되는 것으로 보아 이를 보호함이 법의 목적에 맞는 것이라 할 것이고, 따라서 피고인의 행위는 피해자의 점유를 침탈한 것으로서 절도죄에 해당한다고 판시한 바 있습니다.[170]

학 생 규범적 관점에서 점유의사를 '확대'하여 사자의 점유를 인정하였군요.

교 수 즉 점유의 '주관적 요건'을 '완화'한 것이지요.

학 생 점유의 '객관적 요건'도 완화할 수 있을까요? 강간을 당한 피해자가 도피하면서 현장에 놓아두고 간 손가방은 사회통념상 피해자의 지배 아래 있는 물건이라 볼 수 있고, 그렇다면 피고인이 그 손가방 안에 들어있는 피해자 소유의 돈을 꺼내간 행위는 절도죄에 해당한다고 볼 수도 있을 것 같은데.[171]

교 수 좋은 예입니다. 점유의 '객관적 요건'도 완화할 수 있지요.
반면 사회적, 규범적 요소를 고려하여 점유개념을 '축소'할 수도 있습니다. 대법원[172]은 피해자가 결혼예식장에서 신부측 축의금 접수인인 것처럼 행세하는 피고인에게 축의금을 내어 놓자 피고인이 이를 교부받아 가로챈 사안에서, 피해자의 교부행위의 취지는 신부측에 전달하는 것일 뿐 피고인에게 그 처분권을 주는 것이 아니므로, 그것을 피고인에게 교부한 것이라고 볼 수 없고

170 **[변호사시험 기출문제]**
Q) 절도죄에 관하여 옳은 설명인지?
'甲이 A의 자취방에서 재물강취의사 없이 A를 살해한 후 4시간 30분 동안 그 곁에 있다가 예금통장과 인장이 들어있는 A의 잠바를 걸치고 나온 경우, A의 점유가 인정되므로 甲은 절도죄로 처벌된다.' (O)

171 대법원 1984. 2. 28. 선고 84도38 판결.

172 대법원 1996. 10. 15. 선고 96도2227, 96감도94 판결.

단지 신부측 접수대에 교부하는 취지에 불과하므로,

학 생　피고인이 그 돈을 가져간 것은 신부측 접수처의 점유를 침탈하여 범한 절취행위다?

교 수　그렇죠, 피고인이 돈을 받아 가지고 있더라도 '점유'하고 있는 게 아니란 거죠.

학 생　사회적, 규범적 점유라. 잘 알겠습니다.

교 수　이 사건 丁의 카드의 점유는 어떤가요?

학 생　丁은 자신의 카드에 대해 '점유의 의사'로 '사실상 지배'하고 있었다고 보입니다.

교 수　주관적 요소와 객관적 요소에 비추어 볼 때 당시 丁의 카드는 丁이 점유하고 있었다.

학 생　네, 특별히 점유를 확대하거나 축소할 사정도 보이지 않습니다.

교 수　丁의 신용카드는 타인 '소유', 타인 '점유'의 재물로 강도죄의 객체에 해당한다. 결국 甲은 최협의의 폭행으로 丁소유, 丁점유의 재물을 강취한 강도죄다?

학 생　최협의의 폭행'으로'.

폭행과 재물취득 사이에 '인과관계'가 인정되는지 검토되어야 합니다.

인과관계

교 수　네, 더 정확히는 '폭행과 반항억압' 사이, 그리고 '반항억압과 재물취득' 사이에 모두 인과관계가 인정되어야 하죠.

학 생 대법원[173]은 폭행 또는 협박에 의한 반항억압의 상태가 처음부터 재물 탈취의 계획 하에 이루어졌다거나 서로 시간적으로 극히 밀접되어 있는 등 전체적, 실질적으로 단일한 재물 탈취 범의의 실현행위로 평가할 수 있는 경우가 아닌 한 강도죄의 성립을 인정하여서는 안 될 것이라며,

피고인의 재물 취거행위가 피해자가 이불 속에 들어가 있어 전혀 인식하지 못한 가운데 이루어진데다가 그 원인이 되었던 피고인의 피해자에 대한 폭행행위도 그와는 전혀 무관한 윤락행위 도중의 시비 끝에 발생하게 된 것이라면, 비록 재물의 취득이 피해자에 대한 폭행 직후에 이루어지긴 했지만 폭행이 재물탈취를 위한 피해자 반항 억압의 수단으로 이루어졌다고 단정할 수 없어 둘 사이에 인과관계가 존재한다고 보기 어렵다고 판시한 바 있습니다.

교 수 강도죄가 아니라 폭행죄와 절도죄의 경합범이다.[174]

학 생 폭행, 협박과 재물탈취가 수단과 목적의 관계에 있지 않았기 때문입니다.

173 대법원 2009. 1. 30. 선고 2008도10308 판결.

174 **[변호사시험 기출문제]**

Q) 甲은 2016. 12. 4. 02:30경 A의 자취방에서 A로부터 심한 욕설을 듣자 격분하여 부엌칼로 A를 찔러 살해하였다. 甲은 같은 날 05:00경 피 묻은 자신의 옷을 A의 점퍼로 갈아입고 나오려 하다가 A의 점퍼 주머니 안에 A 명의의 B은행 계좌의 예금통장과 도장이 들어있는 것을 발견하였다. 甲은 A의 점퍼를 입고 집으로 돌아갔다. 위 사례에 관하여 옳은 설명인지?

'甲이 A를 살해하고 A의 예금통장과 도장이 들어있는 점퍼를 입고 나온 행위는 강도살인죄가 성립한다.' (×)

교수 또한 대법원[175]은 피고인이 새벽 1시경 피해자의 집과 여관에서 폭행, 협박을 한 후 그로부터 상당한 시간이 경과한 후인 같은 날 저녁 7시경 다른 장소에서 금원을 교부받은 사안에서, 피고인의 폭행, 협박으로 인해 피해자의 의사가 억압되어 반항이 불가능한 정도에 이르렀다고 하더라도 그 후 피고인의 폭행, 협박으로부터 벗어난 이후에는 그러한 의사억압상태가 계속된다고 보기는 어렵다 할 것이고, 그 금원교부는 피해자의 의사에 반하여 반항이 불가능한 상태에서 강취된 것이라기보다는 피해자의 하자있는 의사에 의하여 교부된 즉 갈취당한 것으로 보인다고 판단하기도 하였지요.

학생 18시간 전의 폭행, 협박과 금원 교부 사이에는 인과관계를 인정할 수 없으니 강도죄가 아니라 공갈죄라고 본 사안입니다.

甲은 丁의 신용카드를 빼앗기 위해 그를 폭행하였고 그 폭행으로 반항이 억압된 丁의 상태를 이용하여 그의 신용카드를 취득하였습니다.

교수 인과관계가 모두 인정된다?

학생 특별히 인과관계를 부정할 만한 사정이 보이지 않습니다. 甲은 강도죄입니다.

교수 주관적 구성요건도 검토한 것인지요?

학생 주관적 구성요건이라면...

175 대법원 1995. 3. 28. 선고 95도91 판결.

교 수　강도죄의 '고의' 말입니다.

학 생　甲에게는 丁에 대한 폭행, 협박으로 丁의 재물을 강취한다는 '인식'과 '의사'가 모두 있으니 고의의 점 역시 특별히 문제될 것이 없어 보입니다.

교 수　甲이 丁을 강간하고자 하여 단지 丁이 '도망가지 못하게 하기 위해' 신용카드를 빼앗은 경우라면 어떨까요, 이때에도 甲에게 강도죄가 성립할까요?

학 생　甲이 신용카드를 가지기 위한 것이 아니라,

교 수　단지 강간의 목적으로 피해자가 도망가지 못하게 하기 위한 것이었다면 말입니다.

불법영득의사

학 생　아... 성립하지 않습니다.

교 수　왜인가요?

학 생　**'불법영득의사**(不法領得意思)'가 없기 때문입니다.

교 수　그렇죠, 재산죄에서 절도죄(竊盜罪)[176]가 손괴죄(損壞罪)[177]보다 중하게 처벌되는 이유는 행위자가 불법영득의사로 타인 재물의 점유를 침해하였기 때문입니다. 손괴죄는 타인 재물에 대한 효용가치를 해하는 것을 내용으로 할 뿐이지요.

---

176 형법 제329조(절도) 타인의 재물을 절취한 자는 6년 이하의 징역 또는 1천만원 이하의 벌금에 처한다.

177 형법 제366조(재물손괴 등) 타인의 재물, 문서 또는 전자기록 등 특수매체기록을 손괴 또는 은닉 기타 방법으로 기 효용을 해한 자는 3년 이하의 징역 또는 700만원 이하의 벌금에 처한다.

학 생 대법원[178]은 절도죄 성립에 필요한 불법영득의사라 함은 권리자를 배제하고 타인 물건을 자기 소유물과 같이 그 경제적 용법에 따라 이용, 처분할 의사를 말하는 것으로, 단순한 점유의 침해만으로는 절도죄를 구성할 수 없고 소유권 또는 이에 준하는 본권을 침해하는 의사, 즉 적어도 그 재물에 대한 영득의 의사가 있어야 한다고 판시하고 있습니다.

교 수 타인의 재물을 새로이 '영득(領得)'하는 죄에 있어서는 재산죄의 주관적 요소로서 고의 외에 '불법영득의사'가 필요하다.

학 생 예를 들면 피고인이 피해자의 인감도장을 그의 책상서랍에서 몰래 꺼내어 가서 그것을 차용금 증서의 연대보증인란에 찍고 난 후 곧 '제자리에 넣어두었다면', 피고인은 인감도장에 대해 피해자를 '지속적으로 배제'하려는 의사가 없었으므로 불법영득의사를 인정할 수 없고, 따라서 인감도장에 대한 절도죄는 성립되지 않는다는 것입니다.[179]

교 수 피고인이 살해된 피해자의 주머니에서 꺼낸 지갑을 살해도구로 이용한 골프채 등 다른 증거품들과 함께 자신의 차량에 싣고 가다가 쓰레기 소각장에서 태워버렸다면, 그것은 살인 범행의 증거를 인멸하기 위한 것이지 골프채 등을 그 '소유자와 같이 이용하거나 처분'하고자 한 것이 아니므로 역시 불법영득의사를 인정할 수 없다는 판례[180]도 있지요.

---

178 대법원 1992. 9. 8. 선고 91도3149 판결.

179 대법원 1987. 12. 8. 선고 87도1959 판결.

180 대법원 2000. 10. 13. 선고 2000도3655 판결.

불법영득의사에는 권리자를 지속적으로 배제한다는 '소극적 요소'와 자기의 소유물과 같이 이용 또는 처분한다는 '적극적 요소'가 '모두' 있어야 합니다.[181]

학 생 소극적 요소만 있다면 손괴죄가 될 것이고 적극적 요소만 있다면 사용절도가 될 것입니다.

교 수 사용절도는 원칙적으로 불가벌이지요?

학 생 네, 자동차, 선박, 항공기 또는 원동기장치자전거에 대해서만 예외적으로 처벌합니다.[182]

교 수 그럼 불법영득의사의 '대상'은 무엇인가요? 대법원[183]은 타인의 예금통장을 무단사용하여 예금을 인출한 후 바로 예금통장을 '반환'한 사안에서, '통장'에 대한 불법영득의사를 인정하며 '절도죄'가 성립한다고 판시하였습니다. 불가벌의 사용절도가 아

---

181 **[변호사시험 기출문제]**

Q) 甲의 죄책에 관한 옳은 설명은?

'甲이 상사와의 의견충돌 끝에 항의의 표시로 사표를 제출한 다음 평소 자신이 전적으로 보관 · 관리해 오던 비자금관련 서류 및 금품이 든 가방을 가지고 나왔으나 그 이후 계속 정상적으로 근무한 경우 불법영득의사를 인정할 수 없어 절도죄가 성립하지 않는다.' (O)

'A 주식회사 감사인 甲이 회사 경영진과의 불화로 한 달 가까이 결근하다가 회사 감사실에 침입하여 자신이 사용하던 컴퓨터에서 하드디스크를 떼어간 후 4개월 가까이 지난 시점에 반환한 경우 일시 보관하였다고 평가하기 어려워 甲에게 절도죄가 성립한다.' (O)

'甲이 피해자의 영업점 내에 있는 피해자 소유의 휴대전화를 허락 없이 가지고 나와 휴대전화를 이용하여 통화하고 문자메시지를 주고받은 다음 2시간 후에 피해자에게 아무런 말을 하지 않고 피해자의 영업점 정문 옆 화분에 놓아두고 간 경우 불법영득의 의사가 인정되기 때문에 절도죄가 성립한다.' (O)

182 형법 제331조의2(자동차등 불법사용) 권리자의 동의없이 타인의 자동차, 선박, 항공기 또는 원동기장치자전거를 일시 사용한 자는 3년 이하의 징역, 500만원 이하의 벌금, 구류 또는 과료에 처한다.

183 대법원 2010. 5. 27. 선고 2009도9008 판결.

니라 말이죠.

학 생　대법원[184]은 불법영득의사에 대해 영구적으로 그 물건의 경제적 이익을 보유할 의사가 필요한 것은 아니지만 단순한 점유의 침해만으로는 절도죄를 구성할 수 없고, 소유권 또는 이에 준하는 본권을 침해하는 의사, 즉 목적물의 물질을 영득할 의사이거나 또는 그 물질의 가치만을 영득할 의사이든 적어도 그 재물에 대한 영득의 의사가 있어야 한다고 판시하고 있습니다.

교 수　영득의사의 대상은 목적물의 물질 또는 그 물질의 경제적 가치가 된다는 거죠.

학 생　예금통장은 예금채권을 표창하는 유가증권이 아니고 그 자체에 예금액 상당의 경제적 가치가 화체되어 있는 것도 아니지만, 그것을 소지함으로써 예금채권의 행사자격을 증명할 수 있는 자격증권으로서의 예금계약사실과 예금액에 대한 증명기능이 있고 그 증명기능은 예금통장 자체가 가지는 경제적 가치라고 보아야 하므로, 예금통장을 사용하여 예금을 인출하게 되면 인출된 예금액에 대하여는 예금통장 자체의 예금액 증명기능이 상실되고 그에 따라 그 상실된 기능에 상응한 경제적 가치가 소모되므로, 타인의 예금통장을 무단사용하여 예금을 인출한 후 바로 예금통장을 반환하였다 하더라도 그 사용으로 인한 경제적 가치의 소모가 무시할 수 있을 정도로 경미한 경우가 아닌 이상, 예금통장 자체가 가지는 예금액 증명기능의 경제적 가치에 대한 불법

184 대법원 1992. 9. 8. 선고 91도3149 판결.

영득의사를 인정할 수 있고, 따라서 절도죄가 성립한다는 것이 판례[185]의 태도입니다.[186]

교 수 예금청구권이 화체된 통장의 '고유한 기능가치'를 침해하였다는 것이지요.

그럼 신용카드는 어떤가요, 甲이 丁으로부터 신용카드를 빼앗아 현금을 인출한 후 그 카드를 '돌려주었다면'?

학 생 신용카드는 그것을 소지함으로써 신용구매가 가능하고 금융의 편의를 받을 수 있다는 점에서 경제적 가치가 있다 하더라도, 그 자체에 경제적 가치가 화체되어 있거나 특정의 재산권을 표창하는 유가증권이라고 볼 수 없고, 단지 신용카드회원이 그 제시를 통하여 신용카드회원이라는 사실을 증명하거나 현금자동지급기 등에 주입하는 등의 방법으로 신용카드업자로부터 서비스를 받을 수 있는 증표로서의 가치를 갖는 것이어서,

신용카드를 사용하여 현금자동지급기에서 현금을 인출하였다 하더라도 신용카드는 통장과 달리 그 자체가 가지는 경제적 가치가 인출된 예금액만큼 소모되었다고 할 수 없으므로, 카드를 일시 사용하고 곧 반환하였다면 그에 대한 불법영득의사를 인정할 수 없을 것입니다.[187]

---

185 대법원 2010. 5. 27. 선고 2009도9008 판결.

186 **[변호사시험 기출문제]**

Q) 옳은 설명인지?

'甲은 자신이 일하는 회사 사무실에서 회사 명의의 예금통장을 몰래 가지고 나와 예금 1,000만원을 인출한 후 다시 그 통장을 제자리에 갖다 놓은 경우, 甲에게 예금통장에 대한 불법영득의사는 인정되지 않으므로 예금통장에 대한 절도죄는 성립하지 않는다.' (×)

187 대법원 1999. 7. 9. 선고 99도857 판결.

교 수　그렇죠, 통장의 경우와 카드의 경우를 비교해서 알아두어야 하지요. 또 다른 사안을 가정해 볼까요, 만약 丁이 그 주점에서 술과 안주를 먹고 계산하지 않은 채 도망하려 하였다면 어떨까요?

학 생　카드를 강취한 것은 정당한 술값 채권의 변제를 위한 것이었으니 '불법'이 아니다?

교 수　술값 지불로써 '결과적으로' 권리질서에 부합하게 되는 것이니 '불법'이 아니고, 따라서 '불법영득의사'도 인정할 수 없는 것 아니냐.

학 생　불법영득의사에서의 '불법'이란 '결과의 불법'이 아니라 '**수단의 불법**'을 의미합니다. 대법원[188]은 피고인이 피해 회사 차고 내 책상 서랍을 관리자의 승낙 없이 공구로 뜯어 열고 그 안에서 꺼낸 회사 소유의 여객운송수입금을 회사에 대해 가지고 있던 유류대금채권의 변제에 충당한 것은 피고인이 자기 채권의 추심을 위하여 타인의 점유 하에 있는 타인 소유의 금원을 불법하게 탈취한 것이라 할 것이니 불법영득의사를 인정하기에 충분하다고 판시한 바 있습니다.

교 수　수단의 불법성, 즉 어떤 사람이 물건 점유자의 '승낙을 받지 않고' 그 물건을 가져갔다면 그 물건의 반환청구권이 그 가져간 사람에게 있다 하더라도 절도행위가 될 수 있다는 거죠.[189, 190]

---

188 대법원 1983. 4. 12. 선고 83도297 판결.

189 대법원 1973. 2. 28. 선고 72도2538 판결.

190 **[변호사시험 기출문제]**

Q) 옳은 설명인지?

'乙이 약정기일에 할부금을 변제하지 못하면 승용차를 회수해도 좋다는 각서 및 매매계약서와 양학 생　따라서 정당한 술값 채권의 실행을 위한 것이라도 그 실행의 수단이 폭행 등으로 불법하다면 불법영득의사가 인정될 수 있습니다.

교 수　그럼 위법성이 조각될 여지는 없나요? 정당한 권리를 실행하기 위한 것이었으니 말이죠. 대법원[191]은 피고인 등이 비료를 매수하여 시비한 결과 사과나무 묘목 등이 고사하자 그 비료를 생산한 회사에게 손해배상을 요구하면서 사장 이하 간부들에게 욕설을 하거나 현수막을 만들어 보이면서 시위를 할 듯한 태도를 보이는 등 하였다 하여도, 그것은 손해배상청구권에 기인한 것으로서 그 방법이 사회통념상 인용된 범위를 일탈한 것이라고 단정하기 어려우므로 공갈 및 공갈미수의 죄책을 인정할 수 없다고 판시한 바 있는데.

학 생　하지만 '목적의 정당성, 수단의 상당성, 법익균형성, 긴급성, 보충성' 요건에 비추어 자신의 권리를 실현하기 위한 수단이 사회통념상 허용되는 정도나 범위를 넘는다면 형법 제20조 정당행위의 사회상규에 위배되지 않는 행위라고 보기 곤란할 것입니다. 대법원은 해악의 고지가 비록 정당한 권리의 실현수단으로 사용된 경우라고 하여도 그 권리실현의 수단방법이 사회통념상 허용되는 정도나 범위를 넘는 것인 이상 공갈죄의 실행에

도증명서를 작성하여 교부한 후 乙이 그 채무를 불이행하자 甲은 취거 당시 乙의 의사에 반하여 위 승용차를 임의로 가져간 경우라도 영득이 적법하므로 절도죄가 성립하지 않는다.' (×)

191 대법원 1980. 11. 25. 선고 79도2565 판결.

착수한 것이라며[192] 수급인이 권리행사에 빙자하여 도급인측에 대해 비리를 관계기관에 고발하겠다는 내용의 협박 내지 사무실의 무단점거 및 직원들에 대한 폭행 등의 위법수단을 써서 기성고 공사대금 명목으로 금 8,000,000원을 교부받은 것은 사회통념상 허용되는 범위를 넘는 것으로 공갈죄에 해당한다고 판시[193]한 바 있습니다.[194]

교 수　정당한 술값을 받고자 한 것이더라도 그 수단으로 반항을 억압할 정도의 폭행을 이용하여 카드를 빼앗은 것을 사회통념상 허용되는 범위 안에 있다고 보기는 어렵겠지요.

학 생　강도죄는 법정형이 3년 이상의 유기징역인 중죄입니다.

교 수　결국 甲은 丁 신용카드에 대한 강도죄 유죄이다.

학 생　강도죄의 기수시기는 재물취득시이니 강도죄 기수 유죄입니다.

---

192 대법원 1995. 3. 10. 선고 94도2422 판결.

193 대법원 1991. 12. 13. 선고 91도2127 판결.

194 **[변호사시험 기출문제]**

Q) 채권자인 甲과 그의 아내 乙은 빚을 갚지 못하고 있는 채무자 A를 찾아가 함께 심한 욕설을 하였다. 이에 관하여 옳은 설명인지?

'만일 甲과 乙이 심한 욕설과 함께 A의 사무실 유리탁자 등 집기를 손괴하면서 당장 빚을 갚지 않으면 조직폭력배를 동원하여 A의 가족에게 해를 가하겠다고 말하였더라도 甲과 乙은 채권자로서 권리를 행사한 것이므로 공갈죄는 성립할 수 없다.' (×)

Q) 甲은 동거하지 않는 이종사촌동생인 乙의 기망에 의하여 乙로부터 부동산을 비싸게 매수하자 乙이 취득한 전매차익 1,000만원을 받아내기 위하여 주방용 칼을 들고 乙의 집으로 찾아가 전매차익을 돌려주지 않으면 죽여버리겠다고 협박하여 乙로부터 1,000만원을 돌려받았다. 검사는 甲을 폭력행위등처벌에관한법률위반(흉기등공갈)죄로 기소하였다. 위 사례에 관하여 옳은 설명인지?

'甲은 기망에 의하여 乙로부터 부동산을 비싸게 매수한 것이므로 위와 같이 乙로부터 1,000만원을 돌려받은 것은 정당한 권리행사에 해당되어 무죄이다.' (×)

교 수　그럼 신분관계 설정만 좀 바꾸어볼까요. 丁이 甲의 배우자라면, 丁이 甲의 직계혈족이나 동거친족이라면.

학 생　그렇다면 甲에 대한 형(刑)이 면제될 것입니다.

교 수　강도죄 유죄인데 신분관계로 인해 형이 면제된다?

친족상도례

학 생　형법 제328조는 일정한 친족 사이의 재산범죄에 대하여 그 형을 면제하거나 친고죄로 정하고 있습니다.

교 수　네, 친족상도례(親族相盜例)라고 하지요.

학 생　제1항은 직계혈족, 배우자, 동거친족, 동거가족 또는 그 배우자 간의 재산범죄는 그 형을 면제한다고 규정하고 있고,[195] 제2항은 제1항 이외의 친족간 재산범죄는 고소가 있어야 공소를 제기할 수 있다고 규정하고 있습니다.

교 수　제1항의 친족간 재산범죄는 형을 면제하고 그보다 거리가 먼 제1항 이외의 친족간 재산범죄는 친고죄(親告罪)로 본다는 거죠. 그래서 제2항의 친고죄를 '상대적 친고죄'라고 하고요.

---

195 **[변호사시험 기출문제]**

Q) 甲은 함께 사는 사촌언니 A의 은행 예금통장을 몰래 가지고 나와 K은행 현금자동지급기에 넣고 미리 알고 있던 통장 비밀번호를 입력하여 A 명의의 예금잔고 중 100만원을 甲 명의의 M은행 계좌로 이체한 후 집으로 돌아와 예금통장을 원래 자리에 가져다 놓았다. 이에 관하여 옳은 설명인지?

'A의 예금통장을 가지고 나온 행위에 대하여 甲이 비록 예금통장을 그 자리에 가져다 놓았다고 하더라도 절도죄가 인정되지만 A의 고소가 있어야 처벌이 가능하다.' (×)

학 생　제1항에서 형을 면제한다는 것은 범죄는 성립하지만 범행 '당시' 존재하는 특별한 신분관계, 즉 형벌권 발생을 저지하는 인적(人的) 사정에 의해 행위의 '가벌성'이 배제된다는 의미입니다.

교 수　그것을 '인적 처벌조각사유'라고 하지요.

학 생　친족 간의 정서를 고려하여 그들 사이의 재산문제에 대해서는 되도록 국가가 개입하지 않겠다는 형사정책적 고려입니다.

교 수　친족의 범위는 어떻게 정하나요.

학 생　민법에 따라 결정됩니다.[196]

교 수　사실혼은 제외되겠군요.

학 생　법률혼만을 의미합니다. 대법원[197]은 피해자와의 혼인이 무효라면 피해자에 대한 사기죄에서는 친족상도례를 적용할 수 없다고 판시한 바 있습니다.

교 수　친족관계는 범행 '당시'에 존재해야 하고 말이지요. [198]

---

196 **[변호사시험 기출문제]**

Q) 친족상도례에 관하여 옳은 설명인지?

'사돈지간은 민법상 친족이 아니므로 백화점 내 점포에 입점시켜 주겠다고 거짓말을 하여 사돈지간인 피해자로부터 입점비 명목으로 돈을 편취하였다면 친족상도례에 관한 규정이 적용되지 않는다.' (○)

197 대법원 2015. 12. 10. 선고 2014도11533 판결.

198 **[변호사시험 기출문제]**

Q) 甲은 장인인 A(甲과 동거하지 아니함)에 대하여 대여금청구의 소를 제기하면서 소장에 A의 주소를 허위로 기재하는 방법으로 승소판결을 받았다. 이에 관하여 옳은 설명인지?

'甲이 위 범행 이후 처와 이혼하여 甲과 A 사이에 더 이상 친족관계가 존재하지 않더라도 甲의 사기죄에 대하여 친족상도례가 적용된다.' (○)

학 생 그렇습니다. 다만 부(父)가 혼인 외의 출생자를 '인지'하는 경우에는 그 인지의 효력은 자(子)의 출생시에 소급하여 생기고[199] 그 소급효는 친족상도례 규정의 적용에도 미친다고 볼 것이므로, 친족상도례 규정은 인지가 범행 후에 이루어진 경우라고 하더라도 그 소급효에 따라 형성되는 친족관계를 기초로 하여 적용된다 할 것입니다.[200,201]

교 수 사안을 다시 설정해 봅시다. 아들이 아버지가 가지고 있던 시계를 훔쳤습니다. 그런데 그 시계는 사실 아버지의 친구 것이었지요. 아들은 어떻게 될까요?

학 생 친족상도례가 적용되지 않고 절도죄로 처벌될 것입니다.

교 수 이유는 무엇이지요?

학 생 절도죄의 보호법익은 소유권과 점유권입니다. 따라서 절도죄에서 친족상도례가 적용되기 위해서는 범인과 '소유자', 그리고 범인

---

199 민법 제860조(인지의 소급효) 인지는 그 자의 출생시에 소급하여 효력이 생긴다. 그러나 제3자의 취득한 권리를 해하지 못한다.

200 대법원 1997. 1. 24. 선고 96도1731 판결.

201 **[변호사시험 기출문제]**

Q) 소급금지원칙의 적용에 관하여 옳은 설명인지?

'부(父)가 혼인 외의 출생자를 인지하는 경우에 그 인지의 소급효는 형법상 친족상도례에 관한 규정의 적용에는 미치지 아니한다.' (×)

Q) 甲은 휴가를 떠나 비어 있던 A의 집에 들어가 잠을 잔 후, 같은 날 방에 있던 태블릿PC 1대와 자기앞수표 1장을 훔쳤다. 위 사례에 관하여 옳은 설명인지?

'만약 甲이 A의 혼인 외의 출생자인데, 공판기간 중 A가 甲을 인지한 경우라면 친족상도례의 규정을 적용할 수 없어 甲에 대한 형을 면제할 수 없다.' (×)

과 '점유자'의 각 사이에 모두 친족관계가 있어야 합니다.[202]

교수　점유자는 친족이지만 소유자는 친족이 아니기 때문이군요. 반대로 아버지가 자신 소유의 시계를 친구에게 빌려주어 그 친구가 점유하고 있는 사이에 아들이 훔치더라도,

학생　소유자는 친족이나 점유자가 친족이 아니므로 역시 친족상도례가 적용되지 않습니다.

교수　사기죄의 경우라면 어떨까요?

학생　사기죄의 보호법익은 재산권입니다. 재산상 피해자와만 친족관계에 있다면 친족상도례가 적용됩니다.[203]

교수　피기망자와 피해자가 다른, 이른바 '삼각사기'의 경우에 피기망자와는 친족관계가 아니어도 재산상 피해자와만 친족관계에 있다면 친족상도례가 적용된다?

---

202 **[변호사시험 기출문제]**

Q) 친족상도례에 관하여 옳은 설명인지?

'절도범인이 피해물건의 소유자나 점유자의 어느 일방과의 사이에서만 친족관계가 있는 경우에는 친족상도례에 관한 규정이 적용되지 않는다.' (○)

Q) 甲과 乙은 옆 동네에 사는 甲의 사촌동생 A의 신용카드를 훔쳐 은행 현금인출기에서 비밀번호를 입력하고 현금서비스로 100만원을 인출하였다. 위 사례에 관하여 옳은 설명은?

'A의 신용카드를 훔친 甲의 행위는 친고죄에 해당하므로 A의 고소가 없는 경우에 법원은 형사소송법 제327조 제2호에 의하여 공소기각판결을 선고하여야 한다.' (○)

'100만원의 현금서비스를 받은 甲의 행위는 친고죄에 해당하므로 A의 고소가 없는 경우에 법원은 형사소송법 제327조 제2호에 의하여 공소기각판결을 선고하여야 한다.' (×)

203 **[변호사시험 기출문제]**

Q) 친족상도례에 관하여 옳은 설명인지?

'A와 B를 기망하여 이들의 합유로 되어 있는 부동산에 대한 매매계약을 체결하고 소유권을 이전받은 다음 잔금을 지급하지 않은 경우, A와는 형이 면제되는 친족관계가 있으나 B와는 아무런 친족관계가 없다면 친족상도례에 관한 규정이 적용되지 않는다.' (○)

학 생　그렇습니다. 대법원[204]은 법원을 기망하여 제3자로부터 재물을 편취한 경우

교 수　'소송(訴訟)사기', 대표적인 삼각사기의 형태이지요. 법원에 허위 사실을 주장하거나 허위증거를 제출하여 유리한 판결을 받고 그로써 재산을 취득하는.[205]

학 생　재물을 편취당한 제3자와 사기죄를 범한 자가 직계혈족의 관계에 있다면 범인에 대해 그 형을 면제하여야 한다고 판시하고 있습니다.[206]

교 수　공갈죄도 사기죄와 동일한가요.

학 생　공갈죄의 보호법익은 재산권과 자유권입니다.

교 수　재산상 피해자뿐만 아니라 '피공갈자'와도 친족관계가 있어야 하겠군요.

학 생　피공갈자와 피해자가 다른 경우에는 피공갈자와 피해자 '모두'와 친족관계가 있어야 친족상도례가 적용될 것입니다.

교 수　그럼 '신뢰관계의 위배'를 본질로 하는 횡령죄나 배임죄의 경우에도 소유자, 위탁자 '모두'와 친족관계가 있어야 친족상도례가 적용되겠군요.

---

204 대법원 1976. 4. 13. 선고 75도781 판결.

205 **[변호사시험 기출문제]**

Q) 사기죄에 관하여 옳은 설명인지?

'피기망자와 피해자가 일치하지 않아도 사기죄가 성립할 수 있다.' (O)

206 **[변호사시험 기출문제]**

Q) 친족상도례에 관하여 옳은 설명인지?

'법원을 기망하여 제3자로부터 재물을 편취한 경우 피해자는 법원이 아니라 재물을 편취당한 제3자이므로 제3자와 사기죄를 범한 자가 직계혈족의 관계에 있을 때에는 그 범인에 대하여 형을 면제하여야 한다.' (O)

학 생　네, 대법원[207]은 횡령 범인이 위탁자가 소유자를 위해 보관하고 있는 물건을 위탁자로부터 받아 보관하던 중 횡령하였다면, 친족상도례에 관한 규정은 범인과 피해물건의 소유자 및 위탁자 쌍방 사이에 친족관계가 있는 경우에만 적용되고 단지 횡령범인과 피해물건의 소유자 간에만 친족관계가 있거나 횡령범인과 피해물건의 위탁자간에만 친족관계가 있는 경우에는 적용되지 않는다고 판시하고 있습니다.[208]

교 수　그럼 우리 사안으로 다시 돌아와 봅시다. 처음에 설정했던 신분관계로 말이죠.

학 생　丁이 甲의 법률혼 배우자 또는 직계혈족이나 동거친족인 경우

교 수　네, 그와 같은 경우라면 甲은 제328조 제1항으로 강도죄의 형을 면제받는다는 말인가요?

학 생　그렇습니다.

교 수　자... 조문을 다시 한 번 잘 보시지요. 형법은 친족상도례에 대해 제328조에 규정해 놓으면서 각 재산범죄의 장(章)에서 제328조를 준용(準用)하는 형식을 취하고 있습니다. 절도죄는 제344조[209]에서, 사기죄나 공갈죄는 제354조[210]에서, 횡령죄, 배임죄는

---

207 대법원 2008. 7. 24. 선고 2008도3438 판결.

208 **[변호사시험 기출문제]**

Q) 횡령죄에 관하여 옳은 설명인지?

'피해물건의 보관을 의뢰한 위탁자와 그 소유자가 다른 경우, 친족상도례의 특례는 횡령범인이 위탁자뿐만 아니라 소유자와의 사이에도 친족관계가 있는 경우에만 적용된다.' (○)

209 형법 제344조(친족간의 범행) 제328조의 규정은 제329조 내지 제332조의 죄 또는 미수범에 준용한다.

210 형법 제354조(친족간의 범행, 동력) 제328조와 제346조의 규정은 본장의 죄에 준용한다.

제361조[211]에서요. 장물죄도 그 내용이 조금 다르긴 하지만 제328조를 준용하는 규정을 두고 있습니다.[212] 그런데 강도죄나 손괴죄에는 그 준용규정이?

학 생 ... 없습니다.

교 수 네, 없습니다. 친족상도례 규정은 강도죄나 손괴죄에는 적용되지 않는다는 것이지요.

학 생 아무리 甲과 丁이 법적으로 부부 사이라도 그 사이에서의 '강도죄'에 대해서는 친족상도례 규정이 적용되지 않으므로 甲의 형을 면제할 수 없다.[213]

교 수 甲이 자신의 아내인 丁에게 '사기'를 쳐서 얻은 이득액이 '5억원 이상'인 경우를 생각해 볼까요.

학 생 사기죄로 인해 취득한 이득액이 5억원 이상이라면 형법상 사기죄가 아닌 특정경제범죄 가중처벌 등에 관한 법률, 즉 형법에

211 형법 제361조(친족간의 범행, 동력) 제328조와 제346조의 규정은 본장의 죄에 준용한다.

212 형법 제365조(친족간의 범행) ① 전3조의 죄를 범한 자와 피해자간에 제328조 제1항, 제2항의 신분관계가 있는 때에는 동조의 규정을 준용한다.
② 전3조의 죄를 범한 자와 본범간에 제328조 제1항의 신분관계가 있는 때에는 그 형을 감경 또는 면제한다. 단, 신분관계가 없는 공범에 대하여는 예외로 한다.

213 **[변호사시험 기출문제]**
Q) 甲은 18:50경 열려 있는 A의 집 현관문을 통해 집 안으로 들어가 20분 정도 물건을 찾아다니다가 19:10경 안방 서랍 안에 있는 A의 다이아몬드반지를 발견하고 바지 주머니에 넣은 후 다시 현관문을 통해 밖으로 나올 때, 마침 귀가하던 A 및 A의 처 B와 마주쳤다. A와 B는 즉시 甲이 도둑임을 알아채고 함께 甲을 막아섰다. 이에 甲은 체포를 면탈하려고 주먹으로 A의 얼굴을 때리고 곧바로 B의 배를 발로 차 A와 B를 쓰러뜨린 후 도주하였다. 이에 관하여 옳은 설명인지?
'만약 甲이 A, B의 아들이라면 친족상도례가 적용되므로, 준강도죄나 준특수강도죄로는 처벌받지 아니한다.' (×)

대한 특별법인 '특경법'에 따라 가중처벌[214]될 것인데,

교 수 특경법을 한 번 찾아 보시죠.

학 생 특경법에는 친족상도례 규정이 없습니다. 형법 제328조 준용 규정도 없고요.

교 수 즉 특경법의 경우에는 친족상도례가 적용되지 않는다?

학 생 규정이 없다면...

교 수 다시 죄형법정주의 얘기를 해볼까요. 그 파생원칙 중 하나인 **'유추해석금지의 원칙'**입니다. '유추적용금지의 원칙'이라고도 하지요.

죄형법정주의(유추해석금지의 원칙)

학 생 '유추(類推) 해석'이란 법률에 규정이 없는 사항에 대하여 그것과 유사한 성질을 가지는 사항에 관한 법률을 적용하는 것을 말합니다. '유추해석금지'란 그와 같은 유추해석을 금지하는 것이고요.

교 수 법관에 의한 법창조를 금지함으로써 법의 해석 및 적용자인 법관의 자의로부터 개인의 자유와 안전을 보장하기 위한 것이지요.

---

214 특정경제범죄 가중처벌 등에 관한 법률 제3조(특정재산범죄의 가중처벌) ① 형법 제347조(사기), 제347조의2(컴퓨터등 사용사기), 제350조(공갈), 제350조의2(특수공갈), 제351조(제347조, 제347조의2, 제350조 및 제350조의2의 상습범만 해당한다), 제355조(횡령 · 배임) 또는 제356조(업무상의 횡령과 배임)의 죄를 범한 사람은 그 범죄행위로 인하여 취득하거나 제3자로 하여금 취득하게 한 재물 또는 재산상 이익의 가액(이하 이 조에서 "이득액"이라고 한다)이 5억원 이상일 때에는 다음 각 호의 구분에 따라 가중처벌한다.

1. 이득액이 50억원 이상일 때: 무기 또는 5년 이상의 징역
2. 이득액이 5억원 이상 50억원 미만일 때: 3년 이상의 유기징역

학 생　예를 들어 도로교통법 제43조가 무면허운전 등을 금지하면서 "누구든지 제80조의 규정에 의하여 지방경찰청장으로부터 운전면허를 받지 아니하거나 운전면허의 효력이 정지된 경우에는 자동차 등을 운전하여서는 아니된다"며 운전자의 금지사항으로 운전면허를 받지 아니한 경우와 운전면허의 효력이 정지된 경우를 구별하여 대등하게 나열하고 있다면, '운전면허를 받지 아니하고'라는 법률문언의 통상적인 의미에 '운전면허를 받았으나 그 후 운전면허의 효력이 정지된 경우'가 당연히 포함된다고는 해석할 수 없다는 것입니다.[215]

교 수　즉 '운전면허의 효력이 정지된 경우'를 '운전면허를 받지 아니한 경우'로 보아 처벌하는 것은 유추해석금지의 원칙을 위반하는 것이다.

학 생　네, 죄형법정주의에 반합니다. 대법원[216]은 '블로그', '미니 홈페이지', '카페' 등의 이름으로 개설된 사적 인터넷 게시공간의 운영자가 그 게시공간에 게시된 타인의 글을 삭제할 권한이 있는데도 삭제하지 아니하고 그대로 두었다는 사정만으로, 사적 인터넷 게시공간의 운영자가 타인의 글을 국가보안법 제7조 제5항에서 규정하는 바와 같이 '소지(所持)'하였다고 볼 수 없다고 판시하기도 하였습니다.[217]

---

215 대법원 2011. 8. 25. 선고 2011도7725 판결.

216 대법원 2012. 1. 27. 선고 2010도8336 판결.

217 **[변호사시험 기출문제]**
Q) 죄형법정주의에 관하여 옳은 설명은?
'도로교통법 제154조 제2호의 원동기장치자전거면허를 받지 아니하고라는 법률문언의 통상적인

교 수 그 적용범위는 어떻게 되나요.

학 생 '모든' 형벌법규의 구성요건과 가벌성에 관한 규정입니다.

교 수 위법성 및 책임의 조각사유나 고소 등 소추조건 또는 처벌조각사유인 형면제 사유에 관하여도 말인가요.

학 생 네, 그 범위를 제한적으로 유추적용하게 되면 행위자의 가벌성 범위가 확대되어 행위자에게 '불리'하게 되는, 즉 가능한 문언의 의미를 넘어 범죄구성요건을 유추적용하는 것과 같은 결과가 초래되기 때문입니다.[218,219]

교 수 피고인에게 '불리한' 유추해석을 금지한다라.

학 생 반면 '유리한' 유추해석은 허용됩니다. 위법성조각사유의 확장적 해석과 같은.

교 수 핵심적인 부분이군요. 그럼 이득액 5억원 이상의 특경법 위반죄에 대하여 친족상도례 규정을 준용하는 것은 피고인에게 유리한가요, 불리한가요.

의미에는 운전면허를 받았으나 그 후 운전면허의 효력이 정지된 경우가 포함된다고 해석할 수 없다.' (O)

'블로그 등 사적 인터넷 게시공간의 운영자가 게시공간에 게시된 이적표현물인 타인의 글을 삭제할 권한이 있는데도 이를 삭제하지 않고 그대로 둔 경우, 그 운영자의 행위를 국가보안법 제7조 제5항의 소지로 보는 것은 유추해석금지원칙에 반한다.' (O)

218 대법원 1997. 3. 20. 선고 96도1167 판결.

219 **[변호사시험 기출문제]**

Q) 죄형법정주의에 관하여 옳은 설명인지?

'구 청소년의 성보호에 관한 법률 제16조의 반의사불벌죄의 경우 성범죄의 피해자인 청소년에게 의사능력이 있는 이상, 그 청소년의 처벌희망 의사표시의 철회에 법정대리인의 동의가 필요하다고 보는 것은 유추해석금지원칙에 반한다.' (O)

학 생　유리합니다. 즉 준용규정은 없지만 피고인에게 유리하게 형법의 친족상도례 규정을 특경법에 적용되는 것으로 해석할 수 있다?

교 수　그렇지요, 대법원[220]은 형법상 사기죄의 성질은 특정경제범죄 가중처벌 등에 관한 법률 제3조 제1항에 의해 가중처벌되는 경우에도 그대로 유지되고 특별법인 그 법률에 친족상도례에 관한 형법 제354조, 제328조의 적용을 배제한다는 명시적인 규정이 없으므로, 형법 제354조는 특별법 제3조 제1항 위반죄에도 그대로 적용된다고 판시하고 있습니다.[221]

교 수　'카드'에 대한 강도죄 성립여부를 살펴보다가 친족상도례까지 왔군요. 이제 그 카드로 '현금을 인출'한 행위에 대해 살펴볼 차례입니다.

학 생　'丁의 카드로 현금자동지급기에서 현금 4,730,000원을 인출하였다.'

교 수　떠오르는 죄가 하나 있군요. 편의시설부정이용죄.

220 대법원 2010. 2. 11. 선고 2009도12627 판결.

221 **[변호사시험 기출문제]**

Q) 친족상도례에 관하여 옳은 설명인지?

'특정경제범죄 가중처벌 등에 관한 법률에는 친족상도례에 관한 규정을 적용한다는 명시적인 규정이 없으므로 특정경제범죄 가중처벌 등에 관한 법률위반(사기)죄에는 친족상도례에 관한 규정이 적용되지 않는다.' (×)

Q) 甲은 동거하지 않는 이종사촌동생인 乙의 집으로 찾아가 돈을 주지 않으면 죽여버리겠다고 주방용 칼을 들고 협박하여 乙로부터 1,000만원을 돌려받았다. 이에 乙은 甲을 경찰서에 신고하여 처벌을 원한다고 진술하였으나, 사건이 검찰에 송치된 후에 甲으로부터 500만원을 돌려받고 '원만히 합의되었으므로 앞으로 어떠한 민 · 형사상의 책임을 묻지 않겠다'는 취지의 합의서를 작성하여 검사에게 제출하였다. 이후 검사는 甲을 폭력행위 등 처벌에 관한 법률위반(흉기등공갈)죄로 기소하였다. 위 사례에 관하여 옳은 설명인지?

'甲은 폭력행위 등 처벌에 관한 법률위반(흉기등공갈)죄로 처벌되고, 설사 甲과 乙이 형법 제354조, 제328조의 친족관계에 있다 하더라도 법원은 乙의 고소없이 甲을 처벌할 수 있다.' (×)

편의시설부정이용죄

학 생　형법 제348조의2, '부정한 방법으로 대가를 지급하지 아니하고 자동판매기, 공중전화 기타 유료자동설비를 이용하여 재물 또는 재산상의 이익을 취득한 자는 3년 이하의 징역, 500만원 이하의 벌금, 구류 또는 과료에 처한다.'

교 수　일단 '현금'은 유체물, 즉 재물에 해당함이 명백하죠.

학 생　하지만 현금자동지급기는 '편의시설'이 아닙니다.

교 수　'자동판매기, 공중전화 기타 유료자동설비'에 해당하지 않는다?

학 생　'자동판매기'란 음료수 자판기와 같이 '대가를 지불'하면 기계나 전자장치에 의해 자동적으로 물건이 제공되는 설비를 말하고 기타 '유료자동설비'란 공중전화나 무인보관함, 놀이기구와 같이 '대가를 지불'하면 물건 이외의 편익을 제공하는 자동기계설비를 말합니다.

교 수　현금자동지급기는 카드를 투입할 뿐 '대가의 지급'을 전제하지 않지요.

학 생　따라서 '편의시설'이 아니고 현금을 인출하는 행위 역시 편의시설부정이용죄가 아닙니다.

교 수　편의시설부정이용죄의 예로는 공중전화기에 동전과 비슷한 쇠붙이를 투입하여 통화하는 것과 같은 경우를 들고는 하지요.

교 수　그럼 이렇게 볼 수는 없을까요. 乙과 丙은 마치 자신들이 정당한 카드의 주인인 것처럼 현금자동지급기에 그 카드를 투입하였고 그에 속은 현금자동지급기가 乙과 丙에게 현금을 내어주었다고 본다면.

학 생 '속은 현금자동지급기가'.

교 수 네, 사기죄가 성립할 수 있는 것 아니냐.

사기죄

학 생 형법 제347조, '사람을 기망하여 재물의 교부를 받거나 재산상의 이익을 취득한 자는 10년 이하의 징역 또는 2천만원 이하의 벌금에 처한다'.

교 수 '사람을 기망하여'

학 생 사기죄는 기망행위로 사람을 착오에 빠지게 하고 그 착오에 빠진 사람이 이른바 '**처분행위**', 즉 '자유로운 처분의사'로 '직접' 재산상 손해를 초래하는 작위나 부작위를 함으로써 재물의 교부를 받거나 재산상 이익을 취득하는 경우 성립합니다.[222]

교 수 '기망(欺罔)행위'란 허위의 의사표시로 착오에 빠뜨리는 일체의 행위를 말하는데 그 상대방은 '사실상 재산적 처분능력'이 있는 타인이어야 한다는 거죠.

222 **[변호사시험 기출문제]**

Q) 인과관계에 관하여 옳은 설명인지?

'사기죄가 성립하려면 행위자의 기망행위, 피기망자의 착오와 그에 따른 처분행위 그리고 행위자 등의 재물이나 재산상 이익의 취득이 있고, 그 사이에 순차적인 인과관계가 존재하여야 한다.'

(O)

학 생 즉 '처분행위'에는 '자의성'과 '처분의사'가 있어야 하는데 현금자동지급기에는 자의성과 처분의사를 인정할 수 없습니다.

교 수 '자의성'과 '처분의사'의 유무는 어떻게 판단하나요.

학 생 '자의성(自意性)' 여부는 재산상 손해를 초래하는 행위에 대해 착오에 빠진 자의 '선택가능성' 유무를 기준으로 판단합니다.

교 수 재산상 손해를 초래하는 행위를 할 수도 있고 안 할 수도 있는 상황에서 착오에 빠져 그 행위를 한다고 선택하여 행위한 것은 자의성이 인정된다.

학 생 그리고 '**처분의사**'란 직접 재산상 손해를 초래하는 재산적 처분행위로 평가되는 피기망자의, 즉 착오에 빠진 자의 '행위 자체'에 대한 '인식'을 말합니다.

교 수 피기망자가 '처분결과'를 '인식(認識)'하고 객관적으로 그 '의사(意思)'에 지배된 행위를 하여야 한다?

학 생 '처분결과'가 아닌 '처분행위 자체'에 대한 '인식'만 있으면 처분행위에 상응하는 '처분의사'가 인정된다는 것입니다. 대법원[223]은 피고인 등이 토지의 소유자이자 매도인인 피해자 등에게 토지거래허가 등에 필요한 서류라고 속여 근저당권설정계약서 등에 서명날인하게 하고 인감증명서를 교부받은 다음 그것으로 피해자의 소유 토지에 피고인을 채무자로 한 근저당권을 제3자에게 설정하여 주고 돈을 차용하는 방법으로 재산상 이익을 취득하였다며 사기죄로 기소된 사안에서,

---

223 대법원 2017. 2. 16. 선고 2016도13362 판결.

사기죄에서 피기망자의 처분의사는 기망행위로 착오에 빠진 상태에서 형성된 하자 있는 의사이므로 불완전하거나 결함이 있을 수밖에 없고 처분행위의 법적 의미나 경제적 효과 등에 대한 피기망자의 주관적 인식과 실제로 초래되는 결과가 일치하지 않는 것이 오히려 당연하며 그것이 사기죄의 본질적 속성인바, 처분의사는 착오에 빠진 피기망자가 어떤 '행위'를 한다는 '인식'이 있으면 '충분'하고 그 행위가 가져오는 '결과'에 대한 인식까지 필요하다고 볼 것은 아니므로 피기망자가 기망당한 결과 자신의 작위 또는 부작위가 갖는 의미를 제대로 인식하지 못하여 그러한 행위가 초래하는 '결과'를 인식하지 못하였더라도 그와 같은 착오 상태에서 재산상 손해를 초래하는 '행위'를 하기에 이르렀다면, 피기망자의 처분행위와 그에 '상응'하는 '처분의사'가 있는 것이라고 판시한바 있습니다.

교 수　정확합니다. 乙과 丙이 현금자동지급기에서 현금을 인출한 것은 사기죄가 될 수 없지요.

학 생　다만 현금자동지급기를 속인, 즉 '컴퓨터 등'을 속인 '컴퓨터 등 사용사기죄'는 성립할 수 있습니다.

교 수　형법 제347조의2 말인가요?

컴퓨터 등 사용사기죄

학 생　제347조의2, '컴퓨터 등 정보처리장치에 허위의 정보 또는 부정한 명령을 입력하거나 권한 없이 정보를 입력, 변경하여 정보처리를 하게 함으로써 재산상의 이익을 취득하거나 제3자로 하여금 취득하게 한 자는 10년 이하의 징역 또는 2천만원 이하의 벌금에 처한다'.

은행의 현금자동지급기는 자동적으로 계산 또는 정보처리를 할 수 있는 전자장치로서 여기에서의 '컴퓨터 등 정보처리장치'에 포함됩니다.

'허위의 정보'를 입력한다는 것은 진실한 내용에 반하는 정보를 입력한다는 것이고, '부정한 명령'을 입력한다는 것은 사무처리 시스템에 예정되어 있는 사무처리의 목적에 비추어 지시해서는 안 될 명령을 입력한다는 의미이며,[224] '권한 없이 정보를 입력, 변경'한다는 것은 정당한 정보라도 사용권한 없는 자가 그 정보를 입력, 변경한다는 것인데, 乙이나 丙은 정당한 정보 즉 丁 신용카드의 비밀번호를 사용할 권한이 없음에도 불구하고 현금자동지급기에 그 번호를 입력하여 정보처리를 하게 함으로써 현금을 인출한 것으로 '권한 없이 정보를 입력'하였습니다.

224 **[변호사시험 기출문제]**

Q) 재산죄에 관한 옳은 설명인지?

'전자복권구매시스템에서 은행환불명령을 입력하여 가상계좌 잔액이 1,000원 이하로 되었을 때 복권 구매명령을 입력하면 가상계좌로 복권 구매요청금과 동일한 액수의 가상현금이 입금되는 프로그램 오류를 이용하였을 뿐 허위의 정보를 입력한 경우가 아닌 때에도 부정한 명령의 입력에 해당하여 컴퓨터등사용사기죄가 성립할 수 있다.' (○)

교 수　즉 乙과 丙은 컴퓨터 등 정보처리장치인 현금자동지급기에 권한 없이 丁 카드의 비밀번호를 입력하여 정보처리를 하게 하였다?

학 생　네, 컴퓨터 등 사용사기죄가 성립합니다.

교 수　컴퓨터 등 사용사기죄가 성립하는지를 살펴 볼 때에는 항상 주의해야 할 점이 있습니다. 바로 죄의 '객체'이죠. 다시 한 번 법조문을 보시지요.

학 생　정보처리를 하게 함으로써 '재산상의 이익'을 취득하거나...

교 수　컴퓨터 등 사용사기죄의 객체는 재물이 아닌 '재산상 이익'입니다. 따라서 乙과 丙이 '재물'인 현금을 인출하여 취득한 행위는 컴퓨터 등 사용사기죄의 구성요건해당성이 없는 것이지요. 대법원[225]은 형법 제347조가 일반 사기죄를 재물죄 겸 이득죄로 규정한 것과 달리 형법 제347조의2는 컴퓨터 등 사용사기죄의 객체를 재물이 아닌 **'재산상의 이익'**으로만 한정하여 규정하고 있다고 판시하고 있습니다.

학 생　순수한 이득죄(利得罪)다.

교 수　중요한 포인트죠. 예를 들면 피고인이 컴퓨터 등 정보처리장치인 인터넷사이트 한국신용정보 주식회사에 타인의 명의로 접속하여 그의 신용정보 조회를 하면서 피고인이 마치 그 타인인 것처럼 자신이 부정발급 받은 타인 명의의 신용카드의 카드번호와 비밀번호 등을 입력하고 그 사용료 2,000원을 지급하도록 정보

225 대법원 2003. 5. 13. 선고 2003도1178 판결.

처리를 하게 한 것은 그 금액 상당의 '재산상 이익'을 취득한 컴퓨터 등 사용사기죄가 됩니다.[226]

학 생　피고인이 '인터넷 뱅킹'으로 타인의 예금계좌에서 자신의 예금계좌로 권한 없이 돈을 '이체'하는 경우에도 피고인이 취득하는 것은 현금 자체가 아니라 '예금채권'이고 예금채권은 재물이 아니라 재산상 이익이므로 컴퓨터 등 사용사기죄가 되겠군요.[227,228]

교 수　인터넷 뱅킹 이체 사안은 컴퓨터 등 사용사기죄의 대표적인 예 중 하나이지요. 그럼 이런 경우는 어떨까요. 피고인이 피해자를 속여 피해자로 하여금 피고인 명의의 계좌로 현금을 송금하게 하였습니다. 즉 보이스피싱이죠. 이때에도 컴퓨터 등 사용사기죄가 성립할까요.

학 생　피해자를 속여 송금하게 하였다면, 피해자, 즉 '사람'을 기망하여 피해자로 하여금 재산상 손해를 초래하는 처분행위를 하게 한 것이니 '사기죄'가 된다고 보아야 할 것입니다.[229]

---

226 대법원 2003. 1. 10. 선고 2002도2363 판결.

227 대법원 2004. 4. 16. 선고 2004도353 판결.

228 **[변호사시험 기출문제]**

Q) 甲은 함께 사는 사촌언니 A의 은행 예금통장을 몰래 가지고 나와 K은행 현금자동지급기에 넣고 미리 알고 있던 통장 비밀번호를 입력하여 A 명의의 예금잔고 중 100만원을 甲 명의의 M은행 계좌로 이체한 후 집으로 돌아와 예금통장을 원래 자리에 가져다 놓았다. 이에 관하여 옳은 설명인지?

'A의 예금계좌에서 甲의 계좌로 100만원을 이체한 행위는 컴퓨터 등 사용사기죄에 해당되고 이 경우 친족상도례가 적용되지 않는다.' (O)

229 **[변호사시험 기출문제]**

Q) 사기죄에 관하여 옳은 설명인지?

'사기 범행의 피해자로부터 현금을 예금계좌로 송금받은 경우 사기죄의 객체는 재산상 이익이 아니라 재물이다.' (O)

교 수 그렇죠, 피고인이 권한 없이 정보를 입력하는 등으로 정보처리를 하게 한 것이 아니라 피해자를 속여서 그로 하여금 송금케 하였으니. 그럼 보이스피싱 범죄의 피고인은 예금채권을 취득한 것으로서 '재산상 이익'에 대한 사기죄가 되나요.

학 생 피해자가 피고인의 기망행위에 속아 현금을 피고인 명의의 예금계좌로 송금하였다면 그것은 재물에 해당하는 '현금'을 교부하는 방법이 예금계좌로 송금하는 형식으로 이루어진 것에 불과하여 피해자의 은행에 대한 예금채권은 처음부터 발생하지 않은 것이니, 현금 즉 '재물'에 대한 사기죄가 된다고 볼 것입니다.[230]

교 수 정확합니다. 자, 그럼 乙과 丙의 현금인출행위가 편의시설부정이용죄도, 사기죄나 컴퓨터 등 사용사기죄도 아니라는 건데. 처벌할 수 없는 건가요?

학 생 …

교 수 '절도죄' 어떤가요?

절도죄

학 생 형법 제329조, '타인의 재물을 절취한 자는 6년 이하의 징역 또는 1천만원 이하의 벌금에 처한다'.

---

230 대법원 2010. 12. 9. 선고 2010도6256 판결.

교수 우선 이 사건 현금이 '타인의 재물'인지부터 검토해 봅시다.

학생 절도죄의 객체는 강도죄와 마찬가지로 타인 소유, 타인 점유의 재물입니다.

교수 강도죄는 폭행, 협박죄와 절도죄의 결합범이지요.

학생 乙과 丙이 丁의 신용카드로 현금을 인출한 것은 '현금서비스' 즉 대출로서 그 현금은 은행 즉 타인의 소유이고, 은행 즉 타인이 점유하고 있었으니[231] 절도죄의 객체에 해당합니다.

교수 만약 그 신용카드에 '현금카드'의 기능이 겸용되어 있었고 乙과 丙이 그 '현금카드'의 기능을 이용하여 丁의 '예금'을 인출한 것이라면 어떨까요.

학생 은행 '대출'이 아니라 丁의 '예금'을 인출한 것이라면,

교수 그렇다면 그 인출된 현금은 누구의 소유인가요.

학생 丁은 은행과 예금 '계약'을 체결한 것이고 예금 '계약'은 물권적(物權的) 권리가 아니라 채권적(債權的) 권리로서 丁은 은행에 대해 그 맡겨둔 금액만큼의 예금반환 '청구권'을 가질 뿐입니다.

교수 丁이 은행에 맡긴 것은 금전(金錢)이지요. 금전은 재화의 교환 매개, 가치 측정 등의 기능을 가진 특수한 동산(動産)으로서 추상적인 가치 그 자체를 의미하고 물건으로서의 개성이 문제되지 않아 일반적으로 동산의 물권변동에 관한 규정이 적용되지 않습니다.

---

231 **[변호사시험 기출문제]**

Q) 甲과 乙은 옆 동네에 사는 甲의 사촌동생 A의 신용카드를 훔쳐 현금인출기에서 비밀번호를 입력하고 현금서비스로 100만원을 인출하였다. 위 사례에 관하여 옳은 설명인지?

'100만원의 현금서비스를 받은 甲의 행위는 친고죄에 해당하므로 A의 고소가 없는 경우에 법원은 형사소송법 제327조 제2호에 의하여 공소기각판결을 선고하여야 한다.' (×)

학 생 즉 '점유가 있는 곳에 소유가 있습니다'. 따라서 금전의 점유는 언제나 그 소유의 권원이 됩니다.

교 수 다만 수집의 목적이 되는 금전, 봉투에 넣어 봉인한 금전 등과 같이 단순히 '일반 물건'으로 다루어지거나 '특정성(特定性)'이 유지되는 예외적인 경우에는 점유의 이전만으로는 소유권이 이전되지 않는다고 보기도 하지요. 대법원[232]은 공갈죄의 대상이 되는 재물은 타인의 재물을 의미하므로 사람을 공갈하여 '자기'의 재물을 교부받는 경우에는 공갈죄가 성립하지 않는다며, 타인의 재물인지 여부는 민법, 상법, 기타의 실체법에 의하여 결정되는데 금전을 도난당한 경우 절도범이 절취한 금전만 소지하고 있는 때 등과 같이 구체적으로 절취된 금전을 특정할 수 있어 객관적으로 다른 금전 등과 구분됨이 명백한 예외적인 경우에는 절도 피해자에 대한 관계에서 그 금전이 절도범인 타인의 재물이라 할 수 없다고 판시한 바 있습니다.

학 생 피해자가 피고인의 돈을 절취한 다음 다른 금전과 섞거나 교환하지 않고 봉투 등에 넣어 보관하고 있었는데, 피고인이 피해자에게 겁을 주어 그 돈을 교부받았다고 하더라도 그 금전은 피고인 자기의 재물이므로 공갈죄가 성립하지 않는다고 본 사안입니다.[233]

---

232 대법원 2012. 8. 30. 선고 2012도6157 판결.

233 **[변호사시험 기출문제]**

Q) 옳은 설명인지?

'A가 B의 돈을 절취한 다음 다른 금전과 섞거나 교환하지 않고 쇼핑백에 넣어 자신의 집에 숨겨두었는데 甲이 B의 지시를 받아 乙과 함께 A를 위협하여 쇼핑백에 들어 있던 절취된 돈을 교부받았다면 甲은 폭력행위등처벌에관한법률위반(공동공갈)의 죄책을 진다.' (×)

그러나 丁의 은행예금은 반드시 丁 자신이 맡긴 '그 화폐'가 아니면 안 된다는 것이 아니니.

교수 丁의 권리는 그 금액 상당의 예금 '채권'이지요.

학생 乙과 丙이 인출한 현금은 여전히 은행의 소유입니다.

교수 사실 현금의 소유자를 은행으로 보든 丁으로 보든 乙과 丙에 대해서는 모두 '타인 소유'의 재물이지요.

그런데 한 번 생각해 봅시다. 비록 카드가 강취된 것이긴 하지만 그 카드는 현금자동지급기가 예정하고 있는 카드입니다. 부정한 카드가 아니죠. 乙과 丙이 입력한 비밀번호도 부정한 명령이 아닙니다. 乙과 丙은 정상적으로 카드를 투입하고 비밀번호를 입력하여 현금을 인출받았습니다. 이것이 과연 제329조상의 '절취'인가요. 이것으로 현금자동지급기에 있는 현금을 '절취'하였다고 볼 수 있나요.

점유배제

학생 '**절취**(竊取)'란 '점유배제'와 '점유취득'을 요소로 합니다.

교수 '**점유배제**(排除)'란 무엇인가요.

학생 점유자의 의사에 반하여 재물에 대한 사실상의 지배를 제거하는 것입니다. 그 수단이나 방법에는 제한이 없고요.

교수 수단, 방법에 제한이 없다면 '기망'도 점유배제의 수단으로 사용할 수 있다는 건가요.

학생 기망행위로써 점유를 배제할 수도 있습니다.

교수 그럼 절도죄란 건가요, 사기죄란 건가요?

학 생　'절취'와 '편취'의 구별 문제입니다. 예를 들어 피고인이 피해자 경영의 금은방에서 마치 귀금속을 구입할 것처럼 '가장'하여 피해자로부터 순금목걸이 등을 건네받은 다음 화장실에 갔다 오겠다는 핑계를 대고 도주한 경우에,

피해자가 목걸이를 건네준 것이 그 점유를 이전한다는 종국적인 의사를 가지고 그 교부행위에 의해 재물이 최종적으로 기망자에게 넘어가 '직접' 재산상 손해를 초래하는 것이라면 '편취' 즉 사기죄가 될 것이나, 그와 달리 기망자가 도주 등 별도의 행위에 의해 재물을 취거하였다면 처분행위의 '직접성'이 없으므로 '절취' 즉 절도죄가 된다는 것입니다.[234]

교 수　피기망자의 선택가능성, 즉 '자의성'이 없는 상태에서의 교부행위 역시 사기죄의 처분행위가 아니므로 절도죄가 되겠지요. 경찰관을 사칭한 자에 의한 재물취거를 묵인하는 경우 등과 같이 말이지요.

'점유배제'의 구체적인 모습은 어떠한가요.

학 생　우선 점유를 배제하는 데 '**밀접한 행위**'를 개시하거나 대상 목적물을 '**물색**'한 때에 절도죄 실행의 착수가 있다고 봅니다.

교 수　**실행의 착수시기** 문제군요.

---

234 **[변호사시험 기출문제]**

Q) 절도죄에 관하여 옳은 설명인지?

'금은방에서 순금목걸이를 구입할 것처럼 기망하여 건네받은 다음 화장실에 다녀오겠다고 거짓 말하고 도주한 甲은 절도죄로 처벌된다.' (O)

학 생 대법원은 금품을 훔칠 목적으로 피해자 집의 담을 넘어 침입 후 그 집 부엌에서 금품을 '물색'하던 중에 발각되어 도주한 것이라면 절취행위에 착수한 것이라고 보았고,[235] 소매치기의 경우 피해자의 양복 상의 호주머니에 손을 뻗어 그 겉을 더듬었다면 그 때 절도 실행의 착수가 있다고 보았습니다.[236]

반면, 자동차 안에 있는 물건을 훔칠 생각으로 유리창을 통해 그 내부를 손전등으로 비추어 본 행위는 타인 재물에 대한 지배를 침해하는 데 밀접한 행위를 한 것이라고 볼 수 없어 그것만으로 절취행위의 착수에 이른 것으로 볼 수 없다고 판시한 바 있습니다.[237,238]

교 수 乙과 丙은 현금자동지급기에서 현금을 인출하였지요.

학 생 점유자인 은행, 즉 현금자동지급기 관리자의 '사실상 지배를 제거'하였습니다.

교 수 '의사에 반해서' 말인가요.

학 생 乙과 丙은 丁의 카드를 사용할 권한이 없는 자들입니다. 비록 그 카드가 현금자동지급기가 예정하고 있는 카드라거나 입력된 비밀번호가 정당한 명령에 해당한다 하여도 현금의 점유자인

---

235 대법원 1987. 1. 20. 선고 86도2199 판결.

236 대법원 1984. 12. 11. 선고 84도2524 판결.

237 대법원 1985. 4. 23. 선고 85도464 판결.

238 **[변호사시험 기출문제]**

Q) 甲은 2013. 2. 1. 22:30경 주택가를 배회하던 중 주차된 자동차를 발견하고 물건을 훔칠 생각으로 자동차의 유리창을 통하여 그 내부를 손전등으로 비추어 보다가 순찰 중이었던 경찰관에게 검거되었다. 위 사례에 관하여 옳지 않은 설명인지?

'甲의 절도미수의 점은 무죄이다.' (O)

현금자동지급기 관리자의 의사는 그들이 정당한 권리자임을 전제로 현금이 인출되도록 하는 것이어서 권한 없는 乙과 丙이 현금을 인출하는 것은 현금자동지급기 관리자의 '의사에 반하는' 것이라 할 것입니다.

교 수　乙과 丙은 점유자인 현금자동지급기 관리자의 의사에 반하여 그 현금에 대한 사실상 지배를 제거하였다.

학 생　점유배제는 인정됩니다.

점유취득

교 수　그럼 '**점유취득**(取得)'이란 무엇인가요.

학 생　'자기 또는 제3자가 재물에 대하여 방해받지 않는 사실상의 지배를 갖는 것을 말합니다.

교 수　배타적 지배를 갖는 것이다. 절도죄의 '**기수시기**'군요.

학 생　점유배제에만 그친다면 '미수'가 될 것이고요. 대법원[239]은 자동차를 절취할 생각으로 자동차의 조수석 문을 열고 들어가 시동을 걸려고 시도하는 등 차 안의 기기를 이것저것 만지다가 핸드브레이크를 풀게 되었는데 그 장소가 내리막길인 관계로 시동이 걸리지 않은 상태에서,

교 수　'시동이 걸리지 않은 상태에서'

학 생　약 10미터 전진하다가 가로수를 들이받는 바람에 멈추게 되었

239 대법원 1994. 9. 9. 선고 94도1522 판결.

다면, 아직 배타적, 사실상 지배를 취득한 것이 아니므로 절도죄의 '미수'에 불과하다고 판시한 바 있습니다.[240]

교 수 시동이 걸리지 않았으니 아직 배타적 지배를 가진 것이 아니라고 본 것이군요.

학 생 반면 피고인이 소유자의 도둑이야 하는 고함소리에 당황하여 라디오와 탁상시계를 가지고 나오다가,

교 수 '가지고 나오다가'

학 생 탁상시계는 그 집 방문 밖에 떨어뜨리고 라디오는 방에 던진 채 달아난 사안에서는 탁상시계와 라디오 모두에 대해 절도죄의 기수라고 판단하였습니다.[241,242]

교 수 가지고 나올 때 이미 배타적 지배를 가졌다라. 쉽게 얘기하면 부피가 작아서 운반이 용이한 재물은 손에 쥐거나 가방 같은 곳에 넣었을 때를, 크거나 무거운 재물은 피해자의 지배범위를 벗어났을 때를 각 기수시로 볼 수 있다는 거네요.

---

240 **[변호사시험 기출문제]**
Q) 절도죄에 관하여 옳은 설명인지?
'내리막길에 주차된 자동차를 절취할 목적으로 조수석 문을 열고 시동을 걸려고 차 안의 기기를 만지다가 핸드브레이크를 풀게 되어 시동이 걸리지 않은 상태에서 약 10미터 전진하다가 가로수를 들이받게 한 甲은 절도죄의 기수로 처벌되지 않는다.' (O)

241 대법원 1964. 4. 21. 선고 64도112 판결.

242 **[변호사시험 기출문제]**
Q) 甲의 죄책에 관한 옳은 설명인지?
'甲이 야간에 카페에서 업주의 주거로 사용되는 그곳 내실에 침입하여 장식장 안에 들어 있는 정기적금통장을 꺼내 들고 카페로 나오던 중 발각되어 돌려준 경우 야간주거침입절도죄의 기수가 성립한다.' (O)

학 생　乙과 丙은 현금 4,730,000원을 인출하였습니다. 그 정도면 부피도 크지 않고 운반도 곤란하지 않을 테니 바로 배타적 지배를 가졌다고 보아야 할 것입니다.

교 수　점유를 '취득'하였다. 결국 乙과 丙이 현금을 인출한 행위는 현금자동지급기 관리자의 의사에 반하여 그 점유를 배제하고 취득한 '절취'라 할 것이군요.

학 생　'절도죄'가 성립합니다.[243,244]

교 수　좋습니다. 그럼 이런 경우는 어떨까요. 乙이 그 강취한 카드로 옷가게에서 옷을 구매하였다.

신용카드 관련 범죄

학 생　乙이 카드의 정당한 소지인인 것처럼 행세하여 옷가게 주인을 기망하고 그로 인해 착오에 빠진 주인의 처분행위로써 재물인 옷을 취득한 것이니 '사기죄'가 될 것입니다. 대법원[245]은 강취한

---

243 대법원 1995. 7. 28. 선고 95도997 판결.

244 **[변호사시험 기출문제]**

Q) 현금카드 기능이 있는 신용카드 사용범죄에 관하여 옳은 설명은?

'강취한 타인의 신용카드를 사용하여 현금자동지급기에서 예금을 인출한 행위는 그 현금을 객체로 하는 절도죄가 성립한다.' (O)

'절취한 타인의 신용카드를 사용하여 현금자동지급기에서 현금대출(현금서비스)을 받은 행위는 그 현금을 객체로 하는 절도죄가 성립한다.' (O)

245 대법원 1997. 1. 21. 선고 96도2715 판결.

신용카드를 가지고 자신이 그 신용카드의 정당한 소지인인양 가맹점의 점주를 속이고 그에 속은 점주로부터 주류 등을 제공받아 취득한 것이라면 **사기죄**가 성립한다고 판시하고 있습니다.

교 수　카드에 대한 강도죄와 옷에 대한 사기죄의 관계는요?

학 생　실체적 경합범입니다.

교 수　전제를 바꿔 봅시다. 乙이 丁의 카드를 절취하거나 강취한 것이 아니라 기망이나 공갈을 이용하여 편취하거나 갈취하였다.

학 생　乙이 丁의 '의사에 반하여' 카드의 점유를 배제하고 취득한 것이 아니라 그의 '하자있는 의사'에 의하여 카드를 취득하였다면, 일단 카드 자체에 대해서는 사기죄나 공갈죄가 성립할 것입니다.

교 수　그 카드로 현금자동지급기에서 현금을 인출하거나 옷을 샀다면서?

학 생　丁이 乙에게 카드를 교부하며 그 사용을 승낙한 것은 기망에 의해 착오에 빠지거나 공갈에 의해 외포된 '하자 있는 의사표시'이므로 효력이 없고, 따라서 乙은 여전히 카드의 정당한 권리자가 아니므로 그 카드를 이용하여 현금자동지급기로부터 현금을 인출하였다면 절도죄가 될 것입니다. 옷을 샀다면 사기죄가 될 것이고요.

교 수　음… 대법원[246]은 현금카드 소유자를 협박하여 그 카드를 갈취하였고 하자 있는 의사표시이기는 하지만 피해자의 승낙에 의하여 현금카드를 사용할 권한을 부여받아 그를 이용하여 현금을 인출한

246 대법원 1996. 9. 20. 선고 95도1728 판결.

이상, 피해자가 그 승낙의 의사표시를 취소하기까지는 현금카드를 적법, 유효하게 사용할 수 있고 은행의 경우에도 피해자의 지급정지 신청이 없는 한 피해자의 의사에 따라 그의 계산으로 적법하게 예금을 지급할 수밖에 없는 것이므로,

피고인이 피해자로부터 현금카드를 사용한 예금인출의 승낙을 받고 현금카드를 교부받은 행위와 그를 사용하여 현금자동지급기에서 예금을 여러 번 인출한 행위들은 모두 피해자의 예금을 갈취하고자 하는 피고인의 단일하고 계속된 범의 아래에서 이루어진 일련의 행위로서 **포괄하여 하나의 공갈죄**를 구성한다고 볼 것이니, 현금지급기에서 피해자의 예금을 취득한 행위를 현금지급기 관리자의 의사에 반하여 그가 점유하고 있는 현금을 절취한 것이라며 현금카드 갈취행위와 분리하여 따로 절도죄로 처단할 수는 없다고 판시하고 있습니다.[247]

학 생 하자 있는 의사표시이긴 하지만 취소되기 전까지는 유효하다라.

---

247 **[변호사시험 기출문제]**

Q) 甲의 죄책에 관하여 옳은 판례의 입장인지?

'甲이 예금주인 현금카드 소유자 乙을 협박하여 그 카드를 갈취한 다음 乙의 승낙에 의하여 현금카드를 사용할 권한을 부여받아 현금자동지급기에서 현금을 인출한 행위는 포괄하여 하나의 공갈죄를 구성한다.' (○)

Q) 甲은 乙을 찾아가 "당장 돈을 내놓지 않으면 사람을 시켜 쥐도 새도 모르게 죽여버리겠다."라고 乙을 위협하였고, 이에 乙은 겁을 먹고 자신의 현금카드를 건네주면서 현금자동지급기에서 원금과 이자조로 현금 400만원을 직접 인출해 가도록 하였다. 이에 관하여 옳은 설명인지?

'甲이 乙을 위협하여 乙로부터 현금카드를 건네받아 현금자동지급기에서 400만원을 인출한 점은 포괄하여 하나의 공갈죄를 구성한다.' (○)

Q) 현금카드 기능이 있는 신용카드 사용범죄에 관하여 옳은 설명인지?

'갈취한 타인의 신용카드와 그 타인으로부터 알아낸 비밀번호를 이용하여 현금자동지급기에서 예금을 인출한 행위는 그 현금을 객체로 하는 절도죄가 성립한다.' (×)

교 수 기망으로 카드를 편취한 경우에도 마찬가지이죠. 대법원[248]은 예금주인 현금카드 소유자로부터 그 카드를 편취하여 비록 하자 있는 의사표시이기는 하지만 현금카드 소유자의 승낙에 의하여 사용권한을 부여받은 이상,

학 생 피고인이 현금카드 소유자로부터 현금카드를 사용한 예금인출의 승낙을 받고 현금카드를 교부받은 행위와 그를 사용하여 현금자동지급기에서 예금을 여러 번 인출한 행위들은 모두 현금카드 소유자의 예금을 편취하고자 하는 피고인의 단일하고 계속된 범의 아래에서 이루어진 일련의 행위로서 **포괄하여 하나의 사기죄**를 구성한다?

교 수 그렇죠, 카드 편취행위와 그 카드를 이용한 현금인출, 물품구매 등 일련의 행위들은 모두 사기죄의 포괄일죄가 된다는 겁니다. 공갈죄의 경우와 마찬가지로 말이죠.

학 생 … '카드회사'를 기망하여 그로부터 카드를 편취한 경우에도 동일한 논리가 적용되는지요?

교 수 좋은 질문입니다. 대법원[249]은 피고인이 카드사용으로 인한 대금결제의 의사와 능력이 없으면서도 있는 것 같이 가장하여 카드회사를 기망하고 카드회사는 그에 착오를 일으켜 일정 한도 내에서 카드사용을 허용해 줌으로써 피고인은 기망당한 카드회사의 신용공여라는 하자 있는 의사표시에 편승하여 그 카드로 자동지급기를 통한 현금대출도 받고, 가맹점을 통한 물품구입

---

248 대법원 2005. 9. 30. 선고 2005도5869 판결.

249 대법원 1996. 4. 9. 선고 95도2466 판결.

대금 대출도 받아 카드발급회사로 하여금 같은 액수 상당의 피해를 입게 한 것은 카드 사용으로 인한 일련의 편취행위가 포괄적으로 이루어지는 것으로서 카드 사용으로 인한 카드회사의 손해는 그것이 자동지급기에 의한 인출행위이든 가맹점을 통한 물품구입행위이든 불문하고 모두가 피해자인 카드회사의 기망 당한 의사표시에 따른 카드발급에 터 잡아 이루어지는 **사기죄의 포괄일죄**라고 판시한 바 있지요.

그럼 '자기명의' 아닌 '타인명의'를 모용하여 부정하게 신용카드를 발급받은 경우라면 어떨까요.

학 생 '자기명의'로 신용카드를 발급받은 것은 카드회사가 그 '명의자'에게 카드의 사용권한을 부여한 것이어서 이후 '명의자'의 일련의 재산죄를 모두 사기죄로 포괄할 수 있겠지만,

'**타인명의**'를 모용하여 신용카드를 발급받은 경우 카드회사는 피모용자인 명의자, 즉 그 '타인'에게 그 사용권한을 부여한 것이므로 카드의 사용권한 없는 피고인이 그 카드를 사용하여 현금을 인출하였다면 별도의 절도죄가 성립할 것이고, 또한 물품을 구입하였다면 별도의 사기죄가 성립할 것으로...

교 수 정확합니다. 대법원[250]은 피고인이 타인의 명의를 모용하여 신용카드를 발급받은 경우, 비록 카드회사가 피고인으로부터 기망을 당한 나머지 피고인에게 피모용자 명의로 발급된 신용

250 대법원 2002. 7. 12. 선고 2002도2134 판결.

카드를 교부하고 사실상 피고인이 지정한 비밀번호를 입력하여 현금자동지급기에 의한 현금대출을 받을 수 있도록 하였다 할지라도, 카드회사의 내심의 의사는 물론 표시된 의사도 어디까지나 카드명의인인 피모용자에게 그것을 허용하는 데 있을 뿐 피고인에게 허용한 것은 아니라는 점에서 피고인이 타인의 명의를 모용하여 발급받은 신용카드를 사용하여 현금자동지급기에서 현금대출을 받는 행위는 카드회사에 의하여 미리 포괄적으로 허용된 행위가 아니라 현금자동지급기의 관리자의 의사에 반하여 그의 지배를 배제한 채 그 현금을 자기의 지배하에 옮겨놓는 행위로서 절도죄에 해당한다고 봄이 상당하다고 판시하였습니다.[251]

학 생 '자기명의' 카드와 '타인명의' 카드의 각 경우를 잘 구별해야겠네요.

교 수 네, 신용카드 관련 범죄는 죄수관계가 중요합니다.

교 수 결국 乙과 丙은 丁의 카드로 현금을 절취한, 즉 제329조 절도죄의 공동정범이라는 거죠.

학 생 '합동절도'입니다. 형법 제331조 제2항, '흉기를 휴대하거나 2인 이상이 합동하여 타인의 재물을 절취한 자는 1년 이상 10년 이하의 징역에 처한다'.

교 수 단순절도의 공동정범이 아니라 합동절도다.

---

251 **[변호사시험 기출문제]**

Q) 현금카드 기능이 있는 신용카드 사용범죄에 관하여 옳은 설명인지?

'타인의 명의를 모용하여 발급받은 신용카드를 사용하여 현금자동지급기에서 현금대출(현금서비스)을 받은 행위는 그 현금을 객체로 하는 절도죄가 성립한다.' (O)

학 생　'2인 이상이 합동하여'. '합동'을 구성요건으로 정하고 있는 '**합동범**'입니다.

교 수　형법상 '합동하여'라고 규정하고 있는 범죄는 합동절도 외에 합동강도, 합동도주가 있고,[252,253] 성폭력범죄의 처벌 등에 관한 특례법상 합동강간[254]이 있지요.

'합동범'으로 처벌한다는 것은 무슨 의미인가요.

학 생　단순절도의 공동정범으로 처벌되는 경우와 합동절도로 처벌되는 경우를 비교해 보면, 제329조 단순절도죄의 법정형은 '6년 이하의 징역 또는 1천만원 이하의 벌금'이지만

합동절도, 즉 특수절도죄로 처단한다면 그 적용법조는 '제331조 제2항'이 되고 그 법정형은 '1년 이상 10년 이하의 징역'이 됩니다.

교 수　'공동하는' 공동정범보다 '합동하는' 합동범이 더 무겁게 처벌되는군요.

학 생　합동범은 강폭 범죄와 집단 범죄에 대처하고자 단순범의 방법적 가중유형(方法的 加重類型)을 별도로 규정한 것이기 때문입니다.

교 수　2인 이상 '합동하는' 경우의 현실적 위험성 증대를 고려하여 가중 처벌한다라. 공동정범의 '공동하여'의 의미와 합동범의 '합동하여'의 의미가 어떻게 다른지 알아봐야겠네요.

---

252 형법 제334조(특수강도) ② 흉기를 휴대하거나 2인 이상이 합동하여 강도죄를 범한 자는 무기 또는 5년 이상의 징역에 처한다.

253 형법 제146조(특수도주) 수용설비 또는 기구를 손괴하거나 사람에게 폭행 또는 협박을 가하거나 2인 이상이 합동하여 도주죄를 범한 자는 7년 이하의 징역에 처한다.

254 성폭력범죄의 처벌 등에 관한 특례법 제4조(특수강간 등) ① 흉기나 그 밖의 위험한 물건을 지닌 채 또는 2명 이상이 합동하여 강간죄를 범한 사람은 무기징역 또는 5년 이상의 징역에 처한다.

공동정범

학생 형법 제30조의 '**공동정범**(共同正犯)'이란 단독으로 범할 수 있는 범죄를 2인 이상의 자가 공동하여 범한 경우로 여기서 '**공동하여**'란 공동의 범행계획에 따라 각자 실행 단계에서 본질적 기능을 분담하여 이행한다는 것을 의미합니다.

교수 분담하여 이행한다. 공동정범 각자가 실행행위의 '모두'를 직접 실행할 필요는 없다?

학생 공동의 결의에 따라 실행행위의 '일부분'을 담당하였다면 '전체' 행위와 결과에 대해 책임을 진다는 것입니다.

교수 '**부분실행 전체책임**'의 원리이군요. 성립요건은 어떻게 되나요.

학생 공동정범이 성립하기 위해서는 주관적으로 '공동실행의 의사'와 객관적으로 '공동의 실행행위'가 있어야 합니다.

교수 '공동실행의 의사'란 무엇이지요.

학생 2인 이상이 공동으로 수립한 범행계획에 따라 공동으로 범죄를 실행하려는 의사를 말합니다.

교수 공동가공의 의사, 즉 '공모(共謀)'군요.

학생 공모가 없다면 단독정범이 병존하는 '**동시범**(同時犯)'에 불과할 것입니다.

교수 동시범이라.

동시범

학 생　형법 제19조, '동시(同時) 또는 이시(異時)의 독립행위가 경합한 경우에 그 결과발생의 원인된 행위가 판명되지 아니한 때에는 각 행위를 미수범으로 처벌한다'. 2인 이상이 상호간 공동범행의 결의 '없이' 동일 객체에 대해 동시 또는 이시에 각자 범죄를 실행하는, 즉 행위자 상호간 의사연락 없이 우연히 단독정범이 경합된 경우입니다.

교 수　예를 들면 두 사람이 상호 의사연락 없이 피해자를 죽이기 위해 각자 총을 쏘았는데 누가 쏜 총에 의해 사망하였는지 판명되지 아니한 경우이군요.

학 생　이때에는 공동정범과 달리 '부분실행 전부책임'의 원리가 아닌 '개별책임'의 원리가 지배하게 됩니다.

교 수　개별책임의 원리라면 누구의 총에 의한 사망인지 인과관계를 개별적으로 따져서 인과관계가 인정되는 경우라면 그 인정되는 자에게 기수범의 책임을 묻겠지만, 인과관계가 어느 것도 판명되지 않는다면 누구에 대해서도 기수범의 책임을 물을 수 없다는.

학 생　두 사람은 각자가 살인죄의 '미수범'이 됩니다.

교 수　피해자를 다치게 하려고 돌을 던진 경우에도 말인가요.

학 생　**'상해'**의 경우에는 **동시범의 특례**, 제263조가 적용됩니다. '독립행위가 경합하여 상해의 결과를 발생하게 한 경우에 있어서 원인된 행위가 판명되지 아니한 때에는 공동정범의 예에 의한다'.

교 수　공동정범이 '성립'한다?

학 생　'인과관계'를 공동정범처럼 합일적으로 판단하겠다는 의미입니다. 공동 실행의사 없는 두 사람의 동시 또는 이시의 독립행위가 경합하여 상해의 결과가 발생하였는데 그 인과관계가 밝혀지지 않았다면 두 사람의 행위와 상해의 결과 사이 모두 인과관계가 인정되는 것으로 보아 두 사람 모두를 상해죄의 '단독정범'으로 처벌할 수 있다는 것입니다.

교 수　'상해'의 결과에는 폭행치상이나 강간치상도 포함되고 말이지요.[255]

학 생　폭행치상은 포함되지만 강간치상은 포함되지 않습니다.[256] 제263조의 동시범 특례규정을 상해와 폭행죄의 특별규정으로 보기 때문입니다.

교 수　폭행치사나 상해치사의 경우에는 제263조가 적용되겠군요.

학 생　대법원[257]은 시간적 차이가 있는 독립된 상해행위나 폭행행위가 경합하여 사망의 결과가 일어나고 그 사망의 원인된 행위가 판명

---

255 **[변호사시험 기출문제]**

Q) 甲과 乙은 식당에서 큰 소리로 대화를 하던 중 옆 테이블에서 혼자 식사 중인 丙이 甲, 乙에게 "식당 전세 냈냐, 조용히 좀 합시다."라고 말하자, 甲, 乙은 丙에게 다가가 甲은 "식당에서 말도 못하냐?"라고 소리치며 丙을 밀어 넘어뜨리고, 乙은 이에 가세하여 발로 丙의 몸을 찼다. 이로 인하여 丙은 약 3주간의 치료를 요하는 상해를 입었는데, 甲, 乙 중 누구의 행위에 의하여 상해가 발생하였는지는 불분명하다. 이에 관하여 옳은 설명은?

'만일 乙이 甲과 상해에 대해 공모한 사실이 없고 발로 丙의 몸을 찬 사실, 즉 丙에게 폭행을 가한 사실 자체도 분명하지 않은 경우, 형법 제263조 동시범의 특례 규정이 적용되지 아니하여 乙은 상해죄의 죄책을 지지 아니한다.' (○)

'甲, 乙 중 누구의 행위에 의하여 상해의 결과가 발생되었는가를 불문하고 甲, 乙은 상해의 결과에 대하여 책임을 진다.' (○)

256 대법원 1984. 4. 24. 선고 84도372 판결.

257 대법원 2000. 7. 28. 선고 2000도2466 판결.

되지 않은 경우에는 공동정범의 예에 의하여 처벌할 것으로 판시하고 있습니다.[258]

교 수 두 사람이 '공모'하여 피해자에게 총을 쏘았다면 누가 쏜 총에 의해 피해자가 죽은 것인지 판명되지 않았더라도 두 사람은 살인죄의 '공동정범'이 성립한다는 거고요.

학 생 부분실행 전부책임의 원칙. '공동실행의 의사'는 개별 행위가 전체로 결합되어 실행된 행위 전체에 대한 책임인정을 가능케 하기 때문입니다.[259]

교 수 '공동실행의 의사'. 더 자세히 살펴봅시다.

공동실행의 의사

학 생 **'공동실행의 의사'**는 타인의 범행을 인식하면서도 그것을 제지하지 아니하고 용인하는 것만으로는 부족하고, 공동의 의사로 특정한 범죄행위를 하기 위해 일체가 되어 서로 다른 사람의 행위를 이용함으로써 자기의 의사를 실행에 옮기는 것을 내용

258 **[변호사시험 기출문제]**

Q) 옳은 설명인지?

'시간적 차이가 있는 독립된 상해행위나 폭행행위가 경합하여 사망의 결과가 일어나고 그 사망의 원인된 행위가 판명되지 않은 경우에는 공동정범의 예에 의하여 처벌된다.' (○)

259 **[변호사시험 기출문제]**

Q) 인과관계에 관하여 옳은 설명인지?

'공동정범 관계에 있는 여러 사람의 행위가 경합하여 하나의 결과가 발생되었으나 그 결과발생의 원인행위가 밝혀지지 아니한 경우에는 각 행위자를 미수범으로 처벌해야 한다.' (×)

으로 하여야 합니다.[260,261]

교 수　공동정범 모두에게 각자의 역할분담과 공동작용에 대한 상호 이해 즉 '의사연락'이 있어야 한다는 거군요.

학 생　'편면적(片面的) 공동정범', 다시 말해 행위자 일방만의 가공의사에 의한 공동정범 관계란 성립할 수 없습니다.[262,263]

교 수　'의사연락'이란 어떻게 인정될 수 있나요?

학 생　의사연락, 즉 '공모'란 법률상 어떠한 정형을 요구하는 것이 아닙니다. 2인 이상이 어느 범죄에 공동가공함으로써 그 범죄를 실현하려는 의사의 결합만 있으면 됩니다.

교 수　정형을 요구하지 않는다라.

학 생　비록 전체의 모의과정이 없었다고 하더라도 수인 사이에 순차적으로 또는 암묵적으로 상통하여 그 의사의 결합이 이루어지면 공모관계가 성립합니다.[264,265]

---

260 대법원 2000. 4. 7. 선고 2000도576 판결.

261 **[변호사시험 기출문제]**

Q) 옳은 설명인지?

'폭력행위 등 처벌에 관한 법률 제2조 제2항의 2인 이상이 공동하여 상해 또는 폭행의 죄를 범한 때라 함은 수인이 동일 장소에서 동일 기회에 범행을 한 경우이면 족하고, 수인 사이에 범죄에 공동 가공하여 이를 공동으로 실현하려는 의사의 결합이 있어야 하는 것은 아니다.' (×)

262 대법원 1985. 5. 14. 선고 84도2118 판결.

263 **[변호사시험 기출문제]**

Q) 공동정범에 관하여 옳은 설명인지?

'甲이 A녀를 강간하고 있을 때, 乙 스스로 甲의 강간행위에 가담할 의사로 甲이 모르는 사이에 망을 보아준 경우, 乙은 강간죄의 공동정범이 된다.' (×)

264 대법원 1999. 4. 23. 선고 99도636 판결.

265 **[변호사시험 기출문제]**

Q) 공동정범에 관하여 옳은 설명인지?

'2인 이상이 범죄에 공동가공하는 공범관계에서 비록 전체의 모의과정이 없더라도 수인 사이에

교 수 공동행위자 전원이 반드시 함께 모여 직접 모의할 것을 요하지 않고, 연쇄적, 간접적 의사연락으로도 가능하다는 거죠.

학 생 서로 면식이 있을 필요도 없습니다.

교 수 '행위시'에 의사연락이 존재한다면 반드시 '미리' 공모할 것을 요하는 것도 아니군요.

학 생 대법원은 우연히 만난 자리에서 서로 협력하여 공동의 범의를 실현하려는 의사가 암묵적으로 상통함으로써 범행에 공동가공하더라도 공동정범이 성립한다고 보았고,[266] 공범자가 공갈행위의 실행에 착수한 후 그 범행을 인식하면서 그와 공동의 범의를 가지고 그 후의 공갈행위를 계속하여 재물의 교부나 재산상 이익의 취득에 이른 때에는 공갈죄의 공동정범이 성립한다고 판시[267]한 바 있습니다.

교 수 포괄일죄나 결합범과 같이 범행행위가 가분(可分)이라면 어떨까요. 선행행위자의 일부 실행행위가 있은 후 나머지 실행행위가 종료되기 전 후행행위자가 중도 의사연락 아래 나머지 실행행위를 하는 경우라면 말이죠.

학 생 범행의 실행행위 종료 전까지 공동정범의 주관적 요건인 공동가공의 의사가 있으니 후행자에 대해 그 가담 '이전'의 행위까지 합친 '전체' 행위에 대하여 형사책임을 물을 수 있느냐.

순차적으로 또는 암묵적으로 상통하여 의사의 결합이 이루어지면 공모관계가 성립한다.' (O)

266 대법원 1984. 12. 26. 선고 82도1373 판결.

267 대법원 1997. 2. 14. 선고 96도1959 판결.

교 수 그렇죠, 후행자가 선행행위를 '승계'하여 범행 '전체'에 대해 공동정범으로서 책임을 지는 것 아닌가 하는, **승계적**(承繼的) **공동정범**의 문제라고 하지요.

승계적 공동정범

학 생 후행자가 선행자의 행위를 인식하고 그를 이용하여 중간에 개입하였다는 것만으로 그 개입 이전에 선행자가 단독으로 행한 부분에 대한 후행자의 공동가공의 의사가 있었다고 볼 수 없고 또한 객관적 요건인 선행행위에 대한 공동의 실행행위도 인정하기 곤란하다 할 것입니다. 대법원[268]은 연속된 히로뽕 제조행위 도중에 공동정범으로 범행에 가담한 자는 비록 그가 그 범행에 가담할 때에 이미 이루어진 종전의 범행을 '알았다 하더라도' 그 가담 이후의 범행에 대하여만 공동정범으로 책임을 지는 것이라고 할 것이니, 비록 선행 행위자의 제조행위 전체가 포괄하여 하나의 죄가 된다 할지라도 후행 행위자에게 그 가담 이전의 제조행위에 대하여까지 유죄를 인정할 수 없다고 판시한 바 있습니다.[269]

268 대법원 1982. 6. 8. 선고 82도884 판결.

269 **[변호사시험 기출문제]**

Q) 공동정범에 관하여 옳은 설명인지?

'포괄일죄의 범행 도중에 공동정범으로 범행에 가담한 자는 비록 그가 그 범행에 가담할 때에 이미 이루어진 종전의 범행을 알았다 하더라도 그 가담 이후의 범행에 대하여만 공동정범의 책임을 진다.' (O)

교 수 포괄일죄 사안이군요. 결합범에 대해서는 어떤가요?

학 생 대법원[270]은 특정범죄 가중처벌 등에 관한 법률 제5조의2 제2항 제1호 소정의 죄는 형법 제287조의 미성년자 약취, 유인행위와 약취 또는 유인한 미성년자의 부모 기타 그 미성년자의 안전을 염려하는 자의 우려를 이용하여 재물이나 재산상의 이익을 취득하거나 그것을 요구하는 행위가 결합된 단순일죄의 범죄라고 봄이 상당하므로, 비록 타인이 미성년자를 약취, 유인한 행위에는 가담한 바 없다 하더라도 사후에 그 사실을 알면서 약취, 유인한 미성년자의 부모 기타 그 미성년자의 안전을 염려하는 자의 우려를 이용하여 재물이나 재산상의 이익을 취득하거나 요구하는 타인의 행위에 가담하여 방조한 때에는 단순히 '재물 등 요구행위'의 종범이 되는데 그치는 것이 아니라 종합범인 '특정범죄 가중처벌 등에 관한 법률 제5조의2 제2항 제1호 위반죄'의 종범이 된다고 판시하였습니다.

교 수 '전체' 범죄의 '종범'이 된다.

학 생 결합범인 동시에 '단순일죄'라고 보았기 때문인 듯 합니다.

교 수 정범이 아니라 '종범', 즉 방조이기 때문인 것도 있겠지요. 어쨌든 두 판례의 결론은 잘 비교해서 알아두어야 할 것입니다.

270 대법원 1982. 11. 23. 선고 82도2024 판결.

과실범의 공동정범

교 수 '과실(過失)'을 공동으로 실행하겠다는 의사도 가능할까요. '**과실범**(過失犯)**의 공동정범**'도 인정되는지 말이죠.

학 생 대법원[271]은 형법 제30조의 공동하여 죄를 범한 때의 '죄'는 고의범인지 과실범인지를 불문하는 것이라고 판시한 바 있습니다.

교 수 공동실행의 의사가 반드시 고의를 공동으로 가질 의사임을 필요로 하지 않는다?

학 생 고의행위이고 과실행위이고 간에 그 '**행위**'를 공동으로 할 의사이면 족하다고 합니다.[272] 대법원은 삼풍백화점 붕괴의 원인이 건축계획의 수립, 건축설계, 건축공사공정, 건물완공 후의 유지관리 등에 있어서의 과실이 복합적으로 작용한 데에 있으므로 각 단계별 관련자들은 업무상과실치사상죄의 공동정범이 된다고 판시[273]한 바 있습니다. 또한 성수대교 붕괴 사건에서는 피고인들의 트러스 제작상 시공 및 감독의 과실과 감독 공무원들의 감독상 과실이 합쳐져 붕괴사고의 한 원인이 되었고 피고인들에게는 성수대교가 안전하게 건축되도록 한다는 공동의 목표와 의사연락이 있었다고 보아야 할 것이므로, 피고인들 사

---

271 대법원 1962. 3. 29. 선고 4294형상598 판결.

272 **[변호사시험 기출문제]**

Q) 옳은 설명인지?

'형법 제30조의 공동하여 죄를 범한 때의 죄는 고의범이건 과실범이건 불문한다고 해석하여야 할 것이므로, 2인 이상이 서로의 의사연락 아래 어떠한 과실행위를 하여 범죄결과가 발생한 경우 과실범의 공동정범이 성립한다.' (O)

273 대법원 1996. 8. 23. 선고 96도1231 판결.

이에는 업무상과실치사상 등 죄에 대하여 형법 제30조 소정의 공동정범의 관계가 성립한다고 판시[274]하였습니다.

교 수　하지만 공동정범의 본질은 공동의 범행계획에 따라 각자 실행의 단계에서 본질적 기능을 분담하여 이행한다는, 이른바 '**기능적 행위지배**(機能的 行爲支配)'에 있지 않던가요.

학 생　그래서 기능적 행위지배가 없는 이상 과실범의 공동정범을 인정할 수 없다는 반대론도 만만치 않습니다. 하지만 과실범의 동시범 문제로 다루게 된다면 인과관계가 불명인 경우 미수로 처벌될 것인데,

교 수　과실범은 미수범 처벌규정이 없지요.

학 생　무죄가 됩니다. 이에 형사처벌의 흠결을 피하려 하였다는 점에서 대법원의 입장도 어느 정도 수긍은 됩니다.

교 수　자, 공동정범의 '객관적' 성립요건으로 넘어가 봅시다.

공동의 실행행위

학 생　'**공동의 실행행위**'입니다. 전체적인 공동의 범행계획을 실현하기 위하여 공동참가자들이 '분업적 공동작업 원리'에 따라 상호 간의 역할을 분담하여 각각 실행단계에서 본질적 기능을 수행하는, '공동의 가공행위'라고도 합니다.

274 대법원 1997. 11. 28. 선고 97도1740 판결.

교 수　'본질적 기능'이라 함은 전체계획에 의해 결과를 실현하는 데 '불가결'한 요건이 되는 것이겠군요.

학 생　불가결하다면 구성요건 외의 행위라도 공동의 실행행위로 인정될 수 있습니다. 대법원[275]은 피고인이 공범들과 함께 강도범행을 저지른 후 공범들이 피해자의 신고를 막기 위하여 묶여있는 피해자를 옆방으로 끌고 가 강간범행을 할 때에 피고인은 자녀들을 감시하고 있었다면, 공범들의 강도강간범죄에 공동가공한 것이라 할 것이므로 비록 피고인이 직접 강간행위를 하지 않았다 하더라도 강도강간의 공동죄책을 면할 수 없다고 보았습니다.

교 수　공동가공의 방법 역시 일정한 정형이 요구되는 것은 아니군요.

학 생　작위나 부작위를 불문합니다. 반드시 신체적 행위분담에 제한되는 것도 아니고요.

교 수　정신적 역할분담도 가능하다는 건가요.

학 생　2인 이상의 자가 범죄를 공모하여 그 공모자 중 일부만이 범죄의 실행행위에 나아간 경우 실행행위를 담당하지 않은 공모자에게도 공동정범이 성립할 수 있습니다.

교 수　그것을 '**공모**(共謀) **공동정범**'이라 하지요.

---

275 대법원 1986. 1. 21. 선고 85도2411 판결.

공모공동정범

학 생 대법원[276]은 '공모공동정범'은 공동범행의 인식으로 범죄를 실행하는 것으로 '공동의사주체'로서 집단전체의 하나의 범죄행위 실행이 있음으로써 성립하고 공모자 모두가 그 실행행위를 분담하여 실행할 필요가 없다며, 공모에 의하여 수인간에 '공동의사주체'가 형성되어 범죄의 실행행위가 있으면 실행행위를 분담하지 않았다고 하더라도 '공동의사주체'로서 정범의 죄책을 면할 수 없다고 판시하고 있습니다.

교 수 이른바 **공동의사주체설**(共同意思主體說)이지요. 공모에 의해 '공동의사주체'가 형성되면 실행행위를 분담하지 않더라도 공동정범으로서 책임을 진다는.

학 생 또한 대법원[277]은 공모공동정범이 성립되려면 두 사람 이상이 공동의 의사로 특정한 범죄행위를 하기 위해 일체가 되어 서로가 다른 사람의 행위를 이용하여 각자 자기의 의사를 실행에 옮기는 것을 내용으로 하는 모의를 하여 그에 따라 범죄를 실행한 사실이 인정되어야 하는 것이고 그 공모에 참여한 사실이 인정되는 이상 직접 실행행위에 관여하지 않았더라도 다른 사람의 행위를 '자기 의사의 수단'으로 하여 범죄를 하였다는 점에서 자기가 직접 실행행위를 분담한 경우와 형사책임의 성립에 차이를 둘 이유가 없다고 판시하기도 하였습니다.

276 대법원 1983. 3. 8. 선고 82도3248 판결.

277 대법원 1988. 4. 12. 선고 87도2368 판결.

교 수 실행행위자를 도구로 이용하여 자기 범죄의 의사를 실현한다는 점에서 간접정범[278]과 유사하다는 **간접정범유사설**(間接正犯類似說)이군요.

학 생 최근 대법원[279]은 형법 제30조의 공동정범은 공동가공의 의사와 그 공동의사에 기한 '**기능적 행위지배**'를 통한 범죄 실행이라는 주관적, 객관적 요건을 충족함으로써 성립하는바 공모자 중 일부가 구성요건 행위 중 일부를 직접 분담하여 실행하지 않은 경우라 할지라도 전체 범죄에 있어서 그가 차지하는 지위, 역할이나 범죄 경과에 대한 지배 내지 장악력 등을 종합해 볼 때 단순한 공모자에 그치는 것이 아니라 범죄에 대한 본질적 기여를 통한 '기능적 행위지배'가 존재하는 것으로 인정된다면 이른바 공모공동정범으로서의 죄책을 면할 수 없다고 판시하고 있습니다.[280]

278 형법 제34조(간접정범 등) ① 어느 행위로 인하여 처벌되지 아니하는 자 또는 과실범으로 처벌되는 자를 교사 또는 방조하여 범죄행위의 결과를 발생하게 한 자는 교사 또는 방조의 예에 의하여 처벌한다.

279 대법원 2007. 4. 26. 선고 2007도428 판결.

280 **[변호사시험 기출문제]**

Q) 옳은 설명인지?

'공모공동정범의 경우 제반 상황에 비추어 공모자들이 범행 도중에 부수적인 다른 범죄가 파생되리라고 예상하거나 충분히 예상할 수 있는데도 이를 방지하기 위한 합리적인 조치를 취하지 아니하여 예상되던 범행들이 발생하였다면, 그 파생적인 범행에 대하여 개별적인 의사의 연락이 없었다고 하더라도 당초의 공모자들 사이에 그 범행 전부에 대하여 암묵적인 공모는 물론 그에 대한 기능적 행위지배가 인정된다.' (○)

Q) 외국인 해적들인 甲, 乙, 丙, 丁은 총기를 소지한 채 해군을 살해하기로 공모하고 甲, 乙, 丙은 해군의 보트를 향해서 일제히 조준사격을 하여 해군 3인이 총상을 입었다. 이 때 소총을 소지한 丁은 역할 분담에 따라 통신실에서 통신장비를 감시하고 있었기 때문에 외부의 총격전에는 가담하지 않았다. 이에 관하여 옳은 설명인지?

교 수 단순공모자와 기능적 행위지배자를 구분하여 범죄에 대한 본질적 기여를 통해 기능적 행위지배를 한 자에게는 공동정범의 죄책을 지운다.

학 생 '**기능적행위지배설**'입니다.

교 수 어떤 이론에 의하든 공모공동정범의 성립 자체는 인정된다는 거네요.

학 생 다만 최근 대법원 태도가 기능적 행위지배라는 공동정범의 본질과 더 부합하는 판시로 보이긴 합니다.

교 수 그럼 공모만 하고 실행행위를 하지 않은 자가 다른 공모자의 실행행위 착수 전에 그 공모관계에서 이탈한다면 어떨까요. 이탈자는 이탈 이후 다른 공모자의 행위에 대해서도 공동정범으로서 책임을 질까요?

학 생 이탈로 인하여 공모관계가 소멸되는 것이 아닌가 하는.

교 수 네, '**공모관계의 이탈**(離脫)' 문제입니다.

공모관계의 이탈

학 생 공동의사주체설에 의한다면 공모관계의 이탈로 인하여 공동의사의 주체가 깨어지므로 이탈 이후의 실행행위에 대해서는 공동정범으로 책임을 지지 않는다고 볼 것입니다. 대법원[281]은 살해모의에는 가담하였으나 공범들이 피해자의 팔, 다리를 묶어

'해군 3인에게 총상을 입힌 행위에 대하여 丁은 해상강도살인미수죄의 공동정범이 인정된다.'(O)

281 대법원 1986. 1. 21. 선고 85도2371 판결.

저수지 안으로 던지는 살인행위의 실행행위에 이르기 전에 그 공모관계에서 이탈한 피고인으로서는 공모관계에서 이탈한 이후의 다른 공모자의 행위에 대하여는 공동정범으로서의 책임을 지지 않는다고 판시한 바 있습니다.

교수 최근 대법원의 태도는 어떤가요.

학생 대법원[282]은 공모공동정범에 있어서 공모자 중의 1인이 다른 공모자가 실행행위에 이르기 전에 그 공모관계에서 이탈한 때에는 그 이후의 다른 공모자의 행위에 관하여는 공동정범으로서의 책임은 지지 않는다 할 것이나, 공모관계에서의 이탈은 공모자가 공모에 의하여 담당한 '기능적 행위지배'를 해소하는 것이 필요하므로 공모자가 공모에 '주도적'으로 참여하여 다른 공모자의 실행에 영향을 미친 때에는 범행을 저지하기 위하여 적극적으로 노력하는 등 실행에 미친 영향력을 제거하지 아니하는 한 공모관계에서 이탈되었다고 할 수 없다고 판시하고 있습니다.

교수 다른 3명의 공모자들과 강도 모의를 하면서 삽을 들고 사람을 때리는 시늉을 하는 등 그 모의를 주도한 피고인이 함께 범행대상을 물색하다가 다른 공모자들이 강도의 대상을 지목하고 뒤쫓아 가자, 단지 "어?"라고만 하고 비대한 체격 때문에 뒤따라가지 못한 채 범행현장에서 200m 정도 떨어진 곳에 앉아 있었으나 공모자들이 피해자를 쫓아가 결국 강도상해의 범행을 한 사안이지요.

---

282 대법원 2008. 4. 10. 선고 2008도1274 판결.

학 생 범행 모의를 주도한 피고인은 다른 공모자들이 강도상해죄의 실행에 착수하기까지 범행을 만류하는 등으로 그 모의한 범행 행위를 저지한 바 없으므로 여전히 그 공모관계에 있다 할 것이고, 따라서 다른 공모자들의 강도상해죄에 대하여 공동정범으로서 죄책을 진다는 것입니다. 즉 단순공모자라면 이탈의 의사표시만으로 그 이후 행위에 대한 공동정범의 책임으로부터 벗어날 수 있겠지만, 기능적 행위지배를 하였다고 인정되는 공모자라면 기능적 행위지배를 해소하여야 공모관계에서 이탈할 수 있고 또한 그 이후 행위에 대한 공동정범 책임으로부터 벗어날 수 있습니다.[283]

---

283 **[변호사시험 기출문제]**

Q) 공동정범에 관하여 옳은 설명은?

'공모공동정범에서 공모관계로부터의 이탈은 공모자가 공모에 의하여 담당한 기능적 행위지배를 해소하는 것이 필요하므로, 공모자가 공모에 주도적으로 참여하여 다른 공모자의 실행에 영향을 미친 때에는 범행을 저지하기 위하여 적극적으로 노력하는 등 실행에 미친 영향력을 제거하지 않는 한 공모관계로부터 이탈하였다고 할 수 없다.' (O)

'甲이 주도하여 乙, 丙과 절도를 하기로 공모한 후, 甲과 乙이 실행행위에 이르기 전에 망을 보기로 한 丙이 공모관계에서 이탈한 경우, 그 이후의 甲과 乙의 절취행위에 대하여 丙은 공동정범으로서의 책임을 지지 아니하고 그 이탈의 표시는 명시적일 필요는 없다.' (O)

'甲이 부녀를 유인하여 성매매를 통해 수익을 얻을 것을 乙과 공모한 후, 乙로 하여금 유인된 A녀(16세)의 성매매 홍보용 나체사진을 찍도록 하고, A가 중도에 약속을 어길 경우 민 · 형사상 책임을 진다는 각서를 작성하도록 하였지만, 자신이 별건으로 체포되어 구치소에 수감 중인 동안 A가 乙의 관리 아래 성매수의 대가로 받은 돈을 A, 乙 및 甲의 처 등이 나누어 사용한 경우라도 甲에게는 공모관계에서의 이탈이 인정된다.' (×)

Q) 甲은 2010. 7. 6. 23:00경 강도의 고의를 가지고 가스총을 주머니에 넣은 채 좁은 골목길이 복잡하게 얽혀 있는 동네 길목에서 '표적'을 기다리다가 귀가 중인 피해자에게 다가가 가스총으로 겁을 주어 현금 20만원과 목걸이 및 반지를 빼앗았다. 일주일 후 甲은 양심의 가책을 느끼고 경찰서에 출석하여 위 범죄사실을 자수하였다. 甲은 특수강도죄로 기소된 후 제1심 공판절차에서도 일관되게 자백하였다. 이에 관하여 옳은 설명인지?

교수 사실 기능적 행위지배설에 따른다면 기능적 행위지배가 없는 단순공모자는 처음부터 공동정범이 아닌 거죠. 하지만 그렇다고 무죄로 단정할 수는 없습니다. '예비죄'나 '음모죄'가 성립하는 건 아닌지 검토하여야 하지요. 예를 들어 방금 전 본 '저수지 사례'에서 피고인은 살인죄의 공동정범이 아니라는 것에서 검토를 그칠 것이 아니라, 살인의 예비죄나 음모죄가 되는 것은 아닌지 검토하여야 합니다.

예비 · 음모죄

학생 네, 살인죄[284]와 강도죄[285]는 예비와 음모행위를 처벌하는 대표적 범죄입니다.

교수 강간죄[286] 역시 예비, 음모죄를 처벌하는 규정이 신설되었지요.

'만약 甲의 주도하에 甲과 乙이 사전에 범행을 모의하고 범행 당일 23:00경 범행 장소에서 만나기로 하였는데 乙이 마음을 바꾸어 약속장소에 나타나지 않아 甲이 혼자서 위 사례와 같은 범행을 한 것이라면, 乙에게도 특수강도죄의 공동정범이 성립한다.' (×)

Q) 甲은 乙, 丙과 함께 지나가는 행인을 대상으로 강도를 하기로 모의한 뒤(甲은 모의과정에서 모의를 주도하였다), 함께 범행대상을 물색하다가 乙, 丙이 행인 A를 강도 대상으로 지목하고 뒤쫓아 가자 甲은 단지 "어?"라고만 하고 비대한 체격 때문에 뒤따라가지 못한 채 범행현장에서 200m 정도 떨어진 곳에 앉아 있었다. 乙, 丙은 A를 쫓아가 A를 폭행하고 지갑과 현금 30만원을 빼앗았다. 이에 관하여 옳은 설명인지?

'甲은 강도죄의 공모관계에서 이탈하였다고 볼 수 없으므로 특수강도죄의 공동정범의 죄책을 진다.' (○)

284 형법 제255조(예비, 음모) 살인죄를 범할 목적으로 예비 또는 음모한 자는 10년 이하의 징역에 처한다.

285 형법 제343조(예비, 음모) 강도할 목적으로 예비 또는 음모한 자는 7년 이하의 징역에 처한다.

286 형법 제305조의3(예비, 음모) 강간죄, 유사강간죄, 준강간죄, 강간 등 상해죄, 미성년자에 대한 간음, 추행죄를 범할 목적으로 예비 또는 음모한 사람은 3년 이하의 징역에 처한다.

살인죄, 강도죄, 그리고 강간죄의 경우에는 항상 예비, 음모죄를 염두에 두어야 할 것입니다.

예비, 음모란 무엇인가요.

학 생　'**예비**(豫備)'란 특정 범죄를 실현할 목적으로 행해지는 '외부적 준비행위'를 말하고, '**음모**(陰謀)'는 예비에 선행하는 범죄발전의 일단계로 2인 이상이 특정한 범죄를 실행할 목적으로 '모의'하는 것을 말합니다.[287]

교 수　예비, 음모죄는 기본범죄를 범할 목적으로 행해지는 목적범이며, 예비, 음모의 행위는 실행의 착수에 이르지 않아야 한다는 거죠.

학 생　실행의 착수로 넘어가면 미수에, 기수까지 실현되면 기수에 흡수됩니다. 법조경합 중 보충관계이지요.

교 수　살인행위의 단순공모자가 다른 공모자의 실행행위 착수 '전'에 이탈하여 살인예비죄의 죄책을 지는 경우, 그 이탈을 예비행위의 '중지'로 보아 그 중지에 '자의성'이 있다면 형을 필요적으로 감면할 수 있을까요?

학 생　실행의 착수 '후' 자의로 실행행위를 중지한 경우의 '중지미수'와 같이 형의 '필요적 감면'이 가능한가 하는.

---

287 **[변호사시험 기출문제]**

Q) 옳은 설명인지?

'살인예비죄가 성립하기 위해서는 살인죄의 실현을 위한 준비행위가 있어야 하는데, 여기서 준비행위는 반드시 객관적으로 보아 살인죄의 실현에 실질적으로 기여할 수 있는 외적 행위임을 요하지 아니하고 단순히 범행의 의사 또는 계획만으로 족한다.' (×)

교 수　그렇죠, '예비죄의 중지'를 인정할 수 있느냐의 문제입니다.

학 생　대법원[288]은 중지범은 범죄의 실행에 '착수'한 후 자의로 그 행위를 중지한 때를 말하는 것이고 실행의 착수가 있기 '전'에 예비, 음모의 행위를 처벌하는 경우에 있어서는 중지범의 관념을 인정할 수 없다고 판시하였습니다.[289]

교 수　중지범에 관한 형의 필요적 감면은 실행의 착수 후인 미수죄의 경우에만 인정하고 실행의 착수 전인 예비죄의 경우에는 인정할 수 없다는 거죠.

학 생　여전히 예비죄일 뿐입니다.

교 수　해당 죄의 예비, 음모행위를 처벌하는 규정이 없다면요. 그때는 정말 무죄일까요?

학 생　음…

---

288 대법원 1991. 6. 25. 선고 91도436 판결.

289 **[변호사시험 기출문제]**

Q) 예비에 관하여 옳은 설명인지?

'중지범은 범죄 실행의 착수 이후의 개념이므로 예비 · 음모죄에 대하여는 중지범을 인정할 수 없다.' (○)

Q) 甲은 2010. 7. 6. 23:00경 강도의 고의를 가지고 가스총을 주머니에 넣은 채 좁은 골목길이 복잡하게 얽혀 있는 동네 길목에서 '표적'을 기다리다가 귀가 중인 피해자에게 다가가 가스총으로 겁을 주어 현금 20만원과 목걸이 및 반지를 빼앗았다. 일주일 후 甲은 양심의 가책을 느끼고 경찰서에 출석하여 위 범죄사실을 자수하였다. 甲은 특수강도죄로 기소된 후 제1심 공판절차에서도 일관되게 자백하였다. 이에 관하여 옳은 설명인지?

'만약 甲이 동네 길목에서 기다리다가 양심의 가책을 받아 범행을 포기하였더라도 甲에게는 형법 제26조(중지범)가 적용될 수 없다.' (○)

교사범 · 종범 (1/2)

교 수 '정범(正犯)' 성립여부 검토에 그치지 않고 '협의의 공범(共犯)'이 성립하는 것은 아닌지 검토하여야 합니다.

학 생 '교사범'이나 '종범'이 성립하는 것은 아닌지.

교 수 그렇죠, **교사범**[290]은 타인을 교사(教唆)하여 범죄를 범할 의사가 '없는' 자에게 범죄실행의 '결의'를 가지게 하고 그 결의에 의해 범죄를 실행케 하는 경우 성립하지요.

학 생 대법원[291]은 교사범이란 정범인 피교사자로 하여금 범죄를 결의하게 하여 그 죄를 범하게 한 때에 성립하는 것이고 교사범을 처벌하는 이유는 교사범이 피교사자로 하여금 범죄 실행을 결의하게 하였다는 데에 있다고 하였습니다.

교 수 따라서 교사범이 그 공범 관계로부터 이탈하기 위해서는 피교사자가 범죄의 실행행위에 나아가기 전에 교사범에 의하여 형성된 피교사자의 범죄 실행의 결의를 해소하는 것이 필요하고, 이때 교사범이 피교사자에게 교사행위를 철회한다는 의사를 표시하고 이에 피교사자도 그 의사에 따르기로 하거나 또는 교사범이 명시적으로 교사행위를 철회함과 아울러 피교사자의 범죄 실행을 방지하기 위한 진지한 노력을 다하여 당초 피교사자가 범죄를 결의하게 된 사정을 제거하는 등 제반 사정에 비추어

290 형법 제31조(교사범) ① 타인을 교사하여 죄를 범하게 한 자는 죄를 실행한 자와 동일한 형으로 처벌한다.

291 대법원 2012. 11. 15. 선고 2012도7407 판결.

객관적, 실질적으로 보아 교사범에게 교사의 고의가 계속 존재한다고 보기 어렵고 당초의 교사행위에 의하여 형성된 피교사자의 범죄 실행의 결의가 더 이상 유지되지 않는 것으로 평가될 수 있다면, 설사 그 후 피교사자가 범죄를 저지르더라도 그것은 당초의 교사행위에 의한 것이 아니라 새로운 범죄 실행의 결의에 따른 것이므로 교사자는 형법 제31조 제1항에 의한 교사범으로서의 죄책을 부담하지 않는다는 것이지요.[292]

학 생 '**교사의 이탈**'도 가능하다라.

학 생 이탈자가 '이미' 범행결의를 가진 다른 공모자들의 범행결의를 강화하거나 그들의 범죄 실행행위를 용이하게 한 경우라면,

교 수 즉 방조(幇助)한 것이라면,

학 생 **종범**[293]이 성립될 수도 있겠군요. 방조의 수단과 방법에는 제한이 없으니.

교 수 실행행위의 착수 '전'에도 방조가 가능하지요. 대법원[294]은 종범이란 정범의 실행행위 '중'에 그를 방조하는 경우는 물론이고, 실행의 착수 '전'에 장래의 실행행위를 예상하고 그를 용이하게 하는 행위를 하여 방조한 경우에도 '정범이 그 실행행위에 나아갔다면' 성립한다고 판시하고 있습니다.[295]

292 대법원 2012. 11. 15. 선고 2012도7407 판결.

293 형법 제32조(종범) ① 타인의 범죄를 방조한 자는 종범으로 처벌한다.
② 종범의 형은 정범의 형보다 감경한다.

294 대법원 1997. 4. 17. 선고 96도3377 판결.

295 **[변호사시험 기출문제]**

학 생 방조행위와 범행의 실행행위 사이 인과성(因果性)을 완전히 제거한다면 '방조의 이탈'도 가능할 것이고요.

교 수 어느새 교사, 방조까지 왔군요.

자, 공동정범의 '공동하여'의 의미는 어느 정도 파악이 된 것 같은데. 이제 이 의미를 전제로 합동범의 '합동하여'의 의미를 파악하면 될까요.

합동범

학 생 '공동'과 '합동'의 각 의미의 관계를 중심으로 살펴보면,

교 수 다양한 의견들이 있겠군요.

학 생 합동은 공동보다 '넓은' 개념으로, 합동범의 규정은 집단범죄의

Q) 방조범에 관하여 옳은 설명은?

'정범이 실행에 착수하기 전에 방조한 경우에는 그 이후 정범이 실행에 착수하였더라도 방조범이 성립할 수 없다.' (×)

'정범의 강도예비행위를 방조하였으나 정범이 실행의 착수에 이르지 못한 경우 방조자는 강도예비죄의 종범에 해당한다.' (×)

'종범은 정범의 실행행위 중에 이를 방조하는 경우뿐만 아니라, 정범이 실행행위에 나아갔다면 실행의 착수 전에 장래의 실행행위를 예상하고 이를 용이하게 한 경우에도 종범이 성립한다.' (○)

Q) 예비죄에 관하여 옳은 설명은?

'정범의 범죄를 방조하려는 자가 예비단계에서의 방조에 그친 경우, 정범이 실행에 착수하였더라도 방조자를 처벌할 수 없다.' (×)

'정범이 예비죄로 처벌되는 경우에는 예비죄의 방조가 성립될 수 있다.' (×)

수괴나 배후 인물을 처벌하기 위한 것이니 합동범에는 공동정범과 공모공동정범이 포함된다는 '공모(共謀) 공동정범설'이 있고, 합동과 공동은 '동일'한 개념으로 합동범은 공동정범, 공모공동정범과 그 본질이 같지만 집단범죄에 대한 대책상 특별히 형을 가중한 것이라는 '가중적(加重的) 공동정범설'이 있으며,

합동을 공동보다 '좁은' 개념으로 파악하여 현장에서 기능적 역할분담을 한 사람만 합동범이라고 취급하는 '현장적(現場的) 공동정범설' 등이 있는데,

교 수　대법원은 태도는 어떤가요.

학 생　대법원[296]은 형법 제331조 제2항 후단의 2인 이상이 합동하여 타인의 재물을 절취한 경우의 특수절도죄가 성립하기 위해서는 주관적 요건으로서의 공모나 객관적 요건으로서의 실행행위의 분담이 있어야 하고 그에 더하여 실행행위에 있어서 '시간적으로나 장소적으로 협동관계'에 있음을 요한다며,

피고인이 피해자의 형과 범행을 모의하고 피해자의 형이 피해자의 집에서 절취행위를 하는 동안 피고인은 그 집 안의 가까운 곳에 대기하고 있다가 절취품을 가지고 같이 나왔다면, 시간적, 장소적으로 협동관계가 있었으므로 피고인 역시 특수절도죄의 정범이라고 판시하였습니다.[297]

---

296 대법원 1996. 3. 22. 선고 96도313 판결.

297 **[변호사시험 기출문제]**

Q) 甲은 乙, 丙과 함께 지나가는 행인을 대상으로 강도를 하기로 모의한 뒤(甲은 모의과정에서 모의를 주도하였다), 함께 범행대상을 물색하다가 乙, 丙이 행인 A를 강도 대상으로 지목하고 뒤쫓아 가자 甲은 단지 "어?"라고만 하고 비대한 체격 때문에 뒤따라가지 못한 채 범행현장에서

교 수 '합동'이란 '공동'보다 좁은 개념으로 다수인의 **'시간적, 장소적 협동'**을 의미한다라. '현장설(現場說)'의 태도군요.

乙과 丙은 현금 절취에 대한 공동실행의 의사와 공동의 실행행위로 ○○마트 편의점에서 시간적, 장소적으로 협동하였지요.

학 생 네, 절도죄의 공동정범이 아니라 각자가 특수절도죄의 기수범입니다.

교 수 아직 의문이 남는군요. 甲 말입니다. 甲은 乙, 丙과 시간적, 장소적으로 협동하지 않았지요.

합동범의 공동정범

학 생 甲은 乙과 丙이 편의점에서 현금을 인출하는 동안 주점 내에서 丁을 붙잡아 두며 감시하고 있었습니다.

교 수 즉 '합동'이라는 정범성의 표지(標識)가 없지요. 특수절도죄의 단독정범은 물론 공동정범도 될 수 없는.

200m 정도 떨어진 곳에 앉아 있었다. 乙, 丙은 A를 쫓아가 A를 폭행하고 지갑과 현금 30만원을 빼앗았다. 이에 관하여 옳은 설명인지?

'乙과 丙은 2인 이상이 합동하여 범행한 경우로서 특수강도죄의 죄책을 진다.' (○)

Q) 검사는 특수(합동)절도를 범한 甲과 乙에 대하여 공소를 제기하였다. 이에 관하여 옳은 설명인지?

'甲의 변호인이 "합동범이 성립하기 위하여는 주관적 요건으로서의 공모와 객관적 요건으로서의 실행행위의 분담이 있어야 하고, 그 실행행위에 있어서는 시간적으로나 장소적으로 협동관계가 있음을 요한다."라고 주장하는 경우, 이 주장은 판례의 입장과 부합한다.' (○)

Q) 옳은 설명인지?

'합동범은 주관적 요건으로서 공모 외에 객관적 요건으로서 현장에서의 실행행위의 분담을 요하나, 이 실행행위의 분담은 반드시 동시에 동일 장소에서 실행행위를 특정하여 분담하는 것만을 뜻하는 것이 아니라 시간적으로나 장소적으로 서로 협동관계에 있다고 볼 수 있으면 충분하다.' (○)

학 생 甲은 乙, 丙과 함께 현금 인출에 대해 공모하였고 그 주어진 역할분담에 따라 丁을 감시하였습니다. 즉 특수절도 행위에 대한 기능적 행위지배가 인정됩니다.

교 수 시간적, 장소적으로 협동하지 않은 甲을 특수절도죄의 공동정범으로 처벌할 수 있다?

학 생 대법원[298]은 '3인 이상'의 범인이 합동절도의 범행을 공모한 후 '적어도 2인 이상'의 범인이 범행 현장에서 '시간적, 장소적으로 협동관계'를 이루어 절도의 실행행위를 분담하여 절도 범행을 한 경우에는, 공동정범의 일반 이론에 비추어 그 공모에는 참여하였으나 현장에서 절도의 실행행위를 직접 분담하지 아니한 다른 범인에 대하여도 그가 현장에서 절도 범행을 실행한 그 2인 이상 범인의 행위를 자기 의사의 수단으로 하여 합동절도의 범행을 하였다고 평가할 수 있는 정범성의 표지를 갖추고 있다고 보여지는 한, 그 다른 범인에 대하여 합동절도의 공동정범의 성립을 부정할 이유가 없다고 판시하고 있습니다.[299]

---

298 대법원 1998. 5. 21. 선고 98도321 판결.

299 **[변호사시험 기출문제]**

Q) 甲의 주도하에 甲, 乙, 丙은 절도를 공모하고 2010. 7. 8. 23:00경 乙은 A의 집에 들어가 A 소유의 다이아몬드 반지 1개를 가지고 나오고, 丙은 A의 집 문앞에서 망을 보았다는 공소사실로 기소되었다. 법원의 심리결과 공소사실은 모두 사실로 밝혀졌고, 다만 甲은 자신의 집에서 전화로 지시를 하였을 뿐 30km 떨어져 있는 A의 집에는 가지 않았음이 확인되었다. 이에 관하여 옳은 설명인지?

'甲에 대해서는 특수절도죄의 공동정범이 성립한다.' (○)

Q) 공동정범에 관하여 옳은 설명인지?

'乙, 丙과 A회사의 사무실 금고에서 현금을 절취할 것을 공모한 甲이 乙과 丙에게 범행도구를 구입하여 제공해 주었을 뿐만 아니라 乙과 丙이 사무실에서 현금을 절취하는 동안 범행장소가 보이지 않는 멀리 떨어진 곳에서 기다렸다가 절취한 현금을 운반한 경우, 甲은 乙, 丙의 합동절도의 공동정범의 죄책을 진다.' (○)

교 수 공동정범의 본질이 기능적 행위지배에 있는 이상 공동정범으로서의 표지, 즉 기능적 행위지배가 인정되면 합동범에 대해서도 공동정범이 인정되지 아니할 이유가 없다는 거지요.

학 생 甲은 乙, 丙과 함께 특수절도죄의 공동정범으로서 죄책을 집니다.

교 수 두 번째 사안도 어느 정도 정리가 된 것 같군요. 甲은 신용카드에 대한 강도죄와 현금에 대한 특수절도죄의 공동정범으로 두 죄는 실체적 경합관계에 있고,

학 생 乙과 丙은 현금에 대한 절도죄의 공동정범이 아닌 각 특수절도죄.

교 수 고생했네요. 마지막 시간 때 봅시다.

학 생 감사합니다!

Q) 甲, 乙, 丙, 丁은 절도를 하기로 모의하였다. 빈집털이 경험이 풍부한 甲은 乙, 丙, 丁에게 빈집털이와 관련하여 범행대상, 물색방법, 범행시 유의사항 등을 자세히 설명하였다. 乙, 丙, 丁은 A의 집을 범행대상으로 정하고, 당일 14시 30분경 丙과 丁이 A의 집 문을 열고 침입하여 현금 800만원을 절취하였다. 丙과 丁이 A의 집 안으로 들어간 직후 밖에서 망을 보기로 한 乙은 갑자기 후회가 되어 현장을 이탈하였다. 검사 P는 丙과 丁을 특수절도죄, 甲을 특수절도죄에 대한 공동정범으로 기소하였다. 이 경우 옳은 설명인지?

'특수절도죄의 성립과 관련하여 검사 P가 범행현장에 없었던 甲을 특수절도죄의 공동정범으로 인정한 것은 대법원의 태도에 부합한다.' (O)

[쉬는 시간]

명예훼손죄

후 배 선배! 명예훼손죄에서 말이죠.

선 배 어떤 명예훼손죄?

후 배 사안은 이러해요. 회사 현임 노동조합장이 전임 노동조합장의 재임 중 업무처리내용을 확인하는 과정에서 근거자료가 불명확한 부분을 발견하고 향후 조합장 선거에서 전임 조합장을 경쟁대상에서 배제할 목적으로 그 사실을 대자보에 써서 회사 내에 붙였어요.

선 배 '사실' 적시 명예훼손죄 문제네. 제307조 제1항, '공연히 사실을 적시하여 사람의 명예를 훼손한 자는 2년 이하의 징역이나 금고 또는 500만원 이하의 벌금에 처한다.'

후 배 그래서 그 대자보를 붙인 행위가 현임 조합장에게 명예훼손죄가 성립하는 것인지 따져 보면,

선 배 우선 '**공연**(公然)히' 사실을 적시한다는 의미가 무엇인지부터 파악해야 할 것 같은데.

후 배　'불특정 또는 다수인이 인식할 수 있는 상태'로 사실을 적시한다는. 대법원[300]은 그 '인식할 수 있는 상태'를 판단하는 기준에 대해 비록 개별적으로 한 사람에 대해 사실을 유포하였다고 하더라도 그로부터 불특정 또는 다수인에게의 **'전파가능성'**이 있으면 공연성의 요건을 충족하지만, 전파가능성이 없다면 특정한 한 사람에 대한 사실의 유포는 공연성을 결한다고 판시하고 있지요.[301]

선 배　이른바 '전파성이론'이지. 회사 내 대자보를 붙인 행위는 불특정 또는 다수인에 대한 전파가능성이 인정된다고 봐야겠네.

후 배　네, 일단 공연성 요건은 충족되고요.

선 배　적시되는 **'사실'**이란 현실적으로 발생하고 증명할 수 있는 '과거'와 '현재'의 상태를 말하고.

---

300 대법원 2011. 9. 8. 선고 2010도7497 판결.

301 **[변호사시험 기출문제]**

Q) 명예훼손죄에 관하여 옳은 설명은?

'진정서 사본과 고소장 사본을 특정사람들에게만 개별적으로 우송한 경우라도 그 수가 200여 명에 이른 경우에는 명예훼손죄의 요건인 공연성이 인정된다.' (○)

'자신의 아들 등으로부터 폭행을 당하여 입원한 피해자의 병실로 병문안을 간 가해자의 어머니가 피해자의 어머니와 폭행사건에 대하여 대화하던 중 피해자의 어머니의 친척 등 모두 3명이 있는 자리에서 "학교에 알아보니 피해자에게 원래 정신병이 있었다고 하더라"라고 허위사실을 말한 경우, 공연성이 인정되므로 허위사실적시에 의한 명예훼손죄가 성립한다.' (×)

'개인 블로그의 비공개 대화방에서 상대방으로부터 비밀을 지키겠다는 말을 듣고 1:1로 대화하면서 타인의 명예를 훼손하는 발언을 한 경우 상대방이 대화내용을 불특정 또는 다수인에게 전파할 가능성이 있다고 할 수 없다.' (×)

Q) 채권자인 甲과 그의 아내 乙은 빚을 갚지 못하고 있는 채무자 A를 찾아가 함께 심한 욕설을 하였다. 이에 관하여 옳은 설명인지?

'위 사건현장에 甲, 乙, A만 있었다면 모욕죄는 성립하지 않는다.' (○)

후 배　원칙적으론 그렇죠. 다만 '장래'의 사실을 적시하더라도 그것이 과거 또는 현재의 사실을 기초로 하거나 그에 대한 주장을 포함한다면 '사실'의 적시에 해당하고, 따라서 명예훼손죄가 성립할 수 있어요.[302, 303]

선 배　맞아, 어쨌든 이 사건에서는 전임 조합장의 과거 행위에 대해 대자보를 써서 붙인 것이니 '사실'에 해당하는 거네.

후 배　그리고 '**적시**'란 사람의 사회적 가치나 평가를 저하시키는 데 충분한 사실을 지적하거나 표시하는 것으로,

선 배　대자보에 써서 붙였으니 이 요건은 크게 문제없을 듯?

후 배　'**구체적**'으로 적시해야 하거든요. 추상적이거나 가치판단을 표시한 것이라면 명예훼손죄가 아니라 **모욕죄**[304]죠.

선 배　전임자의 재임 중 업무처리내용을 확인하는 과정에서 근거자료가 불명확한 부분을 써 붙였다는 것이니 그 내용이 추상적이라거나 가치판단에 관한 건 아닌 것 같고,

후 배　네, '적시' 요건도 문제없어 보여요.

---

302 대법원 2003. 5. 13. 선고 2002도7420 판결.

303 **[변호사시험 기출문제]**

Q) 명예에 관한 죄에 관하여 옳은 설명인지?

'甲이 경찰관 A를 상대로 진정한 직무유기 사건이 혐의가 인정되지 않아 내사종결 처리되었음에도, 甲이 도청에 찾아가 다수인이 듣고 있는 가운데 "내일부로 검찰청에서 A에 대한 구속영장이 떨어진다."라고 소리친 경우, 이는 실현가능성이 없는 장래의 일을 적시한 것에 불과하여 설령 그것이 과거 또는 현재의 사실을 기초로 하더라도 명예훼손죄는 설립되지 않는다.'　(×)

304 형법 제311조(모욕) 공연히 사람을 모욕한 자는 1년 이하의 징역이나 금고 또는 200만원 이하의 벌금에 처한다.

선배 끝으로 '사람의 명예를 훼손한'.

후배 '**명예**'란 개인의 진가(眞價)와 관계없이 사람의 인격적 가치에 대해 타인에 의해 일반적으로 주어지는 사회적 평가를 말하죠.

선배 '외적' 명예라는 거지.

후배 그리고 명예훼손죄는 '추상적 위험범'으로 명예가 현실로 침해되었을 것을 요하지 않고 명예를 해할 '우려'가 있는 행위가 있으면 바로 기수에 이른다는 것이고요.[305]

선배 즉 공연성이 인정되면 바로 기수가 된다.

후배 결국 현임 조합장은 전임 조합장의 과거 업무처리 내용에 대해 대자보를 써 붙임으로써 그의 사회적 평가를 훼손하거나 훼손할 우려가 있게 한 것 아니냐. 다시 말해 현임 조합장은 전임 조합장에 대한 명예훼손죄의 유죄 아니냐...

선배 그런데?

후배 결론은 위법성 조각으로 무죄라고 하네요.

305 **[변호사시험 기출문제]**

Q) 甲은 자신의 집에서 A4용지 1장에, A에 대하여 아래와 같은 내용을 수기(手記)로 작성한 다음 잉크젯 복합기를 이용하여 복사하는 방법으로 유인물을 30장 제작하였다. 甲은 15장은 자신이 직접, 나머지 15장은 친구 乙에게 부탁하여 A가 거주하는 아파트 단지 곳곳에 게시하였다. 이에 관하여 옳은 설명인지?

> A, 그는 누구인가!?
> **A는 처자식이 있는 몸임에도 불구하고, 2014. 12.경 △△도 ○○시 둥지 모텔에서 B와 수차례 불륜행위를 저질렀다.**

'다른 사람들이 보기 전에 A가 아파트 단지에 게시된 위 유인물을 모두 회수하였다면 甲과 乙은 명예훼손죄의 미수범으로 처벌된다.' (×)

제310조의 위법성조각사유

선배 형법 제310조, '제307조 제1항의 행위가 진실한 사실로서 오로지 공공의 이익에 관한 때에는 처벌하지 아니한다'

후배 하지만 현임 조합장은 전임 조합장을 조합장 선거에서 배제할 목적으로 대자보를 붙인 거잖아요. 이것이 과연 '오로지 공공의 이익에 관한 때'에 해당하는 건가요?

선배 대법원[306]은 '**공공의 이익**'은 국가, 사회 일반의 이익에 관한 것뿐 아니라 특정한 사회집단이나 구성원 전체의 이익에 관한 것도 포함되고, 공익성 여부는 적시된 사실 자체의 내용과 성질에 비추어 객관적으로 판단하되 주요 목적이 공익을 위한 것이라면 부수적으로 사익적 동기가 있었더라도 제310조가 적용된다고 판시하고 있어.

후배 현임 조합장에게 부수적으로 사익적 동기가 있었다고 하더라도 그 주요 목적은 공익을 위한 것이었다?

선배 조합이나 조합원들의 이익을 위한 것이었다고 본 거지.

후배 ... 그런데 문제는 그 대자보에 써 붙인 내용이 '**진실한 사실**'도 아니란 거예요.

선배 제310조의 '진실한 사실'의 의미는 적시된 사실의 '중요부분'이 진실과 합치되는 것으로 충분하므로 적시된 사실의 주요내용

306 대법원 1996. 10. 25. 선고 95도1473 판결.

이 진실하다면 일부 자세한 부분이 진실과 약간 차이가 나거나 다소 과장된 표현이 있다 하더라도 제310조는 적용돼.[307, 308]

후 배 하지만 이 사안은 피고인이 허위의 사실을 진실한 것으로 착오한 경우로 처음부터 제310조의 '진실성' 요건을 충족하는 사안이 아니라는 거죠.

선 배 그럼 현임 조합장, 즉 피고인이 그 허위사실을 믿었고 또 그렇게 믿을 만한 '상당한 이유'가 있었다는 거군.

후 배 **'상당한 이유'**요?

선 배 대법원[309] 형법 제310조의 규정은 인격권으로서의 개인의 명예 보호와 헌법 제21조[310]에 의한 정당한 표현의 자유 보장이라는

---

307 대법원 2000. 2. 11. 선고 99도3048 판결.

308 **[변호사시험 기출문제]**

Q) 甲은 A를 아파트 관리기금을 횡령한 혐의로 경찰에 고소하였다. 그후 甲은 경찰로부터 기소의견으로 검찰에 사건을 송치하였다는 민원사건처리결과통지서를 받자, "A의 횡령혐의가 기소의견으로 검찰에 송치되었고, A는 민사상 위자료까지 부담하게 되어 매우 안타깝다."라는 내용의 안내문과 민원사건처리결과통지서 사본을 아파트 55세대의 우편함에 넣어 배포하였다. 검사는 甲을 A에 대한 명예훼손죄로 기소하였지만, 甲은 자신의 행위는 A의 비리를 알려 입주민 전체의 분열과 갈등으로 인한 피해를 방지하기 위한 것으로서 오로지 공공의 이익을 위하여 진실한 사실을 적시한 것이므로 형법 제310조의 위법성조각사유에 해당한다고 주장하였다. 이에 관하여 옳은 설명은?

'사실을 적시한 행위자의 주요한 목적이 공공의 이익을 위한 것이며 부수적으로 다른 목적이 있었다고 하더라도 형법 제310조의 적용을 배제할 수 없다.' (○)

'형법 제310조는 적시사실이 진실한 사실일 것을 요건으로 하지만, 통지서 사본이 첨부된 위 안내문의 주요내용이 진실하다면 일부 자세한 부분이 진실과 약간 차이가 나거나 다소 과장된 표현이 있다고 하더라도 적용될 수 있다.' (○)

309 대법원 1993. 6. 22. 선고 92도3160 판결.

310 헌법 제21조 ① 모든 국민은 언론 · 출판의 자유와 집회 · 결사의 자유를 가진다.

② 언론 · 출판에 대한 허가나 검열과 집회 · 결사에 대한 허가는 인정되지 아니한다.

③ 통신 · 방송의 시설기준과 신문의 기능을 보장하기 위하여 필요한 사항은 법률로 정한다.

④ 언론 · 출판은 타인의 명예나 권리 또는 공중도덕이나 사회윤리를 침해하여서는 아니된다. 언

상충되는 두 법익의 조화를 꾀한 것이라고 봐야 할 것이므로 두 법익간의 조화와 균형을 고려한다면 적시된 사실이 진실한 것이라는 증명이 없더라도 행위자가 진실한 것으로 '믿었고' 또 그렇게 '믿을 만한 상당한 이유'가 있는 경우에는 위법성이 없다고 판시하고 있어.

후 배 제310조는 제307조 제1항의 명예훼손죄, 즉 '사실' 적시 명예훼손죄에 대하여만 적용되고 제307조 제2항, 즉 '허위'사실 적시 명예훼손죄[311]에 대해서는 적용되지 않는데, 그 적시된 사실이 진실한 경우뿐만 아니라 진실하지 않더라도 진실하다고 믿었고 그렇게 믿은 데에 '상당한 이유'가 있다면 제310조에 의해 위법성이 조각된다?

선 배 사실 정확히 따져보면, 위법성조각사유의 객관적 상황인 적시된 사실의 진실성에 대한 착오로서,

후 배 위법성조각사유의 전제 사실에 대한 착오다.

선 배 고의책임이 조각되어 과실범으로 처벌된다고 본다면 명예훼손죄는 과실범 처벌규정이 없어 결국 무죄가 되기는 해.

후 배 하지만 대법원은 그저 '상당한 이유'가 있다면 '위법성이 없다'고 판시할 뿐인 거고요.

그런데 여전히 이상하네요. 피고인은 진실한 사실이 아니라 허위 사실을 적시한 거잖아요.

론 · 출판이 타인의 명예나 권리를 침해한 때에는 피해자는 이에 대한 피해의 배상을 청구할 수 있다.

311 형법 제307조(명예훼손) ② 공연히 허위의 사실을 적시하여 사람의 명예를 훼손한 자는 5년 이하의 징역, 10년 이하의 자격정지 또는 1천만원 이하의 벌금에 처한다.

선배 제307조 제1항이 아니라 제307조 제2항의 명예훼손죄다?

후배 제310조는 제307조 제1항의 경우에만 적용되고 제2항의 경우에는 적용되지 않으니 애초부터 제310조로 위법성이 조각될 수 없는 것 아닌가요.

선배 형법 제15조 제1항, '구성요건적 착오'의 문제지.

구성요건적 착오

후배 '특별히 중한 죄가 되는 사실을 인식하지 못한 행위는 중한 죄로 벌하지 아니한다.'

선배 제307조 제1항의 사실 적시 명예훼손죄는 2년 이하의 징역이나 금고 또는 500만원 이하의 벌금에 처하고, 제307조 제2항의 허위사실 적시 명예훼손죄는 5년 이하의 징역, 10년 이하의 자격정지 또는 1천만원 이하의 벌금에 처하는데,

후배 '특별히 중한 죄가 되는 사실을 인식하지 못한 행위는'

선배 허위사실 적시 명예훼손죄가 되는 사실을 인식하지 못한 행위는,

후배 '중한 죄로 벌하지 아니한다.'

선배 허위사실 적시 명예훼손죄로 벌하지 않고 사실 적시 명예훼손죄로 처벌한다는 거야.[312]

---

312 **[변호사시험 기출문제]**

Q) 甲은 자신의 아들 A에게 폭행을 당하여 입원한 B의 1인 병실로 병문안을 가서 B의 모친인 C와 대화하던 중 C의 여동생인 D가 있는 자리에서 "과거에 B에게 정신병이 있었다고 하더라"라고 말하였다. 이에 화가 난 B는 甲을 명예훼손죄로 고소하였고, 甲은 명예훼손죄로 기소되었다.

후 배　마치 직계존속임을 인식하지 못하고 살인을 한 경우, 즉 보통 살인죄를 범한다고 인식했는데 결과적으로 존속살인죄가 되어 버린 경우, 제15조 제1항에 따라 중한 죄인 존속살인죄가 아닌 보통살인죄로 처벌하는 것처럼 말이죠.

선 배　그렇지, 그래서 제15조 제1항에 따라 피고인이 제307조 제2항이 아닌 제307조 제1항으로 처벌되는 경우라면 제310조가 적용될 수 있는 거고,

후 배　그 진실하다고 믿은 데에 상당한 이유가 있다면 위법성이 조각되어 무죄란 거고.

선 배　정확해.

후 배　휴... 간단치가 않네요.

선 배　익숙해지면 별거 아니야. 수업 늦겠다. 어서 들어가자.

후 배　시간이 벌써...

고마워요, 많이 도움 되었어요.

선 배　나도 같이 정리하면서 도움 받고 있어. 이따 보자!

이에 관하여 옳은 설명인지?

'甲이 자신의 위 발언내용을 진실한 것으로 알고 있었다면 그것이 객관적으로 허위의 사실로 밝혀지더라도 형법 제307조 제2항의 허위사실 적시 명예훼손죄에 해당하지 않는다.'　(○)

사건번호 91도2837
(허위공문서작성 등)

사건번호 91도2837

[허위공문서작성 등]

> 甲은 향토예비군훈련을 받은 사실이 없음에도 불구하고 소속 예비군동대 방위병인 乙에게 예비군훈련을 받았다는 내용의 확인서를 발급하여 달라고 부탁하였다.
> 乙은 확인서 작성권자인 예비군 동대장 丙에게 그 사실을 보고하여 그로부터 甲이 예비군훈련에 참가한 여부를 확인한 후 확인서를 발급하도록 지시받았다.
> 이에 乙은 미리 丙의 직인을 찍어 보관하고 있던 예비군훈련확인서 용지에 甲의 성명 등 인적사항과 훈련일자 등을 기재하여 甲에게 교부하였다.

교 수　오늘 마지막 시간이군요. 조금만 더 견뎌 봅시다.

학 생　네!

교 수　지난 시간까지는 주로 개인적 법익에 관한 죄들이었는데 이번 사안은 좀 다른 것 같네요.

학 생　문서에 관한 죄, 즉 사회적 법익에 관한 죄입니다. 그리고 '**간접정범**(間接正犯)' 사안입니다.

교 수　'간접정범'이라면.

간접정범

학 생 형법 제34조 제1항, '어느 행위로 인하여 처벌되지 아니하는 자 또는 과실범으로 처벌되는 자를 교사 또는 방조하여 범죄행위의 결과를 발생하게 한 자는 교사 또는 방조의 예에 의하여 처벌한다'.[313] 타인을 생명 있는 도구로 이용하여 간접적으로 범죄를 실행하는 정범형태입니다.

교 수 '**도구로 이용하여**'. 무슨 의미인가요.

학 생 이용자가 우월한 사실인식을 토대로 피이용자의 행위를 '지배'하고 '조종'한다는 의미입니다.

교 수 피이용자의 행위는 이용자 '의사'의 실현에 지나지 않는다?

학 생 이용자가 계획적으로 조종하는 의사로써 전체 상황을 장악하여 지배적 역할을 하고 피이용자의 행위는 그 '조종의사'의 결과에 불과하다는 것입니다.

교 수 간접정범은 이용자가 피이용자에 대해 갖는 우월한 '**의사지배**(意思支配)'로써 정범성을 갖는다는 말이군요.

학 생 따라서 동물을 이용하거나 사람을 생명 없는 도구로 이용하는 경우에는 그 '의사지배'를 인정할 수 없으므로 간접정범이 성립하지 않습니다.

313 **[변호사시험 기출문제]**

Q) 공범에 관하여 옳은 설명인지?

'형법상 과실범으로 처벌되는 자를 방조하여 범죄행위의 결과를 발생하게 한 자는 방조의 예에 의하여 처벌된다.' (O)

교 수 예를 들어 사람을 밀어 그를 넘어지게 하면서 타인의 재물을 손괴하면, 밀친 행위를 한 사람은 손괴죄의 '간접정범'이 아니라 '직접정범'이 된다는 거죠.

학 생 네, 간접정범이 성립하려면 형법 제34조 제1항의 요건을 충족하면서 '의사지배'라는 표지도 함께 갖추어야 합니다.

교 수 그럼 '제34조 제1항'의 요건을 검토해 봅시다. '어느 행위로 인하여 처벌되지 아니하는 자 또는 과실범으로 처벌되는 자를 교사 또는 방조하여 범죄행위의 결과를 발생하게 한 자'

학 생 '어느 행위로 인하여 처벌되지 아니하는 자'. 우선 **구성요건해당성**이 없는 경우가 있을 것입니다.

교 수 피이용자의 행위가 객관적 구성요건을 충족하지 못하는 경우 말이지요.

학 생 예를 들어 살인죄[314]의 객체는 '사람'이고 이 '사람'이란 '타인(他人)'을 의미하므로 '자기 자신'을 죽이는 '자살(自殺)'은 살인죄의 객관적 구성요건해당성이 없는데,

교 수 그렇죠, 자살을 살인죄로 처벌할 수는 없지요.

학 생 그런데 타인의 의사를 지배함으로써 그 타인으로 하여금 자살하게 한다면 그 타인은 자살하는 것이므로 살인죄의 객관적 구성요건해당성이 없어 살인죄로 '처벌되지 아니하는 자'이고 그 타인을 이용하여 '사람' 즉 그 '타인'을 죽게 한 이용자는 '살인

314 형법 제250조(살인 등) ① 사람을 살해한 자는 사형, 무기 또는 5년 이상의 징역에 처한다.

죄의 간접정범'이 될 수 있다는 것입니다. 대법원[315]은 피고인이 7세, 3세 남짓 된 어린 자식들에 대하여 함께 죽자고 권유하여 물속에 따라 들어오게 하여 결국 익사하게 한 사안에서, 비록 피해자들을 물속에 직접 밀어서 빠뜨리지는 않았다고 하더라도 자살의 의미를 이해할 능력이 없고 피고인의 말이라면 무엇이나 복종하는 어린 자식들을 권유하여 익사하게 한 이상, 피고인에게는 피해자들에 대한 살인죄가 성립한다고 판시한 바 있습니다.[316]

교 수 피해자들은 죽음에 대한 의미를 이해하기 어려운, 그리고 피고인의 말이라면 무조건 복종하는 어린 아이들이었습니다. 이용자의 피이용자들에 대한 '의사지배'가 인정된다는 거죠.

이와 달리 피해자들이 죽음의 의미를 이해할 수 있는 성인(成人)이라면 어떨까요.

학 생 피고인이 피해자들을 도구로 이용할 수 없는, 즉 피고인의 피해자들에 대한 '의사지배'가 인정될 수 없는 경우이니 형법 제252조 제2항의 '**자살교사, 방조죄**'가 성립할 것입니다. '사람을 교사 또는 방조하여 자살하게 한 자는 1년 이상 10년 이하의 징역에 처한다'.

---

315 대법원 1987. 1. 20. 선고 86도2395 판결.

316 **[변호사시험 기출문제]**

Q) 옳은 설명인지?

'간접정범이 성립하기 위해서는 처벌되지 아니하는 타인의 행위를 적극적으로 유발하고 이를 이용하여 자신의 범죄를 실현하여야 하며, 그 과정에서 타인의 의사를 부당하게 억압하여야 한다.'

(×)

교 수 피해자가 자유로운 의사결정으로 자살한 것이라면 자살교사, 방조죄가 된다. 물론 '교사', '방조'에 해당하는지 여부에 대해서는 별도로 따져 봐야겠지만요.
구성요건해당성이 없는 경우로는 또 어떤 경우가 있나요.

신분범

학 생 '진정신분범'에서 '신분'이 없는 경우가 있습니다.

교 수 구성요건의 객관적 표지가 결여된 경우이군요.

학 생 '**진정신분범**(眞正身分犯)'이란 행위자에게 일정한 신분이 있어야 범죄가 '성립'하는 경우를 말합니다. '신분'이 가벌성의 '존부'를 좌우한다는 거지요.

교 수 반면 신분이 없어도 범죄는 성립하지만 신분에 의하여 형이 '가중'되거나 '감경'되는 경우는 진정하지 않은 신분범, 즉 '부진정신분범(不眞正身分犯)'이라 하지요. 그래서 진정신분범에서의 신분을 '범죄구성적 신분'이라고 하고 부진정신분범에서의 신분을 '형벌가감적 신분'이라고 하고 말이지요.

학 생 다만 간접정범은 '처벌되지 아니하는 자'를 도구로 이용하는 것이니 간접정범에서는 '진정'신분범만이 문제됩니다.

교 수 '**신분**(身分)'이란 무엇인가요.

학 생 일정한 범죄에 관한 특별한 인적 표지(人的 標識)로 범인의 특수한 성질, 지위, 상태 등을 말합니다.

교 수 '행위' 관련적 표지가 아니라 '**행위자**' 관련적 표지군요.

학 생 예를 들어 형법 제129조[317]에서 '공무원'이나 '중재인'을 수뢰죄의 주체로 정하고 있는 것과 같은 것들입니다. 원칙적으로 공무원이나 중재인이 아니면 수뢰죄를 범할 수 없다는 거죠.

교 수 그럼 '공무원 아닌 자'는 뇌물을 수수하여도 수뢰죄로 처벌되지 않으니, '공무원'이 그 처벌되지 않는 '공무원 아닌 자'를 이용하여 뇌물을 수수한다면 그 '공무원'은 수뢰죄의 간접정범이 된다?

학 생 네, 진정신분범에서 신분 있는 자가 신분 없는 자를 도구로 이용하여 범죄행위의 결과를 발생케 하였다면 신분 있는 자는 해당 죄의 간접정범이 됩니다.

교 수 이런 경우는 어떨까요. '공무원 아닌 자'가 공무원의 처(妻)라면. 그녀는 남편이 뇌물을 수수한다는 것에 대한 인식과 의사 즉 '고의'가 있을 것인데 그와 같이 순수한 도구라고 보기 어려운 **'고의 있는 도구'**에 대해서도 이용자의 우월적 의사지배를 인정할 수 있을까요?

학 생 진정신분범은 범죄에 대한 '고의'가 있더라도 '신분'이 없으면 처벌되지 않습니다. 즉 신분 있는 자의 관여 없이는 범죄 성립의 '불법'을 형성하기 곤란하므로 이때에는 신분 있는 자가 그 신분 없는 자를 '규범적'으로 의사지배한다고 보아야 할 것입니다.

교 수 '규범적 의사지배'로써 간접정범이 성립할 수 있다.

학 생 네, 목적범에서 '목적' 있는 자가 목적 없는 자를 이용하거나, 영득죄에서 '불법영득의사' 있는 자가 불법영득의사 없는 자를 이용

---

317 형법 제129조(수뢰 등) ① 공무원 또는 중재인이 그 직무에 관하여 뇌물을 수수, 요구 또는 약속한 때에는 5년 이하의 징역 또는 10년 이하의 자격정지에 처한다.

하는 경우에도 마찬가지입니다. 대법원[318]은 피고인들이 12·12 군사반란으로 군의 지휘권을 장악한 후 국정 전반에 영향력을 미쳐 국권을 사실상 장악하는 한편, 헌법기관인 국무총리와 국무회의의 권한을 사실상 배제하고자 하는 '국헌문란의 목적'을 달성하기 위하여 비상계엄을 전국적으로 확대하는 것이 전군지휘관회의에서 결의된 군부의 의견인 것을 내세워 그와 같은 조치를 취하도록 대통령과 국무총리를 강압하고, 병기를 휴대한 병력으로 국무회의장을 포위하여 외부와의 연락을 차단하고 국무위원들을 강압, 외포시키는 등의 폭력적 불법수단을 동원하여 비상계엄의 전국확대를 의결, 선포하게 한 사안에서, 그 비상계엄의 전국확대가 국무회의의 의결을 거쳐 대통령이 선포함으로써 외형상 적법하였다고 하더라도 그것은 피고인들의 국헌문란 목적을 달성하기 위한 수단으로 이루어진 것이어서 내란죄[319]의 폭동에 해당하고, 국헌문란의 목적을 달성하기 위한 피고인들에 의해 그러한 목적 없는 대통령을 이용하여 이루어진 것이므로 피고인들은 간접정범의 방법으로 내란죄를 실행한 것이라고 판시한 바 있습니다.

---

318 대법원 1997. 4. 17. 선고 96도3376 판결.

319 형법 제87조(내란) 국토를 참절하거나 국헌을 문란할 목적으로 폭동한 자는 다음의 구별에 의하여 처단한다.

1. 수괴는 사형, 무기징역 또는 무기금고에 처한다.
2. 모의에 참여하거나 지휘하거나 기타 중요한 임무에 종사한 자는 사형, 무기 또는 5년 이상의 징역이나 금고에 처한다. 살상, 파괴 또는 약탈의 행위를 실행한 자도 같다.
3. 부화수행하거나 단순히 폭동에만 관여한 자는 5년 이하의 징역 또는 금고에 처한다.

교 수 네, 고의 있는 도구에 대해서도 '**규범적, 심리적 의사지배**'나 '**사회적 의사지배**'를 인정함으로써 간접정범이 성립할 수 있지요. 구성요건해당성은 인정되지만 '처벌되지 아니하는 경우'로는 어떤 경우가 있을까요.

학 생 구성요건해당성이 인정되면 **위법성**이 추정되고 '위법성조각사유'가 있다면 그 추정되는 위법성이 배제되어 처벌되지 않습니다.

교 수 그처럼 위법성이 없는 행위를 이용하여도 간접정범이 성립한다는 거죠. 위법성조각사유에 대해서는 1, 2교시때 살펴보았습니다.

학 생 A가 B를 상해할 의사로 B로 하여금 C를 공격하게 하고 그에 대한 C의 '정당방위'를 이용하여 B에게 상해를 가하는 경우가 있을 것입니다.

교 수 그럴 듯한 예군요. 위법성조각사유가 없어 위법성이 인정되는데 '처벌되지 아니하는 경우'도 있을까요.

학 생 구성요건해당성, 위법성이 모두 인정되더라도 3단계 범죄체계론의 마지막 단계인 '**책임**(責任)'이 인정되지 않는다면 무죄, 즉 처벌되지 않습니다.

교 수 '책임 없으면 형벌 없다'. 결과책임사상을 극복하고 책임의 범위 내에서 형벌을 한정하여 국가의 형벌권으로부터 개인의 자유를 보장하고자 하는 '책임주의' 원칙이지요. '책임'이란 무엇인가요.

학 생 규범이 요구하는 대로 행동할 수 있었음에도 불구하고 불법을 결의하고 위법한 행위를 하였다는 것에 대해 행위자에게 가해지는 '**비난가능성**'을 말합니다.

교 수 행위자의 의사형성에 대한 비난가능성이군요. 그럼 책임을 배제하거나 면제하는 사유에는 어떤 것들이 있나요.

책임능력

학 생　우선 '책임능력'의 문제가 있습니다. 책임능력이란 적법하게 행위할 수 있는 능력, 즉 적법 행위와 불법 행위 중 자유의사에 따라 결정할 수 있는 능력을 말합니다.

교 수　그 존부의 판단기준은 무엇인가요.

학 생　'14세되지 아니한 자의 행위는 벌하지 아니한다'. 형법 제9조입니다. 일단 14세가 되지 아니하였다면 '절대적 책임무능력자'로 간주됩니다.

교 수　개인적인 육체적, 정신적 성숙도는 고려하지 않나요?

학 생　'생물학적으로' 14세 미만이라면 절대적으로 책임 무능력자라는 것입니다. 성장과정에 있는 소년의 특수한 정신상황과 개선가능성에 대한 형사정책적 고려에 근거합니다.

교 수　다만 경우에 따라 소년법이 적용될 수는 있겠지요. 14세 이상의 책임능력에 대해서는 어떤가요.

학 생　형법 제10조 제1항, '심신장애로 인하여 사물을 변별할 능력이 없거나 의사를 결정할 능력이 없는 자의 행위는 벌하지 아니한다'. 제2항, '심신장애로 인하여 제1항의 능력이 미약한 자의 행위는 형을 감경할 수 있다'.

교 수　제1항은 **'심신상실**(心身喪失)'에 대해, 제2항은 **'심신미약**(心身微弱)'에 대해 정하고 있지요.

학 생　제9조와는 달리 단순히 생물학적 요소만으로는 판단하지 않습니다. 대법원은 형법 제10조에 규정된 심신장애는 **'생물학적 요소'**

로서 정신병, 정신박약 또는 비정상적 정신상태와 같은 정신적 장애가 있는 외에 '**심리학적 요소**'로서 그 정신적 장애로 말미암아 사물에 대한 판별능력과 그에 따른 행위통제능력이 결여되거나 감소되었음을 요하므로 정신적 장애가 있는 자라고 하여도 범행 당시 정상적인 사물판별능력이나 행위통제능력이 있었다면 심신장애로 볼 수 없다며,[320] 원칙적으로 충동조절장애와 같은 성격적 결함은 형의 감면사유인 심신장애에 해당하지 않는다고 봄이 상당하고, 다만 그러한 성격적 결함이 매우 심각하여 원래의 의미의 정신병을 가진 사람과 동등하다고 평가할 수 있다든지 또는 다른 심신장애사유와 경합된 경우에는 심신장애를 인정할 여지가 있다고 판시하였습니다.[321,322]

---

320 대법원 1992. 8. 18. 선고 92도1425 판결.

321 대법원 1995. 2. 24. 선고 94도3163 판결.

322 **[변호사시험 기출문제]**

Q) 책임에 관하여 옳은 설명인지?

'충동조절장애와 같은 성격적 결함은 정신병이 아니기 때문에 그 정도에 상관없이 심신장애에 해당하지 않는다.' (×)

Q) 다음 사례에 관하여 옳은 설명은?

[사례 1] 甲은 유치원생인 여자아이 앞에서 공연음란행위를 하였다. **[사례 2] 甲은 타인의 집에 들어가 여자의 속옷을 절취하였다.**

'[사례 1]에서 甲에게 소아기호증과 같은 질환이 있었던 경우, 그 자체만으로는 형의 감면사유인 심신장애에 해당하지 아니하지만, 그 증상이 매우 심각하여 원래 의미의 정신병이 있는 사람과 동등하다고 평가할 수 있는 경우에는 심신장애를 인정할 여지가 있다.' (○)

'[사례 2]에서 甲에게 무생물인 옷 등을 성적 각성과 희열의 자극제로 믿고 이를 성적 흥분을 고취시키는 데 쓰는 성주물성애증이라는 정신질환이 있었던 경우, 그러한 사정만으로는 심신장애에 해당한다고 볼 수 없지만, 다른 심신장애사유와 경합된 경우에는 심신장애를 인정할 여지가 있다.' (○)

'[사례 1], [사례 2]에서 甲에게 생물학적으로 보아 정신병, 정신박약 등과 같은 심신장애가 있는 경우, 또는 심리학적으로 보아 사물에 대한 판별능력과 그에 따른 행위통제능력이 결여되거나 감소된 경우 중에서 어느 하나에 해당하면 형법 제10조(심신장애자) 제1항 내지 제2항이 적용된다.' (×)

교 수　생물학적 요소와 심리학적 요소를 '혼합'하여 판단한다라. 구체적으로 어떻게 판단한다는 건가요.

학 생　심신장애의 유무는 법원이 형벌제도의 목적에 비추어 판단하여야 할 '법률문제'로서 그 판단에 전문감정인의 정신감정결과가 중요한 참고자료가 되기는 하나 법원이 반드시 그 의견에 구속되는 것은 아니고 그 감정결과를 참고자료로 삼아 범행의 경위, 수단, 범행 전후의 피고인의 행동 등 기록에 나타난 여러 자료 등을 종합하여 독자적으로 판단합니다.[323,324]

교 수　그 판단의 기준시는 '행위시'이고 말이지요.

학 생　네, '행위와 책임의 동시존재의 원칙'입니다.

교 수　형법이 정하고 있는 책임조각사유로는 '**법률의 착오**'가 있기도 하지요.

학 생　형법 제16조, '자기의 행위가 법령에 의하여 죄가 되지 아니하는 것으로 오인한 행위는 그 오인에 정당한 이유가 있는 때에 한하여 벌하지 아니한다.'

교 수　금지착오. 1, 2교시때 살펴본 것입니다.

학 생　또한 '**강요된 행위**'가 있습니다.

323 대법원 2018. 9. 13. 선고 2018도7658 판결.

324 **[변호사시험 기출문제]**

Q) 책임에 관하여 옳은 설명인지?

'형법 제10조에 규정된 심신장애의 유무 및 정도의 판단은 법률적 판단으로서 반드시 전문감정인의 의견에 기속되어야 하는 것은 아니고, 여러 사정을 종합하여 법원이 독자적으로 판단할 수 있다.'(O)

강요된 행위

학 생　형법 제12조, '저항할 수 없는 폭력이나 자기 또는 친족의 생명, 신체에 대한 위해를 방어할 방법이 없는 협박에 의하여 강요된 행위는 벌하지 아니한다.'

교 수　강제상태에서는 행위자에게 '적법행위에 대한 **기대가능성**'이 없으므로 책임이 조각된다는 것이지요.[325]

학 생　따라서 '저항할 수 없는 폭력'이란 피강요자의 의사개입 가능성을 인정할 수 없는 '절대적(絕對的) 폭력'을 의미하는 것이 아니라, 피강요자의 의사형성에 작용하여 그로 하여금 강요된 사실을 행하지 않을 수 없도록 의사결정을 강제하는 '**심리적 폭력**', '**강제적 폭력**'을 의미합니다.

교 수　'절대적 폭력'은 사람을 육체적으로 저항할 수 없도록 하는 물리적 폭력으로 피강요자의 행위는 의사 없는 도구가 될 뿐이니까요. 대법원[326]은 형법 제12조의 저항할 수 없는 폭력은 '심리적'인 의미에 있어서 육체적으로 어떤 행위를 절대적으로 하지 아니할 수 없게 하는 경우와 '윤리적' 의미에 있어서 강압된 경우를 말한다고 판시하고 있지요.[327]

---

325 **[변호사시험 기출문제]**

Q) 기대가능성에 관하여 옳은 설명인지?

'형법 제12조(강요된 행위)는 적법행위의 기대가능성이 없으므로 책임조각이 인정되는 규정이라고 할 수 있다.' (○)

326 대법원 1983. 12. 13. 선고 83도2276 판결.

327 **[변호사시험 기출문제]**

Q) 책임에 관하여 옳은 설명인지?

학 생　그리고 '자기 또는 친족의 생명, 신체에 대한 위해'를 방어할 방법이 없는 협박이란 자기 또는 자기 친족의 생명이나 신체에 대한 위해를 방어할 방법이 없는 협박을 말하므로, 자기의 친구, 애인 또는 타인 친족의 생명, 신체에 대한 위해나 자기 또는 친족의 재산, 명예, 정조 등에 대한 위해를 방어할 방법이 없는 협박은 포함되지 않습니다.[328]

교 수　사실혼 관계에 있는 사람이나 사생아에 대한 협박이라면 어떤가요.

학 생　'강요된 행위'의 취지는 적법행위에 대한 기대가능성이 없으므로 책임을 조각한다는 것이니 사실혼 부부나 사생아도 제12조의 '자기의 친족'에 포함된다고 보아야 할 것입니다.

교 수　그 취지에 따르면 '**자초**(自招)**한 강제상태**'에서 행한 행위 역시 강요된 행위로서 책임조각이 가능할까요.

학 생　강제상태를 자초한 자에게는 적법행위에 대한 기대가능성이 없었다고 보기 곤란할 것입니다. 대법원[329]은 반국가단체의 지배하에 있는 북한지역으로 탈출하는 자는 특별한 사정이 없는 한 북한집단구성원과의 회합이 있을 것이라는 사실을 예측할 수 있고 자의로 북한에 탈출한 이상 그 구성원과의 회합은 예측하

'형법 제12조(강요된 행위)의 저항할 수 없는 폭력이란 윤리적 의미에서 강압된 경우가 아니라 심리적 의미에서 육체적으로 어떤 행위를 절대적으로 하지 아니할 수 없게 하는 경우를 말한다.'
(×)

328 **[변호사시험 기출문제]**
Q) 기대가능성에 관하여 옳은 설명인지?
'친족의 신체에 대한 위해를 방어할 방법이 없는 협박에 의하여 강요된 행위는 벌하지 아니한다.'
(○)

329 대법원 1973. 1. 30. 선고 72도2585 판결.

였던 행위이므로 강요된 행위로 인정할 수 없다고 판시한 바 있습니다.

교 수　친구나 애인의 생명, 신체에 대한 협박으로 강요된 행위라면 결국 책임이 조각될 수 없는 것이고 말이지요.

학 생　그렇습니다.

교 수　자... 우리 1, 2교시때 '최후의 위법성조각사유'에 대해 검토한 적 있지요.

학 생　사회상규에 위배되지 아니하는 행위, 초법규적 위법성조각사유를 포괄하는 일반적 위법성조각사유 말씀이시지요.

초법규적 책임조각사유

교 수　책임조각사유에도 '**초법규적 책임조각사유**'를 인정할 수 있습니다. 적법행위에 대한 모든 기대 불가능성의 사정을 법률에 다 규정할 수 없기 때문이지요. 예를 들어 입학시험에 응시한 수험생이 우연한 기회에 미리 출제될 시험문제를 알게 되어 그 답을 암기하였고 암기한 답에 해당된 문제가 출제되었다면 일반수험자에게 그 암기한 답을 답안지에 기재해서는 안 된다는 것을 기대하는 것은 '불가능'[330]하지 않을까요.

학 생　현행 형법상 책임조각사유만으로 책임조각 여부를 판단하는 것은 불충분하다는 것이군요. 그 기대 불가능성의 판단기준은 무엇인지요?

---

330 대법원 1966. 3. 22. 선고 65도1164 판결.

교 수　대법원[331]은 행위 당시의 구체적 상황하에서 행위자 대신에 '사회적 평균인'을 두고 그 평균인의 관점에서 기대가능성 유무를 판단하여야 한다고 판시하고 있습니다. 이른바 '**평균인 표준설**'이죠.[332]

학 생　친구에 대한 위해를 방어할 방법이 없는 협박에 의해 강요된 행위는 형법 제12조에 의해 책임이 조각될 수는 없지만 적법행위에 대한 기대불가능성으로 초법규적으로 책임이 조각될 여지가 있다.

교 수　그렇죠. 잠깐 정당방위 복습을 해볼까요? 책임조각으로 무죄인 행위에 대해서도 정당방위가 가능할지.

학 생　책임조각 행위는 구성요건해당성과 위법성이 인정되는 '위법'한 것으로 '부당한' 침해가 될 수 있으니 그에 대해서도 정당방위가 가능합니다.

교 수　네, 무죄인 행위라고 하여 그에 대한 정당방위가 불가능한 것은 아니지요.

교 수　자, 구성요건해당성, 위법성, 책임성. 3단계 범죄체계론의 3요소와 관련하여 '처벌되지 아니하는 경우'에 대해서는 어느 정도

---

331 대법원 2004. 7. 15. 선고 2004도2965 판결.

332 **[변호사시험 기출문제]**

Q) 기대가능성에 관하여 옳은 설명은?

'적법행위의 기대가능성 유무는 행위 당시의 구체적 상황하에 행위자 대신에 사회적 평균인을 두고 이 평균인의 관점에서 판단하여야 한다.' (○)

'양심적 병역거부자에게 그의 양심상의 결정에 반한 행위를 기대할 가능성이 있는지는 행위 당시의 구체적 상황하에 행위자 대신에 사회적 평균인을 두고 이 평균인의 관점에서 판단하여야 한다.' (○)

살펴본 것 같군요.

그럼 구성요건해당성이 인정되고 위법성이나 책임을 조각할 사유도 없는데 '**처벌조각사유**'가 있어 처벌되지 아니하는 자를 이용하는 경우라면 어떨까요. 이때에도 간접정범이 성립할까요?

학 생 '친족상도례'로 형면제 판결을 받는 자를 이용하는 경우와 같은.

교 수 그렇죠, 이용자가 피해자의 아들을 이용해서 피해자의 재물을 절취한 경우에 이용자는 절도죄의 간접정범이 되는 것 아닌가.

학 생 책임, 즉 행위자에 대한 비난가능성이 인정되는 경우라면 행위자에게 '시비변별능력'이 있었다는 것이니 그에 대한 이용자의 우월적 의사지배는 인정되기 곤란할 것입니다. 간접정범은 성립하지 않습니다.

교 수 사실 책임능력이 인정되지 않아 처벌되지 않는 경우라도 '의사지배'라는 정범성의 표지가 갖추어지지 않는다면 간접정범이 성립할 수 없지요.

학 생 네, 형사 미성년자의 책임능력을 절대적으로 생물학적 기준에 따라 판단하더라도, 행위자를 개별적, 구체적으로 판단하여 그 '시비변별능력'이 인정되는 경우라면 그에 대한 의사지배를 인정하기 어려우므로 이용자는 간접정범이 아닌 교사범이나 종범이 될 것입니다. 13살인 피해자의 아들이 자기 아버지의 재물을 훔친다는 사실을 모두 인식하고 절취한 것이라면 그 아들을 이용하려 한 자는 그에 대한 의사지배를 한 것이 아니라 그 절취행위를 교사하거나 방조한 것에 불과하다는 것이죠.

교 수 처벌되지 아니하는 자를 이용하였다고 무조건 간접정범이 성립한다고 볼 것이 아니라 '의사지배'라는 정범성의 표지가 있는지 반드시 검토하여야 합니다. 특히 형사미성년자와 같은 경우에는 말이죠.

다음으로 살펴볼 간접정범의 요건은 무엇인가요.

학 생　어느 행위로 인하여 처벌되지 아니하는 자 또는 '과실범으로 처벌되는 자'를 교사 또는 방조하여.

과실범 (2/2)

교 수　'과실범으로 처벌되는 자'. **과실**(過失)의 대해서는 1, 2교시때 '결과적 가중범' 부분에서 본 적 있지요. '사회생활상 요구되는 주의의무를 위반하거나 태만히 하여 구성요건적 결과발생을 예견하지 못하거나 회피하지 못한'.[333]

학 생　즉 '결과예견의무'와 '결과회피의무'를 위반한. 그런데 특수한 경우에는 이 주의의무가 제한될 수도 있습니다.

교 수　주의의무가 제한된다면 과실의 인정범위도 제한되겠군요. 어떠한 경우인가요.

학 생　대법원[334]은 신호등에 의하여 교통정리가 행하여지고 있는 교차로를 녹색등화에 따라 직진하는 차량의 운전자는 특별한 사정이 없는 이상 다른 차량들도 교통법규를 준수하고 충돌을 피하기 위하여 적절한 조치를 취할 것으로 믿고 운전하면 족하고, 다른

333 형법 제14조(과실) 정상의 주의를 태만함으로 인하여 죄의 성립요소인 사실을 인식하지 못한 행위는 법률에 특별한 규정이 있는 경우에 한하여 처벌한다.

334 대법원 1985. 1. 22. 선고 84도1493 판결.

차량이 신호를 위반하고 직진하는 차량의 앞을 가로질러 좌회전할 경우까지를 예상하여 그에 따른 사고발생을 미연에 방지할 특별한 조치까지 강구할 업무상의 주의의무는 없다고 판시한 바 있습니다.

교 수 **'신뢰(信賴)의 원칙'** 사안이군요. 도로교통에 있어 과실범의 주의의무를 합리적으로 조정하기 위한.

학 생 즉 교통규칙을 준수하는 운전자는 다른 교통관여자도 규칙을 준수할 것을 신뢰하면 족하고 다른 관여자들이 교통규칙을 위반하는 경우까지 예상하여 대처하여야 할 주의의무는 없다는 것입니다.

교 수 법원은 '자동차와 자동차' 사이의 사고에 대하여 신뢰의 원칙을 널리 적용하고 있지요. '자동차와 자전거' 사이의 사고의 경우에도 마찬가지고요.

학 생 대법원[335]은 서울시 소재 잠수교 노상은 자전거의 출입이 금지된 곳이므로 자동차의 운전자로서는 거기에 자전거를 탄 피해자가 갑자기 차도상에 나타나리라고는 예견할 수 없다고 판단한 바 있습니다.

교 수 '자동차와 보행자' 사이의 사고에 대해서는 어떤가요.

학 생 대법원[336]은 사고 당시의 시간이 통행금지시간이 임박한 23:45 경이라면 일반적으로 차량의 통행이 적어 통금에 쫓긴 통행인들이 도로를 무단횡단하는 것이 예사이고, 사고 당시와 같이

335 대법원 1980. 8. 12. 선고 80도1446 판결.

336 대법원 1980. 5. 27. 선고 80도842 판결.

사고지점의 3차선상에 버스들이 정차하고 있었다면 버스에서 내려 버스 사이로 뛰어나와 도로를 무단횡단하려고 하는 사람이 있으리라는 것은 우리의 경험상 능히 예측할 수 있다고 판시한 바 있습니다.

교 수 '자동차와 보행자' 사이에는 신뢰의 원칙이 적용되지 않는다?

학 생 제한적으로 적용됩니다. 대법원은 '자동차전용도로'를 운행 중인 자동차 운전자들에게는 반대차선에서 진행차량 사이를 뚫고 횡단하는 보행자들이 있을 것까지 예상하여 전방주시를 할 의무는 있다고 보기 어렵다고 판단[337]한 바 있으며, '고속도로'상을 운행하는 자동차 운전자로서는 보행인이 그 도로의 중앙방면으로 갑자기 뛰어드는 일이 없으리라는 신뢰하에서 운행하는 것이 통상의 경우[338]라거나, 차량의 운전자로서는 '적색 횡단보도'의 신호상태에서 반대차선상에 정지하여 있는 차량의 뒤로 보행자가 건너오지 않을 것이라고 신뢰하는 것이 당연하고, 그렇지 아니할 사태까지 예상하여 그에 대한 주의의무를 다하여야 한다고 할 수 없다[339]고 판시하기도 하였습니다. 또한 각종 차량의 내왕이 번잡하고 보행자의 횡단이 금지되어 있는 '육교 밑 차도'를 주행하는 자동차 운전자가 전방 보도 위에 서 있는 피해자를 발견하였다고 하더라도, 육교를 눈앞에 둔 그가 특히 차도로 뛰어들 거동이나 기색을 보이지 않는 한 일반적으로 그가 차도로

337 대법원 1990. 1. 23. 선고 89도1395 판결.

338 대법원 1981. 3. 24. 선고 80도3305 판결.

339 대법원 1993. 2. 23. 선고 92도2077 판결.

뛰어 들어오리라고 예견하기 어려운 것이므로, 그러한 경우 운전자로서는 일반보행자들이 교통관계법규를 지켜 차도를 횡단하지 아니하고 육교를 이용하여 횡단할 것을 신뢰하여 운행하면 족하다 할 것이고, 불의에 뛰어드는 보행자를 예상하여 그것을 사전에 방지해야 할 조치를 취할 업무상 주의의무가 없다고 판시[340]하였습니다.

교수　즉 대법원은 '자동차와 보행자' 사이 사고에서 보행자가 무단횡단을 한 곳이 '자동차전용도로', '고속도로', '육교 아래', 그리고 '횡단보도' 신호가 '적색'인 경우에는 신뢰의 원칙을 적용하여 운전자의 과실을 부정하였다는 것이지요.

학생　네, 다만 그 적용에는 '**한계**' 역시 있습니다.

교수　신뢰의 원칙이란 제한 없이 적용되는 것이 아니다.

학생　궁극적으로 타인의 행동을 신뢰함이 사회적으로 타당하지 않은 경우까지 신뢰의 원칙을 적용하여 행위자의 과실을 부정하는 것은 부당하기 때문입니다.

교수　어떠한 경우가 있나요.

학생　우선 상대방의 규칙위반을 이미 알고 있었거나 알 수 있었을 때입니다. 대법원[341]은 침범금지 황색중앙선이 설치된 도로에서 자기차선을 따라 운행하는 자동차 운전자는 반대방향에서 오는 차량도 그쪽 차선에 따라 운행하리라고 신뢰하는 것이 보통이고 중앙선을 침범하여 이쪽 차선에 돌입할 경우까지 예견하여

340 대법원 1985. 9. 10. 선고 84도1572 판결.

341 대법원 1986. 2. 25. 선고 85도2651 판결.

운전할 주의의무는 없으나, 다만 반대방향에서 오는 차량이 이미 중앙선을 침범하여 비정상적인 운행을 하고 있음을 '목격'한 경우에는 자기의 진행전방에 돌입할 가능성을 예견하여 그 차량의 동태를 주의 깊게 살피면서 속도를 줄여 피행하는 등 적절한 조치를 취함으로써 사고를 미연에 방지할 업무상 주의의무가 있다고 판시한 바 있습니다.

교 수 상대방의 규칙위반을 이미 인식한 경우에는 신뢰의 원칙을 적용할 수 없다는 거죠.

학 생 또한 상대방의 규칙준수를 신뢰할 수 없는 경우가 있습니다. 대법원[342]은 버스 운전자가 40미터 전방 우측로변에 '어린 아이'가 같은 방향으로 걸어가고 있음을 목격한 경우, 자동차 운전자로서는 그 아이가 진행하는 버스 앞으로 느닷없이 튀어나올 수 있음을 예견하고 그에 대비할 주의의무가 있다고 판시한 바 있습니다.

교 수 어린 아이나 노인, 신체가 불편하신 분들이 그와 같은 경우에 해당될 수 있겠군요. 행위자가 '스스로' 규칙을 '위반'한 경우에도 신뢰의 원칙을 적용하기 곤란하겠지요.

학 생 스스로 야기한 위험에 대한 책임을 다른 사람에게 전가할 수 없기 때문입니다.

교 수 신뢰의 원칙은 오직 도로교통에 대해서만 적용되나요?

342 대법원 1970. 8. 18. 선고 70도1336 판결.

학 생 **다수인의 업무분담**이 필요한 경우 확대 적용될 수 있습니다. 대법원[343]은 내과의사가 신경과 전문의에 대한 협의진료 결과 피해자의 증세와 관련하여 신경과 영역에서 이상이 없다는 회신을 받았고 그 회신 전후의 진료 경과에 비추어 회신 내용에 의문을 품을 만한 사정이 보이지 않아 그 회신을 '신뢰하여' 뇌혈관 계통 질환의 가능성을 염두에 두지 않고 내과 영역의 진료 행위를 계속하던 중 피해자의 증세가 호전되자 퇴원하도록 조치한 경우, 피해자의 지주막하출혈을 발견하지 못한 내과의사에게는 업무상 과실을 인정하기 곤란하다고 판시하였습니다.

교 수 한 병원의 독립된 각 과(科) 의사들 상호간에 다른 과 의사의 회신결과를 '신뢰'하여 행위하였다면 그 신뢰한 의사에게는 악결과의 예견, 회피의무를 인정할 수 없다는 것이군요.

학 생 협진 의사들의 관계와 같이 지휘, 감독관계가 없는 이른바 '**수평적 분업**' 관계에 대해 신뢰의 원칙을 적용한 사안입니다. 대법원[344]은 약사로서는 의약품을 판매하거나 조제함에 있어 그 의약품이 표시 포장상 약사법 소정의 검인 합격품이고 부패, 변질, 변색되지 않았으며 유효기간이 경과하지 아니함을 확인하고 조제판매 하였다면, 우연히 그 내용물에 불순물 또는 다른 약품이 포함된 것을 간단한 주의를 하면 인식할 수 있고 또는 이미 제품에 의한 사고가 발생된 것이 널리 알려져 그 약품의 사용을 피할 수 있었던 특별한 사정이 없는 한 관능시험 및 기

343 대법원 2003. 1. 10. 선고 2001도3292 판결.

344 대법원 1976. 2. 10. 선고 74도2046 판결.

기시험까지 할 주의의무가 있다고 할 수 없고 따라서 그 '표시를 신뢰'하고 그 약을 사용한 점에 과실이 있다고 볼 수 없다고 판시하기도 하였습니다.[345]

교 수 약사와 제약회사 사이에 신뢰의 원칙을 적용한 사안이군요. 그럼 지휘, 감독관계가 있는 '**수직적 분업**' 관계의 경우는 어떤가요. 의사와 간호사, 전문의와 수련의, 주치의와 야간당직의 같은 사이 말이죠. 이때에도 신뢰의 원칙이 적용되나요.

학 생 대법원[346]은 의사는 전문적 지식과 기능을 가지고 환자의 전적인 신뢰하에서 환자의 생명과 건강을 보호하는 것을 업으로 하는 자로서 그 의료행위를 시술하는 기회에 환자에게 위해가 미치는 것을 방지하기 위하여 최선의 조치를 취할 의무가 있고 간호사로 하여금 의료행위에 관여하게 하는 경우에도 그 의료행위는 의사의 책임하에 이루어지는 것이고 간호사는 그 '보조자'에 불과하므로, 의사는 당해 의료행위가 환자에게 위해가 미칠 위험이 있는 이상 간호사가 과오를 범하지 않도록 충분히 지도, 감독하여 사고의 발생을 미연에 방지하여야 할 주의의무가 있고 그를 소홀히 한 채 만연히 간호사를 신뢰하여 간호사에게 당해 의료행위를 일임함으로써 간호사의 과오로 환자에게 위해가 발생하였다면 의사는 그에 대한 과실책임을 면할 수 없다고 판시하고 있습니다.

---

345 **[변호사시험 기출문제]**
Q) 과실범에 관하여 옳은 설명인지?
'신뢰의 원칙은 허용된 위험의 원리와 더불어 주의의무를 제한하는 기능을 수행하고 의사와 약사 사이는 물론이고 약사와 제약회사 사이에서도 적용될 수 있다.' (O)

346 대법원 1998. 2. 27. 선고 97도2812 판결.

교 수 지휘, 감독관계가 있는 '수직적 분업관계'라면 신뢰의 원칙이 아니라 '불신(不信)의 원칙'이 적용되는 군요.

학 생 다만 대법원[347]은 간호사가 진료의 보조를 함에 있어서는 모든 행위 하나하나마다 항상 의사가 현장에 입회하여 일일이 지도, 감독하여야 한다고 할 수는 없고 경우에 따라서는 의사가 진료의 보조행위 현장에 입회할 필요 없이 '일반적인 지도, 감독'을 하는 것으로 족한 경우도 있을 수 있다며, 간호사가 의사의 처방에 의한 정맥주사를 의사의 입회 없이 간호학과 대학생인 간호실습생에게 실시하도록 하여 발생한 의료사고에 대해서는 의사의 과실을 부정한 바 있습니다.

교 수 신뢰의 원칙이 적용될지 불신의 원칙이 적용될지는 여러 사정을 참작하여 종합적으로 판단하여야 하겠군요.

교 수 신뢰의 원칙이 적용되지 않고 결국 주의의무 위반이 인정되었다면, 과실범 판단을 위하여 무엇을 더 검토하여야 하나요.

학 생 과실범은 '결과범(結果犯)'입니다. 구성요건적 결과가 발생하였는지 확인하여야 합니다.

교 수 주의의무 위반이 있더라도 결과가 발생하지 않으면 과실범은 언제나 '불가벌'일 뿐이지요.

학 생 또한 주의의무 위반과 발생한 결과 사이 '**인과관계**(因果關係)'가 있어야 합니다. 행위와 결과사이의 연관관계라고 하는데 이것이

347 대법원 2003. 8. 19. 선고 2001도3667 판결.

인정되면 기수범(旣遂犯)이 될 것이고 부정되면 미수범(未遂犯)이 될 것입니다.

교 수　과실범은 미수범 처벌규정이 없지요.

학 생　네, 과실미수는 불가벌입니다.[348]

교 수　인과관계의 판단기준은 무엇인가요.

학 생　일정한 선행사실이 없었다면 결과도 발생하지 아니하였다는 논리적 조건관계만 있으면 인과관계를 인정한다는 조건설(條件說), 조건설에 의하여 인과관계가 긍정되는 조건 중에서 특별히 결과발생에 중요한 영향을 준 원인과 그렇지 않은 단순한 조건을 구별하여 원인에 해당하는 조건만이 결과에 대하여 인과관계가 있다고 하는 원인설(原因說), 결과가 행위에 시간적으로 뒤따르면서 그 행위와 자연법칙적으로 연관되어 있을 때 인과관계가 인정된다는 합법칙적 조건설(合法則的 條件說) 등이 있는데

교 수　대법원의 태도는 무엇인가요.

학 생　상해행위를 피하려고 하다가 차량에 치어 사망한 경우 상해행위와 피해자의 사망 사이에 '상당인과관계'가 있다고 하거나,[349] 피고인이 야간에 오토바이를 운전하다가 도로를 무단 횡단하던 피해자를 충격하여 피해자로 하여금 도로상에 전도케 하고 그로부터 약 40초 내지 60초 후에 다른 사람이 운전하던 타이탄트럭이

348 **[변호사시험 기출문제]**
Q) 미수에 관하여 옳은 설명인지?
'미수범은 구성요건의 객관적 요소가 하나라도 충족되지 아니한 때에 성립하는 것으로, 현행법상 고의범은 물론이고 과실범에 대해서도 성립될 수 있다.' (×)

349 대법원 1996. 5. 10. 선고 96도529 판결.

피해자를 역과하여 사망케 한 경우, 피고인이 전방좌우의 주시를 게을리 한 과실로 피해자를 충격하였고 나아가 그 사고지점 부근 도로의 상황에 비추어 야간에 피해자를 충격하여 도로에 넘어지게 한 후 40초 내지 60초 동안 그대로 있게 한다면 후속 차량의 운전자들이 조금만 전방 주시를 태만히 하여도 피해자를 역과할 수 있음이 당연히 예상되었던 경우라면 피고인의 과실행위는 피해자의 사망에 대한 직접적 원인을 이루는 것이어서 양자간에 '상당인과관계'가 있다고 판시[350]한 바 있습니다.

교 수 **'상당인과관계**(相當因果關係)'라.

학 생 사회생활상 일반적인 생활경험에 비추어 행위와 결과 사이 '개연성(蓋然性)'이 있을 때 인과관계가 있다고 보는...

교 수 좀 모호한 개념이기는 하지요. 판례들을 다양하게 살펴볼 필요가 있습니다. 대법원은 피고인이 주먹으로 피해자의 복부를 1회 강타하여 장파열로 인한 복막염으로 사망케 하였다면, 비록 의사의 수술지연 등 과실이 피해자 사망의 공동원인이 되었다 하더라도 피고인의 행위가 사망의 결과에 대한 유력한 원인이 된 이상 그 폭력행위와 치사의 결과 간에는 인과관계가 있다 할 것이어서 피고인은 피해자 사망의 결과에 대해 폭행치사의 죄책을 면할 수 없다고 판시[351]한 바 있고

학 생 살인의 실행행위가 피해자의 사망이라는 결과를 발생하게 한 유일한 원인이거나 직접적인 원인이어야만 되는 것은 아니므로,

---

350 대법원 1990. 5. 22. 선고 90도580 판결.

351 대법원 1984. 6. 26. 선고 84도831 판결.

살인의 실행행위와 피해자의 사망과의 사이에 다른 사실이 개재되어 그 사실이 치사의 직접적인 원인이 되었다고 하더라도 그와 같은 사실이 통상 예견할 수 있는 것에 지나지 않는다면 살인의 실행행위와 피해자의 사망 사이에 인과관계가 있는 것이라고 판시[352]하기도 하였습니다.[353] 일정한 행위가 결과에 대하여 원인이 되지만 그 결과에 이르는 과정에 개입된 다른 원인이 최초의 원인행위와 결합하여 결과가 발생하는 이른바 '비유형적(非類型的) 인과관계'의 경우에도 인과관계가 인정된다는 것입니다.

교 수　판례는 '사실판단'과 '규범판단'을 동일 차원에서 취급하여 모두 '인과관계'의 문제로 판단하고 있군요.

학 생　그 '상당인과관계'라는 판단에는 '사실판단'의 문제로서 '인과관계가 있는가'라는 존재론적 문제와 '규범판단'의 문제로서 행위자에게 '책임지우는 것이 정당한가'라는 객관적 귀속의 문제가 모두 포함되어 있습니다.

교 수　**'객관적 귀속(歸屬)'**이란 무엇인가요.

352 대법원 1994. 3. 22. 선고 93도3612 판결.

353 **[변호사시험 기출문제]**

Q) 인과관계에 관하여 옳은 설명은?

'살인의 실행행위와 피해자의 사망과의 사이에 다른 사실이 개재되어 그 사실이 치사의 직접적인 원인이 되었다고 하더라도 그와 같은 사실이 통상 예견할 수 있는 것에 지나지 않는다면 살인의 실행행위와 피해자의 사망과의 사이에 인과관계가 인정된다.' (O)

'교통방해치사상죄가 성립하려면 교통방해행위가 피해자의 사상이라는 결과를 발생하게 한 유일하거나 직접적인 원인이 될 필요가 없고, 그 행위와 결과 사이에 피해자나 제3자의 과실 등 다른 사실이 개재된 경우라도 그와 같은 사실이 통상 예견될 수 있는 것이라면 상당인과관계를 인정할 수 있다.' (O)

학 생 기술되지 않은 객관적 구성요건입니다. 발생된 결과를 행위자의 행위 '탓'으로 돌릴 수 있다는.

교 수 어떤 경우에 그 행위 '탓'으로 돌릴 수 있다는 거죠.

학 생 행위자의 행위가 법적으로 허용되지 아니한 위험을 '창출'하거나 '증대'시켰는가, 그 창출되거나 증대된 위험이 구성요건적 결과를 '실현'시켰는가를 기준으로 판단합니다.

교 수 허용되지 아니한 위험을 창출하거나 증대. 무슨 의미인가요.

학 생 '행위반가치(行爲反價値)', 즉 행위자의 객관적 주의의무 위반을 말합니다. 따라서 위험창출이나 증대가 결여된 경우라면 행위반가치의 결여로 구성요건 해당성이 없으므로 가벌성이 탈락됩니다.

교 수 객관적 주의의무에 대해서는 앞에서 살펴보았지요. 그럼 그 창출되거나 증대된 위험의 '실현'은 '결과반가치(結果反價値)'가 되겠군요. 그 '실현' 여부는 어떻게 판단하나요.

학 생 합법적인 행위를 대체해 봅니다. 즉 행위자가 합법적 행위를 하였더라면 악결과가 발생하지 않았을 것이 거의 확실한 경우에는 위험이 실현되었다고 보는 반면, 합법적 행위를 하였더라도 악결과 발생이 거의 확실하거나 발생 가능성이 있으면 위험은 실현되지 않은 것으로 봅니다.

교 수 행위자가 금지된 행위를 함으로써 구성요건적 결과를 야기하였으나 합법적 행위를 하였더라도 역시 동일한 결과가 발생하였을 개연성이 있다면 객관적 귀속을 부정한다는, 이른바 '**합법적 대체 행위론**'이지요.

학 생 대법원[354]은 전신마취에 의한 개복수술은 간부전을 일으키고 간성혼수에 빠지게 하기도 하는데, 특히 급만성간염이나 간경변 등 간기능에 이상이 있는 경우에는 90% 이상이 간기능이 중악화하고 심한 경우에는 사망에 이르게 하는 것으로 알려져 있어.

개복수술 전에 간의 이상 유무를 검사하는 것은 필수적이고, 피해자의 수술시에 사용된 마취제 '할로테인'은 드물게는 간에 해독을 끼치고 특히 이미 간장애가 있는 경우에는 간장애를 격화시킬 위험이 있으므로 그러한 환자에 대하여는 그 사용을 주의 또는 회피하여야 한다고 의료계에 주지되어 있으며, 사건 당시 의료계에서는 개복수술 환자의 경우 긴급한 상황이 아닌 때에는 혈청의 생화학적 반응에 의한 간기능 검사를 하는 것이 보편적이었다면,

응급환자가 아닌 난소종양환자의 경우에 있어서 수술주관의사 또는 마취담당의사인 피고인들로서는 난소종양 절제수술에 앞서 혈청의 생화학적 반응에 의한 검사 등 종합적으로 간기능 검사를 철저히 하여 피해자가 간손상 상태에 있는지의 여부를 확인한 후에 마취 및 수술을 시행하였어야 할 터인데, 피고인들은 시진, 문진 등의 검사결과와 정확성이 떨어지는 소변에 의한 간검사 결과만을 믿고 피해자의 간상태를 정확히 파악하지 아니한 채 할로테인으로 전신마취를 실시한 다음 개복수술을 감행한 결과, 수술 후 22일만에 환자가 급성 전격성 간염으로 인하여 사망한 경우에는 피고인들에게 업무상 과실이 있다면서,

354 대법원 1990. 12. 11. 선고 90도694 판결.

혈청에 의한 간기능 검사를 시행하지 않거나 확인하지 않은 피고인들의 과실과 피해자의 사망 간에 인과관계, 즉 객관적 귀속이 있다고 하려면, 피고인들이 수술 전에 피해자에 대한 간기능 검사, 즉 '합법적 대체행위'를 하였더라면 피해자가 사망하지 않았을 것임이 '입증'되어야 한다고 판시한 바 있습니다.[355]

교 수 피고인들이 합법적 행위, 즉 간기능 검사를 하였더라면 피해자가 사망하지 않았을 것임이 '입증'되지 않는 이상, 피고인들이 주의의무상 요구되는 검사를 하지 않은 과실만으로 피해자 사망에 대한 책임을 지게 하는 것은 정당하지 않다.

학 생 합법적 대체행위를 하였더라면 악결과가 발생하지 않았을 것임이 '확실'하여야 한다는 것입니다.

교 수 in dubio pro reo.[356] **무죄추정의 원칙**이군요.

학 생 또한, 행위자가 허용되지 않은 위험을 창출 또는 증대시켰고 그 창출 또는 증대된 위험이 결과로 실현되었더라도 그 인과과정의 진행을 방지하도록 하는 것이 당해 범죄구성요건의 임무가 아니라면 객관적 귀속이 부정됩니다.

교 수 **'규범의 보호목적'** 논의이지요. 피고인 운전의 차가 이미 정차하였음에도 뒤쫓아 오던 차의 충돌로 인해 앞차를 충격하여

355 **[변호사시험 기출문제]**

Q) 과실범에 관하여 옳은 설명인지?

'의사 甲이 고령의 간경변증 환자 A에게 수술과정에서 출혈 등으로 신부전이 발생하여 생명이 위험할 수 있다는 점에 대하여 설명하지 아니하고 수술하던 도중 출혈 등으로 A가 사망한 경우, A가 당해 수술의 위험성을 충분히 인식하고 있어 甲이 설명의무를 다하였더라도 A가 수술을 거부하지 않았을 것으로 인정된다면 甲의 설명의무위반과 A의 사망 사이에 인과관계가 부정된다.' (O)

356 '의심스러울 때는 피고인의 이익으로' 라틴 법언.

사고가 발생한 경우, 설사 피고인에게 안전거리를 준수하지 않은 위법이 있었다 할지라도 그것이 사건의 피해 결과에 대해 인과관계가 있다고 할 수 없는 것[357]은 그 사고가 안전거리준수 의무라는 규범의 보호범위 '밖'에서 발생한 것이기 때문이라는.

학 생 대법원[358]은 신호등에 의하여 교통정리가 행해지고 있는 삼거리의 교차로를 녹색등화에 따라 직진하는 차량의 운전자는 특별한 사정이 없는 한 다른 차량들도 교통법규를 준수하고 충돌을 피하기 위하여 적절한 조치를 취할 것으로 믿고 운전하면 족하고 대향차선 위의 다른 차량이 신호를 위반하고 직진하는 자기 차량의 앞을 가로질러 좌회전 할 경우까지 예상하여 그에 따른 사고발생을 미리 방지하기 위한 특별한 조치까지 강구하여야 할 업무상의 주의의무는 없으므로, 직진차량 운전자가 사고지점을 통과할 무렵 제한 속도를 위반하여 과속운전한 잘못이 있었다 하더라도 그러한 잘못과 교통사고 발생과의 사이에 상당인과관계가 있다고 볼 수 없다고 판시하고 있습니다.

교 수 제한속도 준수의 규정 취지가 도로교통의 안전을 위한 것이지 특정 지점에 늦게 도착함으로써 교통사고를 방지하기 위한 것이 아니므로, 즉 그 사고의 방지는 속도제한 규정의 보호목적 범위 밖에 있으므로 속도를 위반한 과실과 사고 결과 사이에 인과관계를 인정할 수 없다는 거죠.

---

357 대법원 1983. 8. 23. 선고 82도3222 판결.

358 대법원 1993. 1. 15. 선고 92도2579 판결.

학 생 객관적 귀속을 인정할 수 없다는 의미입니다.

교 수 객관적 귀속이 인정되지 않으면 미수가 될 것이고 과실미수는 불가벌이니 이런 경우에는 '과실범으로 처벌되는 자'가 아니라 '처벌되지 아니하는 자'가 되겠군요.

그럼 이들을 어떠한 방법으로 이용하여야 간접정범이 성립한다는 건가요?

학 생 어느 행위로 인하여 처벌되지 아니하는 자 또는 과실범으로 처벌되는 자를 '교사 또는 방조하여'.

교 수 교사범과 방조범에 대해 더 살펴볼 차례이군요.

교사범 · 종범 (2/2)

학 생 형법 제31조 제1항, '타인을 교사하여 죄를 범하게 한 자는 죄를 실행한 자와 동일한 형으로 처벌한다'. 범죄의사가 없는 자에게 범죄실행의 결의를 갖게 하는 것이 **'교사'**입니다.

교 사 개념에 대해서는 3, 4교시때 알아보았지요. '특정'된 범죄의 실행 결의를 갖게 하는 것이어야 합니다. 막연히 '범죄를 하라'거나 '절도를 하라'고 하는 등 포괄적으로 범죄를 교사하는 행위만으로는 부족하지요.

학 생 다만 교사의 수단, 방법에는 제한이 없으므로 범행의 일시, 장소, 방법 등의 세부적인 사항까지를 특정하여 교사할 필요는 없고 정범으로 하여금 일정한 범죄의 실행을 결의할 정도에 이르게 하면 교사범이 성립합니다.[359] 대법원[360]은 교사자가 피교사자에게 피해자를 '정신차릴 정도로 때려주라'고 한 경우에 대해 상해에 대한 교사를 인정한 바 있습니다.

교 수 교사자의 고의는 무엇인가요.

학 생 '교사의 고의'와 '정범의 고의', 이중(二重)의 고의입니다.

교 수 '교사의 고의'는 피교사자에게 범죄실행의 결의를 갖게 한다는 사실에 대한 고의일테고

학 생 '정범의 고의'란 정범을 통하여 구성요건적 결과를 실현한다는 점에 대한 고의입니다.

교 수 '기수(旣遂)'의 고의여야 하겠군요.

학 생 따라서 정범이 '미수(未遂)'에 그칠 것을 예견하면서 교사하는 것은 교사자의 고의를 인정할 수 없으므로 불가벌입니다.

교 수 '함정수사' 같은 경우 말이지요.

교 수 이미 범죄의 결의를 가진 자에 대한 교사행위는 처벌할 수 없나요.

학 생 방조죄를 검토해 볼 수 있습니다. 형법 제32조, '타인의 범죄를 방조한 자는 종범으로 처벌한다. 종범의 형은 정범의 형보다 감경한다.'

교 수 그렇죠, **'방조'**는 교사에 대해 보충(補充) 관계이지요. 그 개념에 대해서도 역시 3, 4교시때 보았습니다. '정범의 범죄실행 결의를 강화하거나 그 실행행위를 가능 또는 용이하게 하는 실행행위

359 대법원 1991. 5. 14. 선고 91도542 판결.

360 대법원 1997. 6. 24. 선고 97도1075 판결.

이외의 원조행위'.

학 생　대법원[361]은 형법상 형법상 방조행위는 정범의 실행행위를 용이하게 하는 직접, 간접의 모든 행위를 가리키는 것으로서 유형적, 물질적인 방조뿐만 아니라 정범에게 범행의 결의를 강화하도록 하는 것과 같은 무형적, 정신적 방조행위까지도 해당한다고 판시한 바 있습니다.

교 수　핵 폐기장 설치 반대 시위의 일환으로 행하여진 대학생들의 인천시청 기습점거 시위에 대하여 전혀 모르고 있다가 시위 직전에 주동자로부터 지시를 받고 '시위현장 사진 촬영행위'를 한 행위는 그로 인하여 시위대들이 정신적으로 크게 고무되고 그 범행결의도 강화된 것이므로 폭력행위, 시위 등 범행에 대한 정신적 방조행위가 된다고 본 판례가 있지요.[362] 방조의 경우에도 방조의 고의와 정범의 고의가 모두 필요하고 정범의 고의는 기수의 고의여야 할 것입니다.[363]

학 생　그리고 방조는 작위(作爲)뿐만 아니라 '부작위(不作爲)'에 의하여도 성립할 수 있습니다.[364]

교 수　교사와 다른 점이군요. '부작위'는 피교사자에 대해 아무런 심리적 영향을 줄 수 없어 부작위에 의한 교사는 성립될 수 없는데.

---

361 대법원 2007. 4. 27. 선고 2007도1303 판결.

362 대법원 1997. 1. 24. 선고 96도2427 판결.

363 **[변호사시험 기출문제]**

Q) 옳은 설명인지?

'방조범은 정범의 실행을 방조한다는 방조의 고의와 정범의 행위가 구성요건에 해당한다는 점에 대한 정범의 고의가 있어야 한다.' (O)

364 대법원 2006. 4. 28. 선고 2003도4128 판결.

부작위범

학 생 부작위에 의한 방조, '**부작위범**(不作爲犯)'의 문제입니다. 형법 제18조, '위험의 발생을 방지할 의무가 있거나 자기의 행위로 인하여 위험발생의 원인을 야기한 자가 그 위험발생을 방지하지 아니한 때에는 그 발생된 결과에 의하여 처벌한다.'

교 수 작위의무 있는 자가 부작위함으로써 악결과를 발생시켰다면 처벌하겠다.

학 생 작위의무가 없으면 부작위하여도 부작위범이 될 수 없다는 것입니다. 따라서 부작위범의 성립여부와 관련하여 '작위의무'의 존부가 중요 문제가 됩니다.

교 수 '**보증인**(保證人) **의무**'라고도 하지요. 이 의무는 언제 발생하나요.

학 생 대법원[365]은 형법상 부작위범이 인정되기 위해서는 형법이 금지하고 있는 법익침해의 결과 발생을 방지할 법적인 작위의무를 지고 있는 자가 그 의무를 이행함으로써 결과 발생을 쉽게 방지할 수 있었음에도 불구하고 그 결과의 발생을 용인하고 방관한 채 그 의무를 이행하지 아니한 경우, 그 부작위가 작위에 의한 법익침해와 동등한 형법적 가치가 있는 것이어서 그 범죄의 실행행위로 평가될 만한 것이라면 작위에 의한 실행행위와 동일하게 부작위범으로 처벌할 수 있다며,

365 대법원 2008. 2. 14. 선고 2007도3952 판결.

그 작위의무는 법적인 의무여야 하므로 단순한 도덕상 또는 종교상 의무는 포함되지 않으나 작위의무가 법적인 의무인 한 성문법이건 불문법이건 상관이 없고 또 공법이건 사법이건 불문하므로, **법령, 법률행위, 선행행위**(先行行爲)로 인한 경우는 물론이고 기타 **신의성실**(信義誠實)**의 원칙**이나 **사회상규** 혹은 **조리**(條理)상 작위의무가 기대되는 경우에도 법적인 작위의무는 있다고 판시하고 있습니다.[366]

교 수　작위의무의 발생근거는 법령, 법률행위, 선행행위는 물론 신의성실의 원칙이나 사회상규 그리고 조리까지도 포함한다.

학 생　나아가 그와 같은 '형식적' 근거에 더하여, 맹견의 주인과 같이 자기의 지배영역 안에 있는 '위험원'을 소유 또는 점유하고 있거나, 특별한 신분상 권위로 '타인에 대한 감독의무'가 있는 자에게도 '실질적'으로 보증인 의무가 있다 할 것입니다.

교 수　형식적인 근거와 실질적인 근거를 종합하여 판단하고 있군요. '법령'에 의한 작위의무에는 어떤 것들이 있나요?

---

366 **[변호사시험 기출문제]**

Q) 부작위범에 관하여 옳은 설명은?

'법적인 작위의무를 지고 있는 자가 결과발생을 쉽게 방지할 수 있었음에도 불구하고 이를 방관한 채 그 의무를 이행하지 아니한 경우에, 그 부작위가 작위에 의한 법익침해와 동등한 형법적 가치가 있는 것이어서 그 범죄의 실행행위로 평가될 만한 것이라면, 부작위범으로 처벌할 수 있다.'(○)

'신의성실의 원칙이나 사회상규 혹은 조리상 작위의무가 기대되는 경우에는 법적인 작위의무가 인정되지 않는다.' (×)

학 생　민법상 친권자의 보호의무[367]나 부부간 부양의무[368]와 같은 것들이 있을 것이고,

교 수　도로교통법상 구호의무[369]도 해당될 수 있겠군요.

학 생　대법원[370]은 도로교통법 제54조 제1항, 제2항이 규정한 교통사고발생시의 구호조치의무 및 신고의무는 차의 교통으로 인하여 사람을 사상하거나 물건을 손괴할 때에 운전자 등으로 하여금 교통사고로 인한 사상자를 구호하는 등 필요한 조치를 신속히 취하게 하고, 또 속히 경찰관에게 교통사고의 발생을 알려서 피해자의 구호, 교통질서의 회복 등에 관하여 적절한 조치를 취하게 하기 위한 방법으로 부과된 것이므로, 교통사고의 결과로 피해자의 구호 및 교통질서의 회복을 위한 조치가 필요한 상황인 이상, 그 의무는 교통사고를 발생시킨 당해 차량의 운전자에게 사고 발생에 있어서의 고의, 과실 혹은 유책, 위법의 유무에 관계없이 부과된 의무라고 해석함이 상당할 것인바, 당해 사고에 있어 귀책사유가 없는 경우에도 그 의무가 없다 할 수 없고, 또 그 의무는

367 민법 제913조(보호, 교양의 권리의무) 친권자는 자를 보호하고 교양할 권리 의무가 있다.

368 민법 제974조(부양의무) 다음 각호의 친족은 서로 부양의 의무가 있다.
1. 직계혈족 및 그 배우자간
2. 삭제
3. 기타 친족간(생계를 같이 하는 경우에 한한다.)

369 도로교통법 제54조(사고발생시의 조치) ① 차 또는 노면전차의 운전 등 교통으로 인하여 사람을 사상하거나 물건을 손괴(이하 "교통사고"라 한다)한 경우에는 그 차 또는 노면전차의 운전자나 그 밖의 승무원(이하 "운전자등"이라 한다)은 즉시 정차하여 다음 각 호의 조치를 하여야 한다.
1. 사상자를 구호하는 등 필요한 조치
2. 피해자에게 인적 사항(성명ㆍ전화번호ㆍ주소 등을 말한다. 이하 제148조 및 제156조 제10호에서 같다) 제공

370 대법원 2002. 5. 24. 선고 2000도1731 판결.

신고의무에만 한정되는 것은 아니므로 타인에게 신고를 부탁하고 현장을 이탈하였다고 하여 그 의무를 다한 것이라고 할 수 없다고 판시한 바 있습니다.[371]

교 수　'법률행위'에 의한 작위의무란 '계약'에 의한 작위의무라 할 것이고, '선행행위'에 의한 작위의무는 '자기의 행위로 인하여 위험발생의 원인을 야기한 자', 즉 제18조에 근거를 둔 것이군요.

학 생　대법원[372]은 피해자의 숙부인 피고인이 익사의 위험에 대처할 보호능력 없는 나이 어린 피해자를 급한 경사로 인하여 미끄러지기 쉬운 익사 위험이 있는 저수지로 데리고 갔다면, 피고인으로서는 피해자가 물에 빠져 익사할 위험을 방지하고 피해자가 물에 빠지는 경우 그를 구호하여 주어야 할 법적인 작위의무가 있다고 보아야 할 것이고, 피해자가 물에 빠진 후 피고인이 살해의 범의를 가지고 그를 구호하지 아니한 채 그가 익사하는 것을 용인하고 방관한 행위는 피고인이 그를 직접 물에 빠뜨려 익사시키는 행위와 다름없다고 형법상 평가될 만한 살인의 실행행위라고 판시하였습니다.

교 수　나이 어린 피해자를 익사 위험이 있는 저수지로 데리고 간 '선행

371 **[변호사시험 기출문제]**

Q) 부작위범에 관하여 옳은 설명인지?

'교통사고의 결과가 피해자의 구호 및 교통질서의 회복을 위한 조치가 필요한 상황인 이상 도로교통법 제54조 제1항, 제2항이 규정한 교통사고 발생시의 구호조치의무 및 신고의무는 교통사고를 발생시킨 당해 차량의 운전자에게 그 사고 발생에 있어서 고의 · 과실 혹은 유책 · 위법의 유무에 관계없이 부과된 의무이다.' (○)

372 대법원 1992. 2. 11. 선고 91도2951 판결.

행위'로써 피해자에 대한 '구호의무'가 발생하였으나, 물에 빠진 피해자를 구호하지 않아 '부작위'함으로써 피해자를 살해하였다.

학 생 피고인이 피해자를 직접 물속으로 밀어 빠뜨린 것이 아니고 피해자 스스로 물속에 빠지게 된 경우이지만, 피고인이 피해자를 구호하지 아니한 것은 피고인이 피해자를 직접 물에 빠뜨려 익사시킨 행위와 동일하다고 볼 수 있으므로, 피고인은 피해자에 대한 '살인죄'가 된다는 것입니다.

학 생 그리고 '조리'에 의한 작위의무는 '신의칙상 고지의무'가 대표적일 것입니다. 대법원[373]은 피고인이 그 매도하려는 토지에 대해 여객정류장시설 등을 설치하는 도시계획이 입안되어 있어 장차 그 토지가 시(市)에 의하여 협의매수되거나 수용될 것이라는 점을 알고 있었으므로 그러한 사정을 모르고 그 토지를 매수하려는 피해자에게 그 사정을 고지할 신의칙상의 의무가 있고, 따라서 그러한 사정을 고지하지 아니한 피고인의 행위는 부작위에 의한 사기죄를 구성한다고 판시한 바 있습니다.

교 수 임대인이 임대차계약을 체결하면서 임대목적물이 경매진행 중인 사실을 임차인에게 알리지 아니한 경우, 임차인이 등기부를 확인하거나 열람하는 것이 가능하더라도 부작위에 의한 사기죄가 성립한다고 본 판례[374]도 있지요.[375]

373 대법원 1993. 7. 13. 선고 93도14 판결.

374 대법원 1998. 12. 8. 선고 98도3263 판결.

375 **[변호사시험 기출문제]**

교 수 '위험원'이나 '타인에 대한 감독의무'를 보증인 의무의 발생근거로 본 판례는 없나요.

학 생 대법원[376]은 은행의 중앙지점장인 피고인으로서 정범인 부하직원들의 범행을 인식하면서도 그들의 은행에 대한 배임행위를 방치한 것은 배임죄의 방조범이라고 판단한 바 있습니다.

교 수 은행지점장으로서 부하직원들의 범죄행위를 방지할 의무, 즉 작위의무가 있음에도 불구하고 그 의무를 이행하지 아니한 부작위로 부하직원들의 배임행위를 방조하였다는 것이군요.

학 생 형법상 방조는 작위에 의하여 정범의 실행행위를 용이하게 하는 경우는 물론, 직무상 의무 있는 자가 정범의 범죄행위를 인식하면서도 그것을 방지하여야 할 제반조치를 취하지 않은 '부작위'로 인하여 정범의 실행행위를 용이하게 하는 경우에도 성립됩니다.[377,378]

Q) 부작위범에 관하여 옳은 설명은?

'토지 소유자인 甲이 그 소유 토지에 대하여 여객정류장시설을 설치하는 도시계획이 입안되어 있어 장차 위 토지가 수용될 것이라는 점을 알고 있었음에도, 이러한 사정을 모르는 매수인 乙에게 이러한 사실을 고지하지 않고 토지를 매도하고 매매대금을 수령하였다면, 甲에게는 사기죄가 성립한다.' (○)

'임대인 甲이 자신 소유의 여관건물에 대하여 임차인 乙과 임대차계약을 체결하면서 乙에게 당시 임대목적물에 관하여 법원의 경매개시결정에 따른 경매절차가 진행 중인 사실을 알리지 아니하였더라도, 乙이 등기부를 확인 또는 열람하는 것이 가능하였다면 기망행위가 있었다고 볼 수 없어, 甲에게는 사기죄가 성립하지 아니한다.' (×)

376 대법원 1984. 11. 27. 선고 84도1906 판결.

377 대법원 1984. 11. 27. 선고 84도1906 판결.

378 **[변호사시험 기출문제]**

Q) 종범에 관하여 옳은 설명인지?

'법률상 정범의 범행을 방지할 의무가 있는 자가 그 범행을 알면서도 방지하지 아니하여 범행을 용이하게 한 때에는 부작위에 의한 종범이 성립한다.' (○)

교 수 그런데 이상하군요. 피이용자에 대한 교사, 방조행위에 대해 제31조 교사죄나 제32조 방조죄의 성립여부는 검토하지 않나요? 그보다 먼저 제34조 간접정범의 성립여부를 검토하는 이유는 무엇인가요.

공범의 종속성

학 생 '**정범개념의 우위성**(優位性)' 때문입니다. 협의의 공범, 즉 교사범이나 종범은 정범의 '불법'에 '종속'하여 자신의 불법을 형성합니다.

교 수 정범의 행위가 구성요건에 해당하고 위법하면 교사범, 종범은 그 정범에 종속하여 성립한다. 협의의 공범은 정범 불법의 성립을 전제로 하는 '**성립상 종속성**(從屬性)'이 있다는 것이죠.[379]

학 생 따라서 정범의 개념이 공범의 개념보다 우선적으로 확정되어야 합니다. 대법원[380]은 정범의 성립은 교사범, 방조범 구성요건의 일부를 형성하고 교사범, 방조범이 성립하기 위하여 먼저 정범의

Q) 부작위범에 관하여 옳은 설명은?
'부작위에 의한 방조범은 성립하지 않는다.' (×)
'과실에 의한 교사와 방조가 모두 불가능하듯이, 부작위에 의한 교사와 방조도 모두 불가능하다.' (×)

379 **[변호사시험 기출문제]**
Q) 공범에 관하여 옳은 설명은?
'甲이 乙에게 A의 주거에 침입할 것을 교사했는데 乙이 A의 승낙을 얻어 정당하게 주거에 들어간 경우 공범종속성설 중 제한적 종속형식에 의하면 甲은 주거침입죄의 교사범이 성립하지 않는다.' (O)
'제한종속형식에 의할 경우 위법성이 조각되는 행위를 교사 · 방조한 경우에는 공범이 성립될 가능성이 없다.' (O)

380 대법원 1981. 11. 24. 선고 81도2422 판결.

범죄행위가 인정되어야 하는 것은 '**공범 종속성**'에 연유하는 당연한 귀결이라고 판시하고 있습니다.

교 수　정범의 성립여부를 먼저 따져보아 정범이 성립하지 않으면 그때 협의의 공범이 성립하는지 검토한다.

학 생　정범이 성립한다면 교사범이나 종범의 성립여부는 더 따질 것도 없습니다.

교 수　그럼 간접정범에 대해 계속 검토해 봅시다. 교사 또는 방조하여 '범죄행위의 결과를 발생하게 한 자'. 乙은 어떤 범죄행위의 결과를 발생하게 하였다는 것인가요.

허위공문서작성죄

학 생　형법 제227조, 허위공문서작성죄입니다. '공무원이 행사할 목적으로 그 직무에 관하여 문서 또는 도화를 허위로 작성하거나 변개한 때에는 7년 이하의 징역 또는 2천만원 이하의 벌금에 처한다.'

교 수　乙은 허위공문서작성죄로 처벌되지 아니하는 丙을 교사 또는 방조한 허위공문서작성죄의 간접정범이다? 예비군훈련확인서가 허위공문서작성죄의 객체인 '문서'인가요?

문서

학 생 **'문서**(文書)'란 문자 또는 그에 대신할 수 있는 가독적 부호로 계속적으로 물체상에 기재된 의사 또는 관념의 표시로서 그 내용이 법률상, 사회생활상 주요 사항에 관한 증거로 될 수 있는 것을 말합니다.[381]

교 수 사람의 동일성을 표시하기 위하여 사용되는 일정한 상형인 '인장(印章)'이나 사람의 인격상의 동일성 이외의 사항에 대해서 그 동일성을 증명하기 위한 부호인 '기호(記號)'와는 구분되지요.[382]

학 생 **'가독적**(可讀的)' 부호여야 합니다. 즉 관념이나 의사의 표시가 객관적, 일반적으로 이해할 수 있는 정도여야 합니다.

교 수 관념과 의사의 표시가 구체적이어야 한다면, 암호는 물론이고 추상적 사항을 표시한 소설이나 시 등은 문서죄에서의 문서라고 볼 수 없겠군요.

학 생 다만 반드시 문장형식을 갖추지 않더라도 그 표시로부터 일정한 관념이나 의사를 알 수 있다면 문서가 될 수 있습니다. 대법원[383]은 관공서에서 영수필통지서의 하단에 찍는 소인과 같은 생략문서(省略文書)도 그것이 사람 등의 동일성을 나타내는 데에 그치지 않고 그 외의 사항도 증명, 표시하는 한 인장이나 기호가 아니라 문서로 취급하여야 한다고 판시한 바 있습니다.

381 대법원 1995. 9. 5. 선고 95도1269 판결.

382 대법원 1995. 9. 5. 선고 95도1269 판결.

383 대법원 1995. 9. 5. 선고 95도1269 판결.

교 수 그 소인은 원형 고무인이 3단으로 나뉘어 상단에는 '소인', 하단에는 성명, 그리고 가운데에는 일자란이 있어 그때그때 일자를 바꾸어 가면서 사용할 수 있도록 만들어진 것이었지요.

학 생 또한 의사의 표시는 '**계속성**'을 가져야 합니다. 계속성이 인정되는 한 표시수단과 표시되는 물체에는 제한이 없고요.

교 수 금방 지워지는 모래 위에 쓴 글을 문서죄의 문서라고 볼 수는 없겠지요. 그럼 컴퓨터 모니터 화면에 나타나는 '이미지'는 어떤가요, 문서인가요?

학 생 대법원[384]은 컴퓨터 모니터 화면에 나타나는 이미지는 이미지 파일을 보기 위한 프로그램을 실행할 경우 그때마다 전자적 반응을 일으켜 화면에 나타나는 것에 지나지 않아 계속적으로 화면에 고정된 것으로 볼 수 없으므로, 형법상 문서에 관한 죄에 있어서의 문서에 해당되지 않는다고 판시한 바 있습니다.

교 수 스캔 작업을 통해 만들어낸 이미지 '파일'은요? 이미지와는 달리 계속성이 있어 보이는데.

학 생 이미지 파일은 전자기록으로서 전자기록 장치에 전자적 형태로 고정되어 계속성이 있다고 볼 수는 있으나, 그러한 형태는 그 자체로서 시각적 방법에 의해 이해할 수 있는 것이 아니어서 역시 문서죄의 문서로 보기 어려울 것입니다.[385,386]

---

384 대법원 2008. 4. 10. 선고 2008도1013 판결.

385 대법원 2008. 4. 10. 선고 2008도1013 판결.

386 **[변호사시험 기출문제]**

Q) 甲은 A로부터 B 명의의 주민등록증을 만들어 달라는 의뢰를 받고, 인터넷 포털사이트, 포토샵 프로그램 등을 이용하여 발행인이 서울 ○○구청장으로 된 주민등록증 이미지 파일을 만들어 A

교 수 가독성이 없다는 것이지요. 시각 아닌 청각으로 이해할 수 있는 녹음테이프 같은 것도 문서죄의 문서로 보기는 곤란할 것입니다. 문서죄에서의 문서가 계속적으로 시각적으로 이해되어야만 할 이유가 있나요?

학 생 문서의 '증명적 기능', 그리고 '보장적 기능'을 수행하여야 하기 때문입니다. 증명적 기능, 보장적 기능, 그리고 계속적 기능. 문서의 3가지 개념요소입니다.

교 수 '**증명적** 기능'이란 무엇인가요.

학 생 문서는 '법률상, 사회생활상 주요사항'을 증명할 수 있고 증명하기 위한 것이어야 합니다.

교 수 법률상 주요사항을 증명하는 것이라면 권리의무의 발생, 유지, 소멸 등과 관련이 있는, 예를 들면 매매계약서 같은 것이 있겠군요.

가 요청한 이메일에 첨부하여 전송하는 등 월 10회 이상 주민등록증 등 공문서를 위조해 오고 있다. 이에 관하여 옳은 설명은?

'컴퓨터 모니터 화면에 나타난 B 명의의 주민등록증 이미지는 계속적으로 화면에 고정된 것으로 볼 수 없어 문서에 관한 죄의 객체인 문서에 해당하지 않는다.' (O)

'甲이 A에게 전송한 B 명의의 주민등록증 이미지 파일은 시각적 방법에 의하여 이해할 수 있는 것이 아니므로 문서에 관한 죄의 객체인 문서에 해당하지 않는다.' (O)

'만일 甲이 C의 의뢰로 미리 주워 가지고 있던 D의 공무원신분증에 E의 사진을 정교하게 붙이는 방법으로 일반인이 공무원신분증이라고 믿을만한 외관을 갖춘 다음 이를 스캐너로 읽어 들여 이미지화하고, 그 파일을 의뢰인 C에게 전송하여 C로 하여금 컴퓨터 화면상에서 그 이미지를 보게 하였다면 그 행위는 위조공문서행사죄에 해당하지 않는다.' (O)

Q) 형법상 문서에 관한 죄에 관하여 옳은 설명인지?

'컴퓨터 스캔 작업을 통하여 만들어 낸 공인중개사 자격증의 이미지 파일은 전자기록장치에 전자적 형태로서 고정되어 있어 계속성을 인정할 수 있으므로 형법상 문서에 관한 죄에 있어서의 문서로 보아야 한다.' (×)

학 생 사회생활상 주요사항을 증명하는 것은 그 외의 사항에 대한 것으로 신분증, 이력서 같은. 물건에 붙은 가격표도 가격을 증명하는 문서라 할 수 있을 것이고요.[387]

교 수 좋은 예군요. 문서의 '**보장적** 기능'으로 넘어가보죠.

학 생 문서에는 관념이나 의사를 표시한 주체, 즉 명의인이 표시되어 그 의사표시의 내용을 보증할 수 있어야 합니다.

교 수 법적 거래에 있어 문서의 표현내용이 귀속되는 자가 '특정'되어야 한다.

학 생 다만 그 표시는 문서의 내용이나 형식 등으로부터 누가 명의인인지 판별할 수 있으면 족합니다. 대법원[388]은 사문서위조죄는 작성권한 없는 자가 타인의 명의를 모용하여 권리의무 또는 사실증명에 관한 타인의 문서를 위조한 경우에 성립되는 것으로서 문서에 작성 명의인이 명시되어 있지는 않더라도 문서의 내용, 형식, 체제 등에 비추어 그 문서 자체에 의하여 작성 명의인을 판별할 수 있다면 사문서위조죄의 객체가 되는 문서로 볼 수 있다고 판시한 바 있습니다.

교 수 명의인은 실재(實在)해야겠군요?

학 생 반드시 그래야만 하는 것도 아닙니다. 대법원[389]은 문서위조죄는 문서의 진정에 대한 공공의 신용을 보호법익으로 하는 것

387 **[변호사시험 기출문제]**
Q) 사문서위 · 변조죄에 관하여 옳은 설명인지?
'직접적인 법률관계에 단지 간접적으로 연관된 의사표시 내지 권리 · 의무의 변동에 사실상으로 영향을 줄 수 있는 의사표시를 내용으로 하는 문서는 사문서위조죄의 객체가 되지 않는다.' (×)

388 대법원 1992. 5. 26. 선고 92도353 판결.

389 대법원 2005. 2. 24. 선고 2002도18 판결.

이므로 행사할 목적으로 작성된 문서가 '일반인으로 하여금 당해 명의인의 권한 내에서 작성된 문서라고 믿게 할 수 있을 정도의 형식과 외관을 갖추고 있으면' 문서위조죄가 성립한다며, 일반인으로 하여금 당해 명의인의 권한 내에서 작성된 문서라고 믿게 할 수 있을 정도의 형식과 외관을 갖추고 있는 이상, 그 명의인이 실재하지 않는 허무인이거나 또는 문서의 작성일자 전에 이미 사망하였다고 하더라도 그러한 문서 역시 '**공공의 신용**'을 해할 위험성이 있으므로 문서위조죄가 성립한다고 판시한 바 있습니다.[390]

교 수　공공의 신용을 해할 위험성이 있다면 공문서든 사문서든 마찬가지겠지요. 그럼 '복사문서'는 어떨까요. 복사문서를 위조해도 문서죄가 될까요?

학 생　복사문서도 문서죄에서의 '문서'입니다. 대법원[391]은 형법 제237조의2에 따라 전자복사기, 모사전송기 기타 이와 유사한 기기를 이용하여 복사한 문서의 사본도 문서원본과 동일한 의미를 가지는 문서로서 그를 다시 복사한 문서의 '재사본'도 문서위조죄 및 동 행사죄의 객체인 문서에 해당한다고 판시한 바 있습니다.

교 수　'유가증권'과 구별되는 점이군요.

---

390 **[변호사시험 기출문제]**

Q) 형법상 문서에 관한 죄에 관하여 옳은 설명은?

'사문서의 경우에는 그 명의인이 실재하지 않는 허무인이거나 문서의 작성일자 전에 이미 사망하였다 하더라도 문서위조죄가 성립하나, 공문서의 경우에는 문서위조죄가 성립하기 위하여 명의인이 실재함을 필요로 한다.' (×)

'문서위조죄가 성립하기 위해서는 공문서와 달리 사문서는 작성명의인이 실재하여야 한다.' (×)

391 대법원 2000. 9. 5. 선고 2000도2855 판결.

학 생　네, 유가증권을 위조, 변조[392]하거나 허위의 유가증권을 작성[393]하여 행사[394]하는 경우에 있어서의 유가증권이라 함은 유가증권의 '원본'을 말하는 것이지 전자복사기 등을 사용하여 기계적으로 복사한 '사본'은 해당하지 않습니다.[395,396]

교 수　이 사건 예비군훈련확인서는 종이에 '고정'되어 일반적으로 이해될 수 있도록 외부적으로 '표시'되어 있다고 보아야겠지요.

학 생　또한 甲의 예비군훈련 참가사실을 '증명'하며 명의인인 동대장 丙에 의해 '보증'됩니다.

교 수　'문서'이다.

학 생　그 중에서 공무소 또는 공무원이 그 직무에 관하여 작성한 '공문서'입니다.

---

392 형법 제214조(유가증권의 위조 등) ① 행사할 목적으로 대한민국 또는 외국의 공채증서 기타 유가증권을 위조 또는 변조한 자는 10년 이하의 징역에 처한다.
② 행사할 목적으로 유가증권의 권리의무에 관한 기재를 위조 또는 변조한 자도 전항의 형과 같다.

393 형법 제216조(허위유가증권의 작성 등) 행사할 목적으로 허위의 유가증권을 작성하거나 유가증권에 허위사항을 기재한 자는 7년 이하의 징역 또는 3천만원 이하의 벌금에 처한다.

394 형법 제217조(위조유가증권 등의 행사 등) 위조, 변조, 작성 또는 허위기재한 전3조 기재의 유가증권을 행사하거나 행사할 목적으로 수입 또는 수출한 자는 10년 이하의 징역에 처한다.

395 대법원 2007. 2. 8. 선고 2006도8480 판결.

396 **[변호사시험 기출문제]**
Q) 옳은 설명은?
'전자복사기를 사용하여 원본을 기계적 방법으로 복사한 사본도 문서에 해당한다.' (O)
'복사한 문서의 사본도 문서원본과 동일한 의미를 가지는 문서로서 이를 다시 복사한 문서의 재사본도 문서위조죄의 객체인 문서에 해당한다.' (O)
'甲이 乙로부터 그 전에 미리 서명날인만을 받아 놓은 백지약속어음에 발행일, 금액, 수취인을 함부로 기재한 후, 乙을 상대로 제기한 약속어음금 청구사건에서 그 청구를 대여금청구로 변경하면서 그 소 변경신청서에 위 약속어음을 복사한 사본을 첨부하여 제출하였다면 위조유가증권행사죄는 성립하지 않는다.' (O)

교 수　형법은 '사문서'에 대한 죄보다 '공문서'에 대한 죄를 더 중하게 벌하지요.

학 생　불법이 가중되기 때문입니다. 공문서는 사문서에 비해 신용성과 증명력이 높아 피해규모가 커질 수 있으니.

교 수　이제 이 공문서를 '허위로 작성하거나 변개'한 것인지 살펴볼 차례인데. '위조'나 '변조'로는 볼 수 없나요? 문서죄는 허위작성 행위와 위·변조 행위를 구분하여 처벌하고 있지요.[397]

위조

학 생　'**위조**(僞造)'란 작성권한 없는 자가 타인의 '명의'를 모용하여 문서를 작성하는 것입니다.

교 수　명의사칭이군요.

학 생　대법원[398]은 문서의 위조라고 하는 것은 작성권한 없는 자가 타인 명의를 모용하여 문서를 작성하는 것을 말하므로 사문서를 작성함에 있어 그 명의자의 명시적이거나 묵시적인 승낙, 위임이 있었다면 사문서위조에 해당한다고 할 수 없을 것이나, 문서 작성권한의 위임이 있는 경우라고 하더라도 그 위임을 받은 자가 위임받은 권한을 '초월'하여 문서를 작성한 경우는 사문서

397 형법 제225조(공문서등의 위조 · 변조) 행사할 목적으로 공무원 또는 공무소의 문서 또는 도화를 위조 또는 변조한 자는 10년 이하의 징역에 처한다.
형법 제231조(사문서등의 위조 · 변조) 행사할 목적으로 권리 · 의무 또는 사실증명에 관한 타인의 문서 또는 도화를 위조 또는 변조한 자는 5년 이하의 징역 또는 1천만원 이하의 벌금에 처한다.

398 대법원 2012. 6. 28. 선고 2010도690 판결.

위조죄가 성립하고, 단지 위임받은 권한의 범위 내에서 '남용'하여 문서를 작성한 것에 불과하다면 사문서위조죄가 성립하지 아니한다고 판시하였습니다.[399]

교 수 남용하였더라도 권한의 '범위 내'라면 위조가 아니다.

학 생 작성권한은 여전히 있기 때문입니다. 다만 그때에는 배임죄[400] 성립여부를 검토할 수 있을 것입니다.

교 수 좋습니다. 문서 작성에 대한 동의나 위임은 사전에 받아야겠지요?

학 생 사문서위조 등이 성립한 후 사후에 피해자의 동의 또는 추인 등의 사정으로 문서에 기재된 대로의 효과를 승인받거나 등기가 실체적 권리관계에 부합하게 되었더라도, 이미 성립한 범죄에는 아무런 영향이 없습니다.[401,402]

---

399 **[변호사시험 기출문제]**

Q) 형법상 문서에 관한 죄에 관하여 옳은 설명은?

'甲이 사문서를 작성함에 있어 문서 작성권한을 위임받았고 위임받은 권한의 범위 내에서 이를 남용하여 문서를 작성하였다면, 사문서위조죄가 성립하지 않는다.' (O)

'매수인으로부터 토지매매계약체결에 관하여 포괄적 권한을 위임받은 자가 실제 매수가격보다 높은 가격을 매매대금으로 기재하여 매수인 명의의 매매계약서를 작성하였다 하더라도 그것은 작성권한 있는 자가 허위내용의 문서를 작성한 것에 불과하여 사문서위조죄가 성립할 수 없다.' (O)

400 형법 제355조(배임) ② 타인의 사무를 처리하는 자가 그 임무에 위배하는 행위로써 재산상의 이익을 취득하거나 제3자로 하여금 이를 취득하게 하여 본인에게 손해를 가한 때에는 5년 이하의 징역 또는 1천500만원 이하의 벌금에 처한다.

401 대법원 1999. 5. 14. 선고 99도202 판결.

402 **[변호사시험 기출문제]**

Q) 문서죄에 관하여 옳은 설명은?

'타인명의의 문서를 위조한 뒤 사후승낙을 받았다고 하더라도 위조에 해당한다.' (O)

'사문서를 변조할 당시 그 명의인의 명시적 · 묵시적 승낙이 없었더라도 변조된 문서가 그 명의인에게 유리하여 결과적으로 그 의사에 합치되는 때에는 사문서변조죄를 구성하지 않는다.' (×)

교 수 위조된 문서 원본을 단순히 '복사'하는 행위도 '위조'라고 볼 수 있나요.

학 생 전자복사기로 복사한 문서의 사본도 문서위조죄 및 위조문서행사죄의 객체인 문서에 해당할 뿐 아니라, 위조된 문서원본을 단순히 전자복사기로 복사하여 그 사본을 만드는 행위도 공공의 신용을 해할 우려가 있는 별개의 문서사본을 창출하는 행위로서 문서 위조행위에 해당합니다.[403] 대법원[404]은 타인의 주민등록증 사본의 사진란에 자신의 사진을 붙여 복사하여 행사한 행위가 공문서위조죄 및 위조공문서행사죄에 해당한다고 보았습니다.

교 수 타인 명의를 모용하기만 하면 모두 '위조'라는 건가요.

학 생 대법원[405]은 작성명의자의 승낙이나 위임없이 그 명의를 모용하여 토지사용에 관한 책임각서 등을 작성하면서 작성명의자의 서명이나 날인은 하지 않고 다만 피고인이 자신의 이름으로 보증인란에 서명, 날인한 경우, 그 정도만으로는 토지의 소유자가 작성한 진정한 각서로 오신하기에 충분한 정도의 외관과 형식을 갖춘 완성된 문서라고 보기 부족하여 사문서위조죄가 성립되기 어렵다고 보았습니다.

'공정증서원본부실기재죄가 성립한 후 사후에 피해자의 동의 또는 추인 등의 사정으로 문서에 기재된 대로 효과의 승인을 받거나, 등기가 사후에 실체적 권리관계에 부합하게 되었다 하더라도 이미 성립한 범죄에는 아무런 영향이 없다.' (O)

403 대법원 1996. 5. 14. 선고 96도785 판결.

404 대법원 2000. 9. 5. 선고 2000도2855 판결.

405 대법원 1997. 12. 26. 선고 95도2221 판결.

교 수　일반인들이 진정한 문서라고 오인할 정도의 형식이나 외관을 갖추어야 한다.[406]

학 생　문서의 형식이나 내용이 반드시 완전할 것까지 요하는 것은 아닙니다.[407]

교 수　타인인 것처럼 가장하는 것이 아니라 타인의 지위에 있는 것처럼 가장하여 문서를 작성하는 경우라면 어떨까요.

학 생　타인의 명의를 모용하는 것이 아니라 타인의 자격을 모용하는 경우라면.

교 수　그렇죠, 명의는 자기 명의, 자격은 타인의 자격.

자격모용작성

학 생　'자격모용에 의한 문서작성죄'입니다. 제226조, '행사할 목적으로 공무원 또는 공무소의 자격을 모용하여 문서 또는 도화를 작

406 **[변호사시험 기출문제]**

Q) 甲의 죄책에 관하여 옳은 설명인지?

'甲이 다른 서류에 찍혀 있던 乙의 직인을 칼로 오려내어 풀로 붙인 후 이를 복사하여 수상후보자추천서와 경력증명서 각 1통을 만들고 이를 수상자를 선정하는 협회에 발송한 경우, 동 서류 2통을 주의 깊게 관찰하지 아니하면 그 외관에 비정상적인 부분이 있음을 알아차리기가 어렵다면, 甲에게 사문서위조죄가 성립한다.' (O)

407 **[변호사시험 기출문제]**

Q) 옳은 설명은?

'문서의 작성권한이 없는 甲이 문서에 타인의 서명을 기재한 경우, 일단 서명 등이 완성되었더라도 문서가 완성되지 않았다면 甲에게 서명 등의 위조죄는 성립하지 않는다.' (×)

'사문서의 작성명의자의 인장이 압날되지 않고 주민등록번호가 기재되지 않았다면 일반인이 그 작성명의자에 의해 작성된 사문서라고 믿을만한 정도의 형식과 외관을 갖추었더라도 사문서위조죄의 객체가 되지 않는다.' (×)

성한 자는 10년 이하의 징역에 처한다'. 제232조, '행사할 목적으로 타인의 자격을 모용하여 권리, 의무 또는 사실증명에 관한 문서 또는 도화를 작성한 자는 5년 이하의 징역 또는 1천만원 이하의 벌금에 처한다'.

교 수　위·변조죄와는 또 다른 구성요건이군요.

학 생　예를 들어 A구청장이 B구청장으로 전보된 후 A구청장 권한에 속하는 건축허가 관련 기안용지의 결재란에 자기의 이름으로 서명한 행위는,

교 수　B구청장이 자기 이름을 A구청장 결재란에 쓴 것이니 명의를 모용한 것이 아니고 따라서 '위조'가 아니다.

학 생　자격을 모용한 '자격모용에 의한 공문서작성죄'가 된다는 것입니다.[408,409]

변조

교 수　또한 '**변조**(變造)'란 무엇인가요.

학 생　권한 없는 자가 이미 진정하고 유효하게 성립된 타인 명의의 문서 내용에 그 동일성을 해하지 않을 정도로 변경을 가하는 것

---

408 대법원 1993. 4. 27. 선고 92도2688 판결.

409 **[변호사시험 기출문제]**

Q) 사문서위 · 변조죄에 관하여 옳은 설명인지?

'주식회사의 지배인이 자신을 그 회사의 대표이사로 표시하여 연대보증채무를 부담하는 취지의 회사 명의의 차용증을 작성한 경우에 그 문서에 허위의 내용이 포함되어 있더라도 사문서위조죄를 구성하지 않는다.' (O)

입니다.

교 수 '권한 없는 자'가 주체라는 점에 대해서는 위조와 같군요.

학 생 하지만 이미 '진정하고 유효하게' 성립된 타인 명의의 문서 내용에 그 '동일성을 해하지 않을 정도'로 변경을 가한다는 점에서 위조와 구별됩니다. 대법원[410]은 공문서변조라 함은 권한 없이 이미 진정하게 성립된 공무원 또는 공무소 명의의 문서 내용에 대해 그 동일성을 해하지 아니할 정도로 변경을 가하는 것을 말하므로, 이미 허위로 작성된 공문서는 형법상 공문서변조죄의 객체가 되지 아니한다고 판시한 바 있습니다.

교 수 변조의 개념에 대해서는 유가증권 변조와 관련된 몇 개의 판례들을 살펴보면 이해에 도움이 될 것입니다. 위·변조의 개념은 문서에서나 유가증권에서나 동일하지요.

학 생 대법원[411]은 유가증권의 내용 중 권한 없는 자에 의하여 이미 변조된 부분을 다시 권한 없이 변경한 경우라면 유가증권변조죄는 성립하지 않는다고 판시하였습니다.

교 수 이미 변조된 부분을 변경한 것이기 때문이지요.

학 생 네, '진정하고 유효하게' 성립된 유가증권이 아니었기 때문입니다. 또한 진정하고 유효하게 성립된 약속어음의 '액면금액'을 변경하는 것은 어음의 '동일성'을 해하지 않으므로 유가증권변조죄가 된다고 판시하고 있습니다.[412]

---

410 대법원 1986. 11. 11. 선고 86도1984 판결.

411 대법원 2012. 9. 27. 선고 2010도15206 판결.

412 대법원 2006. 1. 26. 선고 2005도4764 판결.

교 수　즉 위조된 유가증권은 유가증권 위조죄의 객체는 될 수 있지만 진정하고 유효하게 성립된 유가증권이 아니므로 유가증권변조죄의 객체는 될 수 없고, 권한 없이 백지어음의 금액을 보충하면 유가증권 위조죄가 되지만 권한 내에서 보충하면 위조도 변조도 해당하지 않는데 그 권한 내 보충 후 다시 권한 없이 '금액'을 변경하면 진정하고 유효하게 성립된 타인 명의의 유가증권에 대해 동일성을 해하지 않는 한도 내에서 변경을 가한 것으로 유가증권 변조죄가 된다.

학 생　다만 변조의 정도는 문서의 진정에 대한 '공공의 신용'에 대해 위험을 초래할 정도가 되어야 합니다. 대법원[413]은 자신의 주민등록증 비닐커버 위에 검은색 볼펜을 사용하여 주민등록번호 전부를 덧기재하고 투명 테이프를 붙이는 방법으로 주민등록번호 중 출생연도를 나타내는 '71'을 '70'으로 고친 경우, 변조행위가 공문서 자체에 변경을 가한 것이 아니며 그 변조방법이 조잡하여 공문서에 대한 공공의 위험을 초래할 정도에 이르지 못하였으므로 공문서변조죄가 성립하지 않는다고 판시한 바 있습니다.

교 수　이 사건 예비군훈련확인서가 이미 진정하고 유효하게 성립되어 있었거나 그 동일성을 해하지 않는 한도 내에서 변경이 가해진 것도 아니니 '변조'에 해당하지 않네요.

413 대법원 1997. 3. 28. 선고 97도30 판결.

학 생　乙은 丙의 명의나 자격을 모용한 것도 아니니 '위조'도, '자격모용작성'도 아닙니다.

교 수　이러한 '권한 없이' 문서를 작성하는 '**유형위조**(有形僞造)'와 '허위작성'은 구분되는가요.

학 생　허위작성은 '권한 있는' 자가 진실에 반하는 내용의 문서를 작성하는 '**무형위조**(無形僞造)'입니다. 공문서의 경우에는 허위공문서작성죄로 처벌하지만, 사문서의 경우에는 허위진단서작성죄[414]를 제외하고는 불가벌입니다.

교 수　진단서 등이 아닌 사문서의 무형위조는 무죄이다?

학 생　처벌하지 않습니다.

교 수　자, 손괴죄의 구성요건을 떠올려 봅시다.

손괴죄

교 수　형법 제366조, '타인의 재물, 문서 또는 전자기록 등 특수매체기록을 손괴 또는 은닉 기타 방법으로 기 효용을 해한 자는 3년 이하의 징역 또는 700만원 이하의 벌금에 처한다.'

학 생　... '문서를 손괴 또는 은닉 기타 방법으로 기 효용을 해한.'

교 수　'손괴' 또는 '은닉'. 어떤 의미인가요.

---

414 형법 제233조(허위진단서등의 작성) 의사, 한의사, 치과의사 또는 조산사가 진단서, 검안서 또는 생사에 관한 증명서를 허위로 작성한 때에는 3년 이하의 징역이나 금고, 7년 이하의 자격정지 또는 3천만원 이하의 벌금에 처한다.

학 생　손괴란 재물, 문서 또는 특수매체기록의 전부 또는 일부에 직접 유형력을 가하여 물리적으로 훼손하는 등으로 물체의 상태변화를 가져오는 일체의 행위이고, 은닉이란 소재를 불분명하게 하여 그 발견을 곤란 또는 불가능하게 함으로써 그 효용을 해하는 것입니다.

교 수　기타 방법이란 재물 등의 효용을 해하는 그 외 일체의 행위를 말하고요.

학 생　물질적 훼손 뿐만 아니라 사실상, 감정상 그 물건을 본래의 용도에 따라 사용할 수 없게 하는 경우를 포함합니다. 식기에 방뇨하여 기분상 다시 사용할 수 없게 하는 것과 같은.

교 수　그런데 손괴죄의 객체는 '타인 소유'의 재물이나 문서 등이니 임의로 변경을 가한 '자기 명의'의 문서가 '타인 소유'에 속한다면 문서손괴죄가 될 수 있다는 것이지요. 대법원[415]은 피고인이 친구에게 채무 없이 잠시 빌려준 피고인 발행의 약속어음을 그 친구가 제3자에게 배서양도함으로써 제3자가 소지중 피고인이 그것을 찢어버린 것은 문서손괴죄에 해당한다고 판단하였습니다.

학 생　손괴죄를 판단할 때 명의인 여부는 고려대상이 아니군요.[416]

교 수　명의인 여부는 위조, 변조에 해당하는지를 판단하기 위한 요소입니다.

415 대법원 1975. 5. 27. 선고 74도3559 판결.

416 대법원 1982. 7. 27. 선고 82도223 판결.

학 생 즉 문서와 관련된 쟁점이 나오면 누구 소유인가와 관련하여서는 손괴죄의 성부를, 명의인이 누구인가와 관련하여서는 위·변조죄를 판단하여야 한다.

교 수 다만 '공무소'에 제출된 자기명의의 문서를 임의로 변경한다면 문서손괴죄가 아니라 '공용서류 등 무효죄'가 되지요.

학 생 공용서류 등 무효죄라.

공용서류 등 무효죄

교 수 오늘 수업에서 처음 출현하는 국가적 법익에 관한 죄군요. 형법 제141조, '공무소에서 사용하는 서류 기타 물건 또는 전자기록 등 특수매체기록을 손상 또는 은닉 기타 방법으로 그 효용을 해한 자는 7년 이하의 징역 또는 1천만원 이하의 벌금에 처한다.'

학 생 손괴죄의 일종이지만 객체의 특수성으로 인해 공무방해죄의 일종으로 규정된 구성요건이군요.

교 수 그 객체는 오직 공무소에서 사용하거나 보관하는지 여부에 따라 판단합니다. 대법원[417]은 공용서류 무효죄는 공문서이거나 사문서이거나를 불문하고 공무소에서 사용 또는 보관 중인 서류를 정당한 권한 없이 그 효용을 해함으로써 성립하는 것인바, 피고인이 군에 보관중인 피고인 명의의 건축허가신청서에 첨부된

417 대법원 1982. 12. 14. 선고 81도81 판결.

설계도면을 떼어내고 별개의 설계도면으로 바꿔놓은 경우 공용서류무효죄가 성립한다고 판시한 바 있습니다.

교 수 자, 이제 '허위로 작성하거나 변개'한 것인지 살펴볼 시간이군요.

학 생 '변개(變改)'란 작성권한 있는 공무원이 진정하게 작성된 기존 문서의 내용을 허위로 고치는 것을 말하는데 예비군훈련확인서 용지를 진정하게 작성된 문서로 볼 수 없으니 변개에는 해당하지 않습니다. '허위작성'입니다.

교 수 '**허위작성**'이란 무엇인가요.

허위공문서작성죄

학 생 공무원이 작성권한 있는 문서나 도화에 객관적 진실에 반하는 내용을 기재하는 것입니다. 대법원[418]은 공무원인 피고인이 그 직무에 관하여 사문서 사본에 "원본대조필 토목기사 ○○○"라고 기재하고 도장을 날인하였다면 그 기재 자체가 공문서로 되고 그 경우 피고인이 실제로 원본과 대조함이 없이 "원본대조필"이라고 기재한 이상 그것만으로 곧 허위공문서죄가 성립하므로, 피고인이 문서작성자에게 전화로 원본과 상이 없다는 사실을 확인하였다거나 객관적으로 그 사본이 원본과 다른 점이 없다고 하더라도 허위공문서죄가 성립한다고 판시한 바 있습니다.

418 대법원 1981. 9. 22. 선고 80도3180 판결.

교 수 반면 대법원[419]은 당사자로부터 뇌물을 받고 적용하여서는 안 될 조항을 고의로 적용하여 과세표준을 결정하고 그 과세표준에 기하여 세액을 산출한 경우에는 허위공문서작성죄에 해당하지 않는다고 보았는데. 무슨 차이인가요.

학 생 고의로 법령을 잘못 적용하였을 뿐 그 적용의 전제가 된 사실관계 내용에 거짓 즉 허위가 없기 때문입니다. 건축 담당 공무원이 건축허가서를 접수, 처리함에 있어 건축법상의 요건을 갖추지 못하고 설계된 사실을 알면서도 기안서인 건축허가통보서를 작성하여 건축허가서의 작성명의인인 군수의 결재를 받아 건축허가서를 작성한 사안에서

교 수 '씨랜드' 사건이군요.

학 생 건축허가서는 작성명의인인 군수가 건축허가신청에 대하여 관계 법령에 따라 허가한다는 내용에 불과하고 건축허가신청서와 그 첨부서류에 기재된 내용이 건축법의 규정에 적합하다는 사실을 확인하거나 증명하는 것은 아니라 할 것이므로, 군수가 건축허가 통보서에 결재하여 건축허가신청을 허가하였다면 그 건축허가서에 표현된 허가의 의사표시 내용 자체에 어떠한 허위가 있다고 볼 수는 없으므로 그러한 건축허가에 요건을 구비하지 못한 잘못이 있고 거기에 담당 공무원의 위법행위가 개입되었다 하더라도 그 위법행위에 대한 책임을 추궁하는 것은 별론으로 하고, 그 건축허가서를 작성한 행위를 허위공문서작성죄로 처벌할 수는 없다고 판시[420]한 사례가 있습니다.

---

419 대법원 1996. 5. 14. 선고 96도554 판결.

420 대법원 2000. 6. 27. 선고 2000도1858 판결.

교 수 그런데 허위공문서작성죄는 진정신분범 아닌가요? 제227조는 '공무원'을 그 주체로 정하고 있습니다만.

학 생 방위병 乙은 공무원입니다.

교 수 그냥 '공무원'만으로는 안 되죠. 허위공문서작성죄의 주체는 직무에 관하여 문서 또는 도화를 '작성할 권한 있는 공무원'입니다. 작성권한 있는 공무원은 방위병 乙이 아닌 동대장 丙이고 乙은 丙의 직무를 '보좌'하는 공무원에 불과하지요.

학 생 맞습니다. 다만 대법원[421]은 공문서의 작성권한이 있는 공무원의 직무를 보좌하는 자가 그 직위를 이용하여 행사할 목적으로 허위의 내용이 기재된 문서 초안을 그 정을 모르는 상사에게 제출하여 결재하도록 하는 등의 방법으로 작성권한이 있는 공무원으로 하여금 허위의 공문서를 작성하게 한 경우에는 간접정범이 성립한다고 판시하고 있습니다.

교 수 예비군훈련확인서의 작성권한 있는 丙의 직무를 보좌하는 乙이 그 직위를 이용하여 행사할 목적으로 甲이 예비군훈련에 참가하였다는 허위 내용이 기재된 예비군훈련확인서에 그 정을 모르는 丙으로 하여금 결재하도록 하는 등으로 허위의 공문서를 작성하게 하였다면, 乙은 허위공문서작성죄의 간접정범이 된다.

학 생 허위공문서작성죄의 주체는 작성권한 있는 공무원으로 엄격히 제한된다는 견해들도 있지만, 대법원은 면의 호적계장이 정을 모르는 면장의 결재를 받아 허위내용의 호적부를 작성하였다면

421 대법원 1992. 1. 17. 선고 91도2837 판결.

허위공문서작성죄의 간접정범이 된다거나,[422] 경찰서 보안과장인 피고인이 A의 음주운전을 눈감아 주기 위하여 그에 대한 음주운전자 적발보고서를 찢어버리고 부하로 하여금 일련번호가 동일한 가짜 음주운전 적발보고서에 B에 대한 음주운전 사실을 기재케 하여 그 정을 모르는 담당 경찰관으로 하여금 주취운전자 음주측정처리부에 B에 대한 음주운전 사실을 기재하도록 한 이상 허위공문서작성죄의 간접정범으로서의 죄책을 면할 수 없다[423]고 각 판시한 바 있습니다.

교 수　정범 적격을 확대하는 모습이군요.

丙은 왜 허위공문서작성죄로 '처벌되지 아니하는 자'인가요?

학 생　예비군훈련확인서의 기재 내용이 허위인 정을 모르는, 즉 허위공문서작성죄의 '고의'가 없기 때문입니다.

교 수　미필적 고의도 인정되지 않나요?

미필적 고의

학 생　'**미필적**(未必的) **고의**'란 결과의 발생이 불확실한 경우 즉 행위자에 있어서 그 결과발생에 대한 확실한 예견은 없으나 그 가능성은 인정하는 것으로 결과발생의 가능성에 대한 '인식'이 있음은 물론 나아가 결과발생을 '용인(容認)'하는 내심의 의사가 있음을

422 대법원 1990. 10. 30. 선고 90도1912 판결.

423 대법원 1996. 10. 11. 선고 95도1706 판결.

요한다 할 것인데,[424,425] 丙에게 허위공문서작성에 대한 인식이나 용인의 의사가 있다고 볼만한 사정은 보이지 않습니다.

교 수 만약 乙이 丙을 이용하지 않고 직접 그 직인 등을 부정사용하여 예비군 훈련 확인서를 기재하고 발급하였다면 어떨까요. 乙이 丙의 지시를 받지 않고 임의로 허위의 공문서를 기재하고 발급하였다면 말이죠.

공문서위조죄 (1/2)

학 생 대법원[426]은 허위공문서작성죄의 주체는 문서를 작성할 권한 있는 명의인인 공무원에 한하고 그 공문서의 문서작성을 보조하는 직무에 종사하는 공무원은 허위공문서작성죄의 주체가 될 수

424 대법원 2004. 2. 27. 선고 2003도7507 판결.

425 **[변호사시험 기출문제]**

Q) 옳은 설명인지?

'미필적 고의가 인정되기 위해서는 결과발생의 가능성에 대한 인식이 있음은 물론 나아가 결과발생을 용인하는 내심의 의사가 있음을 요한다.' (O)

Q) 甲은 피해자 A(만 7세)를 도로에서 약 17미터 떨어진 야산 속의 경작하지 않은 밭으로 데리고 들어가 주먹으로 얼굴을 수차례 때리고, 가지고 있던 스카프로 A의 목을 감아 스카프의 양끝을 양손으로 나누어 잡고 A의 머리를 땅에 비비면서 약 4분 동안 2회에 걸쳐 목을 졸라 실신시킨 후 A를 버려둔 채 그곳을 떠났고, 그로 인하여 A는 사망한 채로 다음날 발견되었다. 제1심 법원에서는 위와 같은 사실관계에 비추어 甲에게 살인죄의 유죄를 인정하였다. 이에 관하여 옳지 않은 설명인지?

'살인죄의 고의는 자기의 행위로 인하여 피해자가 사망할 수도 있다는 사실을 인식 · 예견하는 것으로 족하므로 甲에게 살인의 고의가 없었다고 할 수 없다.' (O)

426 대법원 1981. 7. 28. 선고 81도898 판결.

없으므로 보조 직무에 종사하는 공무원이 허위공문서를 기안하여 허위임을 모르는 작성권자의 결재를 받아 공문서를 완성한 때에는 허위공문서작성죄의 간접정범이 될 것이지만, 그와 같은 결재를 거치지 않고 임의로 작성권자의 직인 등을 부정사용함으로써 공문서를 완성한 때에는 '**공문서위조죄**'가 성립한다고 판시한 바 있습니다.

교 수　'위조'라는 거죠. 일반적으로 작성권자의 직인 등을 보관하는 담당자는 작성권자의 결재가 있는 때에 한하여 그 직인 등을 날인할 수 있을 뿐입니다.

학 생　다른 공무원 등이 작성권자의 결재를 받지 않고 직인을 보관하는 담당자를 기망하여 작성권자의 직인을 날인하도록 함으로써 공문서를 완성한 때에도 공문서위조죄가 성립합니다.[427]

교 수　乙에게 가공한 甲에게는 어떠한 죄가 성립하나요. 甲은 보조 공무원도 아니지요.

학 생　공무원 아닌 자가 공무원에게 가공하여 그 공무원이 범죄를 실행한, 즉 비(非)신분자가 신분자의 범죄에 대해 가공한 경우 비신분자를 어떻게 처리할 것인가 하는 형법 제33조 '**공범과 신분**'의 문제입니다.

---

427 대법원 2017. 5. 17. 선고 2016도13912 판결.

공범과 신분

학 생　제33조, '신분관계로 인하여 성립될 범죄에 가공한 행위는 신분관계가 없는 자에게도 공동정범, 교사범, 종범의 규정을 적용한다. 단, 신분관계로 인하여 형의 경중이 있는 경우에는 중한 형으로 벌하지 아니한다'

교 수　본문과 단서로 나누어져 있군요.

학 생　본문은 '신분관계로 인하여 성립될 범죄', 즉 진정신분범의 공범의 성립과 과형에 대한 것이고, 단서는 '신분관계로 인하여 형의 경중이 있는 경우', 즉 부진정신분범의 공범의 성립과 과형에 대한 것입니다.

교 수　본문부터 살펴봅시다. '배임죄'[428]를 예로 들지요. '타인의 사무를 처리하는 자'를 주체로 정하고 있는.

학 생　타인의 사무를 처리하는 자가 아닌 비신분자 A가 타인의 사무를 처리하는 신분자 B와 공모하거나 신분자 B를 교사 또는 방조한 경우에는 제33조 본문에 의해 비신분자 A에게도 진정신분범인 배임죄의 공동정범이나 교사범 또는 방조범이 성립한다는 것입니다.

교 수　제33조 **본문**에서의 공범의 성립과 과형은 '**연대적**'이군요.

학 생　단 '신분자가 비신분자에게' 가공한 경우라면 비신분자는 정범적격이 없어 처벌되지 아니하는 자이므로 간접정범의 문제가 될 뿐 제33조의 문제가 되는 것이 아님을 주의하여야 합니다.

---

428 형법 제355조(배임) ② 타인의 사무를 처리하는 자가 그 임무에 위배하는 행위로써 재산상의 이익을 취득하거나 제3자로 하여금 이를 취득하게 하여 본인에게 손해를 가한 때에는 5년 이하의 징역 또는 1천500만원 이하의 벌금에 처한다.

교 수　그렇죠, 진정신분범이 제33조에서 문제되는 경우는 '비신분자가 신분자에게' 가공하는 경우이지요. 단서로 넘어가 봅시다.

학 생　부진정신분범인 '존속살해죄'를 예로 들면,

교 수　진정신분범에서 단순배임죄를 예로 들었으니 '업무상배임죄'를 예로 들어보는 것은 어떨까요.

학 생　타인의 사무를 처리하는 것이 '업무'로 되어 있어 단순배임죄에 대해 책임이 가중되는.

교 수　단순배임죄의 진정신분범의 성격과 업무성으로 인해 형이 가중되는 부진정신분범의 성격을 모두 갖고 있는 이중(二重)의 신분범이니 말이죠.

학 생　단순히 타인의 사무를 처리하는 A가 '업무상' 타인의 사무를 처리하는 B에게 가공한 경우 가감적 신분이 있는 B는 업무상배임죄가 성립되어 처벌되지만 그 신분이 없는 A는 보다 경죄인 단순배임죄가 성립되어 처벌됩니다.

교 수　제33조 **단서**에서의 공범의 성립과 과형은 본문과 달리 '**독립적**'이다. '책임의 개별화 원칙'이지요.

학 생　이때에는 이중적 신분이든 가감적 신분이든 형의 경중이 있을 뿐 모두 '처벌'되므로, '신분자가 비신분자에게' 가공하여도 간접정범은 문제되지 않고 여전히 제33조 단서가 적용됩니다.

교 수　정리하면, 제33조 본문은 진정신분범에 대한 공범의 연대적 성립과 과형을, 단서는 부진정신분범에 대한 공범의 독립적 성립과 과형을 규정하고 있다.

학 생　다만 대법원의 태도는 그와 같은 학계의 견해와 조금 다릅니다.

교 수 판례는 제33조에 대한 해석을 통설(通說)과 달리한다. 어떻게 말인가요.

학 생 대법원[429]은 업무상배임죄는 업무상 타인의 사무를 처리하는 지위에 있는 사람이 그 임무에 위배하는 행위로써 재산상의 이익을 취득하거나 제3자로 하여금 그것을 취득하게 하여 본인에게 손해를 가한 때에 성립하는 것으로서, 그것을 '타인의 사무를 처리하는 지위'라는 점에서 보면 신분관계로 인하여 성립될 범죄이고 '업무상 타인의 사무를 처리하는 지위'라는 점에서 보면 단순배임죄에 대한 가중규정으로서 '업무'라는 신분관계로 인하여 형의 경중이 있는 경우라고 할 것이므로, 그와 같은 신분관계가 없는 자가 그러한 신분관계가 있는 자와 '공모'하여 업무상배임죄를 저질렀다면 그러한 신분관계 없는 자에 대하여는 형법 제33조 '단서'에 의하여 단순배임죄로 정한 형으로 '처단'하여야 할 것이라고 판시하였습니다.

교 수 단서에 의해 단순배임죄로 '처단'한다라.

학 생 즉 가감적 신분이 없는 자는 제33조 본문에 따라 업무상배임죄가 '성립'하지만 그 '과형'은 단서에 따라 단순배임죄에 의한다는 의미입니다.

교 수 부진정신분범이나 이중적신분범에 대하여 비신분자가 신분자에게 가공한 경우 공범의 '성립'은 제33조 본문에 따라 연대적으로 판단하지만,[430] '과형'은 제33조 단서에 따라 독립적으로 판단한

429 대법원 1999. 4. 27. 선고 99도883 판결.

430 **[변호사시험 기출문제]**

다는 것인가요.

학 생　네, 이에 대해서는 문리해석의 한계를 벗어난다는 비판이 있습니다.

교 수　그래도 판례의 태도는 잘 알아두어야 하겠지요. 대법원[431]은 위증죄와 모해위증죄의 규정[432]은 위증을 한 범인이 형사사건의 피고인 등을 '모해할 목적'을 가지고 있었는가 아니면 그러한 목적이 없었는가 하는 범인의 특수한 상태의 차이에 따라 범인에게 과할 형의 경중을 구별하고 있으므로 그 형 경중의 구별은 바로 형법 제33조 단서 소정의 '신분관계로 인하여 형의 경중이 있는 경우'에 해당한다고 봄이 상당하고, 따라서 피고인이 A를 모해할 목적으로 B에게 위증을 교사한 이상, 가사 정범인 B에게 모해의 목적이 없었다고 하더라도 형법 제33조 단서의 규정에 의하여 피고인을 모해위증교사죄로 처단할 수 있다고 판시한 바 있습니다.[433]

Q) 乙에게 인정되는 범죄와 동일한 범죄의 공동정범, 교사범 또는 방조범의 성립을 甲에게도 인정할 수 있는 경우인지? (다툼이 있는 경우 판례에 의함)

'A회사 경리과장 乙의 배임행위를 A회사 직원이 아닌 친구 甲이 함께한 경우' (○)

431 대법원 1994. 12. 23. 선고 93도1002 판결.

432 형법 제152조(위증, 모해위증) ① 법률에 의하여 선서한 증인이 허위의 진술을 한 때에는 5년 이하의 징역 또는 1천만원 이하의 벌금에 처한다.
② 형사사건 또는 징계사건에 관하여 피고인, 피의자 또는 징계혐의자를 모해할 목적으로 전항의 죄를 범한 때에는 10년 이하의 징역에 처한다.

433 **[변호사시험 기출문제]**
Q) 옳은 판례의 설명인지?
'형법 제152조 제1항과 제2항은 위증을 한 범인이 형사사건의 피고인 등을 모해할 목적을 가지고 있었는가 아니면 그러한 목적이 없었는가 하는 범인의 특수한 상태의 차이에 따라 범인에게 과할 형의 경중을 구별하고 있으므로, 이는 형법 제33조 단서 소정의 신분관계로 인하여 형의 경중이 있는 경우에 해당한다.' (○)

학 생 위증죄는 '법률에 의하여 선서한 증인'이 주체가 되는 진정신분범이니 비신분자인 피고인이 신분자 B에게 위증을 교사한 경우 제33조 본문에 따라 신분자 B와 비신분자 피고인 모두 단순위증죄가 성립하고 단순위증죄로 처벌되지만,[434] '모해할 목적'이 있는 신분자 피고인이 모해할 목적 없는 비신분자 B에게 위증을 교사한 것이라면 제33조 단서에 따라 비신분자 B는 단순위증죄가 성립하고 단순위증죄로 처벌되나 신분자 피고인은 모해목적위증죄가 성립하고 모해목적위증죄로 처벌된다는 것입니다.

교 수 '모해할 목적'을 불법이 가중되는 '가감적 신분'으로 보았다는 것을 유의할 필요가 있지요.

동일하게 부진정신분범이 문제되는 경우이지만 업무상배임죄와 결론이 다른 것은 업무상배임죄 사안은 '비신분자가 신분자에게' 가공한 경우이고 모해목적위증죄 사안은 '신분자가 비신분자에게' 가공한 경우이기 때문입니다. 대법원은 부진정신분범에서 양자를 구분하고 취급하고 있지요.

학 생 정리해보면, 대법원은 진정신분범에 대하여 비신분자가 신분자에게 가공한 경우 공범의 성립과 과형을 연대적으로 판단하고,[435]

---

434 **[변호사시험 기출문제]**

Q) 乙에게 인정되는 범죄와 동일한 범죄의 공동정범, 교사범 또는 방조범의 성립을 甲에게도 인정할 수 있는 경우인지? (다툼이 있는 경우 판례에 의함)

'甲이 乙을 사주하여 법정에서 위증하게 한 경우' (○)

435 **[변호사시험 기출문제]**

Q) 乙에게 인정되는 범죄와 동일한 범죄의 공동정범, 교사범 또는 방조범의 성립을 甲에게도 인정할 수 있는 경우인지? (다툼이 있는 경우 판례에 의함)

'공무원이 아닌 甲이 공무원인 남편 乙과 함께 뇌물을 수수한 경우' (○)

부진정신분범이나 이중의 신분범에 대해서는 신분자가 비신분자에게 가공한 경우 공범의 성립과 과형을 독립적으로 판단하지만[436]

교 수　여기까지 학계 통설적 견해와 일치하지요.

학 생　하지만 비신분자가 신분자에게 가공한 경우에는 공범의 성립은 연대적으로, 그 과형은 독립적으로 판단합니다.[437]

교 수　부진정신분범이나 이중의 신분범에서 비신분자와 신분자가 공모하거나 비신분자가 신분자를 교사, 방조하는 경우를 주의해야겠군요.

---

436 **[변호사시험 기출문제]**

Q) 교사범에 관하여 옳은 설명은? (다툼이 있는 경우 판례에 의함)

'甲이 남자친구인 乙에게 甲의 부(父)인 A를 살해하도록 교사한 경우 甲에게 형법 제33조 단서가 형법 제31조 제1항에 우선하여 적용되어 甲이 乙보다 중하게 처벌된다.' (○)

'신분관계로 인하여 형의 경중이 있는 경우에 신분이 있는 자가 신분이 없는 자를 교사하여 죄를 범하게 한 때에는 형법 제33조 단서가 형법 제31조 제1항에 우선하여 적용된다.' (○)

Q) 공범에 관하여 옳은 설명인지? (다툼이 있는 경우 판례에 의함)

'도박의 습벽이 있는 자가 습벽이 없는 타인의 도박을 방조하면 상습도박방조죄에 해당한다.' (○)

437 **[변호사시험 기출문제]**

Q) 乙에게 인정되는 범죄와 동일한 범죄의 공동정범, 교사범 또는 방조범의 성립을 甲에게도 인정할 수 있는 경우인지? (다툼이 있는 경우 판례에 의함)

'부인 甲이 그의 아들 乙과 더불어 남편을 살해한 경우' (○)

Q) 공범에 관하여 옳은 설명인지? (다툼이 있는 경우 판례에 의함)

'업무상 타인의 사무를 처리하는 자가 그러한 신분관계가 없는 자와 공모하여 업무상배임죄를 저질렀다면 그러한 신분관계가 없는 자에 대하여는 형법 제33조 단서에 의하여 단순배임죄가 성립한다.' (×)

Q) 주식회사의 임원 甲은 애인 乙과 공모하여 업무수행용 법인카드를 이용해 3개월간 3,000만원에 해당하는 금액을 개인용도로 사용하였다. 이에 관하여 옳은 설명은? (다툼이 있는 경우 판례에 의함)

'甲의 행위는 업무상배임죄에 해당한다.' (○)

'乙의 행위는 업무상배임죄에 정한 형으로 처단된다.' (×)

학 생 허위공문서작성죄의 정범적격 없는 甲이 그 간접정범인 乙에게 가공한 것은 진정신분범에서 비신분자가 신분자에 대해 가공한 것이니 비신분자 甲은 제33조 본문에 따라 허위공문서작성죄의 공범이 됩니다.

교 수 정확히는 허위공문서작성죄의 간접정범의 공범이 되는 것이지요. 여기서의 공범은 반드시 공무원 신분이 있는 자로 한정되는 것이 아니라 할 것입니다.[438] [439]

교 수 사안을 甲과 乙 두 사람의 관계로 단순화 해봅시다. 甲은 공무원 아닌 자, 乙은 작성권한 '있는' 공무원. 이때 乙에게 허위공문서작성의 고의가 없는 경우라면 어떨까요. 甲이 乙을 완전히속였다면 말이죠.

학 생 乙은 허위공문서작성의 고의가 없으니 허위공문서작성죄로 처벌되지 않습니다.

교 수 甲이 처벌되지 않는 乙을 이용한 허위공문서작성죄의 간접정범이라는 건가요.

학 생 甲에게도 허위공문서작성죄의 책임을 물을 수 없습니다. 진정신분범인 허위공문서작성죄의 정범적격, 즉 공무원 신분이 없

438 대법원 1992. 1. 17. 선고 91도2837 판결.

439 **[변호사시험 기출문제]**

Q) 공무원인 甲은 화물자동차운송회사의 대표인 乙의 교사를 받고 허위의 사실을 기재한 화물자동차운송사업변경(증차)허가신청 검토보고서를 작성하여 그 사정을 모르는 최종 결재자인 담당 과장의 결재를 받았다. 이에 관하여 옳은 설명인지?

'甲에게는 허위공문서작성죄의 간접정범이 성립하지만, 乙에게는 허위공문서작성죄의 간접정범의 교사범이 성립하지 않는다.' (×)

기 때문입니다.[440]

교 수 네, 간접정범도 정범이고 따라서 정범적격을 갖추어야 하지요.

학 생 이때에는 진정신분범 아닌 '공문서위조죄'의 간접정범이 성립할 것입니다.

교 수 '공문서위조죄'의 간접정범이라.

공문서위조죄 (2/2)

교 수 작성권자 乙은 자기 명의의 문서를 작성하였습니다. 이것이 '위조'인가요?

학 생 甲은 명의자 乙을 속여 허위의 문서를 작성하게 하였습니다. 명의자 乙의 의사와 달리 허위 내용으로 작성된 것이라면.

교 수 그 문서는 乙의 의사대로 작성된 것이지요. 다만 그 내용이 허위일 뿐입니다. 대법원[441]은 어느 문서의 작성권한을 갖는 공무원이 그 문서의 기재 사항을 인식하고 그 문서를 작성할 의사로써

440 **[변호사시험 기출문제]**

Q) 공범에 관하여 옳은 설명인지?

'수표는 발행인이 아닌 자는 부정수표단속법 제4조가 정한 허위신고죄의 주체가 될 수 없으나, 허위신고의 고의없는 발행인을 이용하여 간접정범의 형태로 허위신고죄를 범할 수 있다.' (×)

Q) 위장결혼 알선 브로커 甲은 국내에 거주하는 노숙자 乙에게 100만원을 송금해 주기로 하고 진정한 혼인의사가 없는 乙로 하여금 외국인 여성 A와의 혼인신고서를 작성하여 ○○구청 공무원 B에게 제출하도록 하였다. B는 가족관계등록부와 동일한 공전자기록에 乙과 A가 혼인한 것으로 입력하여 등록하였다. 이에 관하여 옳은 설명인지?

'만약 乙이 허위의 정을 모르는 B로 하여금 乙과 A가 부부로 기재된 가족관계증명서를 발급하게 하였더라도 乙에게는 허위공문서작성죄의 간접정범이 성립하지 않는다.' (○)

441 대법원 2001. 3. 9. 선고 2000도938 판결.

서명날인하였다면 설령 그 서명날인이 타인의 기망으로 착오에 빠진 결과 그 문서의 기재사항이 진실에 반함을 알지 못한 데 기인한다고 하여도 그 문서의 성립은 진정하며 여기에 작성명의를 모용한 사실이 있다고 할 수 없으므로,

공무원 아닌 자가 관공서에 허위 내용의 증명원을 제출하여 그 내용이 허위인 정을 모르는 담당 공무원으로부터 그 증명원 내용과 같은 증명서를 발급받았다면 공문서위조죄의 간접정범으로 의율할 수는 없다고 판시하고 있습니다.[442]

학 생 … 乙은 甲이 예비군훈련에 참여하였다는 내용의 기재사항을 인식하고 그 내용의 예비군 훈련확인서를 작성할 의사로써 서명날인하였으니 설령 甲의 기망으로 착오에 빠진 결과 그 기재사항이 허위임을 알지 못한다 하여도 예비군훈련 확인서의 성립은 진정하며 거기에 작성명의를 모용한 사실은 없다라.

교 수 반면 대법원[443]은 피고인이 정기문중총회 회의록을 임의로 작성하여 종중원들을 찾아다니면서 서명날인을 받았는데 해당 임야의 등기, 매도권한을 피고인에게 일임하고 매도금액 3분의 1은 문중에 반납하며 나머지는 피고인에게 소송대행비용으로 준다는 회의록의 내용 등에 관하여 종중원들에게 '제대로 알려주지 아

442 **[변호사시험 기출문제]**

Q) 甲의 죄책에 관한 옳은 설명인지?

'공무원이 아닌 甲이 관공서에 허위 내용의 증명원을 제출하여 그 내용이 허위인 정을 모르는 담당 공무원 乙로부터 그 증명원 내용과 같은 증명서를 발급받은 경우, 공문서위조죄의 간접정범이 성립하지 않는다.' (O)

443 대법원 2000. 6. 13. 선고 2000도778 판결.

니한 채' 단지 해당 임야에 관하여 문중 명의로 소유권이전등기를 하는 데 필요하다는 정도로만 얘기하면서 서명날인을 받았다면, 기망자는 명의인을 이용하여 서명날인자의 의사에 반하는 문서를 작성케 한 것이므로 사문서위조죄가 성립한다고 판시한 바 있습니다.

학 생　사문서 명의자로 하여금 문서의 내용을 제대로 '인식'하지 못한 채 서명날인하게 하였다면 사문서위조죄의 간접정범이 된다.

교 수　그렇죠, 작성명의인이 그 기재사항을 인식하고 서명날인 한 것인지, 인식하지 못한 채 서명날인 한 것인지 잘 구별해야 할 것입니다.

그런데 형법은 허위공문서작성죄의 간접정범이 공무원이 아닌 경우에도 처벌하고 있지 않나요?

학 생　'공정증서원본 등 부실기재죄'입니다.

공정증서원본 등 부실기재죄

학 생　제228조 제1항, '공무원에 대하여 허위신고를 하여 공정증서원본 또는 이와 동일한 전자기록 등 특수매체기록에 부실의 사실을 기재 또는 기록하게 한 자는 5년 이하의 징역 또는 1천만원 이하의 벌금에 처한다'. 제2항, '공무원에 대하여 허위신고를 하여 면허증, 허가증, 등록증 또는 여권에 부실의 사실을 기재하게 한 자는 3년 이하의 징역 또는 700만원 이하의 벌금에 처한다'.

교 수　甲을 공정증서원본 등 부실기재죄로 처벌할 수는 없는 건가요? 제228조는 이 사건과 같이 공무원 신분이 없어 처벌하지 못하는 간접정범 형태의 허위공문서작성행위에 대한 처벌 결함을 보충하고자 한 것인데.

학 생 하지만 그 객체를 모든 공문서가 아니라 '공정증서원본 등'으로 제한하고 있습니다.

교 수 객체가 문제라는 것이군요. '공정증서(公正證書)'란 무엇인가요?

학 생 등기부, 화해조서, 합동법률사무소명의의 공정증서 등과 같이 공무원이 직무상 작성하는 공문서로서 '권리의무에 관한 사실을 증명하는 효력'을 갖는 것입니다.[444]

교 수 '원본'임을 요하고 말이지요.

학 생 등본, 초본, 사본은 제외됩니다.

교 수 주민등록부나 인감대장, 토지대장 등과 같은 것들은 권리의무 관계를 증명하는 것이 아니니 공정증서가 아니겠군요.

학 생 네, 대법원[445]은 공정증서원본 등 부실기재죄의 취지는 공문서 중 일반사회생활에 있어서 특별한 신빙성을 요하는 공문서에 대한 공공의 신용을 보장하고자 하는 것이고 제2항의 '등록증'은 공무원이 작성한 모든 등록증을 말하는 것이 아니라 일정한 자격이나 요건을 갖춘 자에게 그 자격이나 요건에 상응한 활동을 할 수 있는 권능 등을 인정하기 위하여 공무원이 작성한 증서를

444 **[변호사시험 기출문제]**

Q) 위장결혼 알선 브로커 甲은 국내에 거주하는 노숙자 乙에게 100만원을 송금해 주기로 하고 진정한 혼인의사가 없는 乙로 하여금 외국인 여성 A와의 혼인신고서를 작성하여 ㅇㅇ구청 공무원 B에게 제출하도록 하였다. B는 가족관계등록부와 동일한 공전자기록에 乙과 A가 혼인한 것으로 입력하여 등록하였다. 이에 관하여 옳은 설명인지?

'乙에게는 공전자기록등부실기재죄 및 동행사죄가 성립한다' (O)

445 대법원 2005. 7. 15. 선고 2003도6934 판결.

말하므로, '사업자등록증'은 단순한 사업사실의 등록을 증명하는 증서에 불과하고 그에 의하여 사업을 할 수 있는 자격이나 요건을 갖추었음을 인정하는 것이 아니라고 할 것이어서 공정증서원본 등 부실기재죄에서 정한 '등록증'에 해당하지 않는다고 판시한 바 있습니다.

교 수 예비군훈련 확인서는 예비군훈련에 참가했다는 '사실'을 증명하는 증서에 불과하니 공정증서라 볼 수 없겠군요.

학 생 면허증, 허가증, 등록증, 여권도 아니고요. 甲을 공정증서원본 등 부실기재죄로 처벌할 수는 없습니다.

교 수 공문서위조죄의 간접정범은 물론 허위공문서작성죄의 간접정범이나 공정증서원본 등 부실기재죄로도 처벌할 수 없다면.

학 생 흠…

공무집행방해죄

교 수 이런 생각은 어떤가요. 乙의 업무는 문서를 작성하는 것인데, 甲은 乙을 속여 그 문서를 작성케 하였다.

학 생 甲은 乙의 문서 작성 업무를 방해한 '**업무방해죄**'다?

교 수 '업무'가 아니라 '공무'이지요. 공무원이 공문서를 작성한 사안입니다.

학 생 '**공무집행방해죄**'.

교 수 국가적 법익에 관한 죄이죠. 업무방해죄[446]의 '업무(業務)'와 공무집행방해죄의 '공무(公務)'는 서로 구별됩니다. 대법원[447]은 업무방해죄와 공무집행방해죄는 그 보호법익과 보호대상이 상이할 뿐만 아니라, 업무방해죄의 행위 유형에 비하여 공무집행방해죄의 행위유형은 보다 제한되어 있고,

학 생 즉 형법 제136조 공무집행방해죄[448]의 행위 유형은 '폭행', '협박'에 한할 뿐 '위력'은 제외되어 있는 반면, 업무방해죄의 행위 유형은 '허위사실유포', '위계' 그리고 '위력'을 포함하고 있고

교 수 형법은 공무집행방해죄 외에도 여러 가지 유형의 공무방해행위를 처벌하는 규정을 개별적, 구체적으로 마련하여 두고 있어 그러한 처벌조항 이외에 공무의 집행을 '업무방해죄'에 의하여 보호받도록 하여야 할 현실적 필요가 적으므로 형법이 업무방해죄와는 별도로 공무집행방해죄를 규정하고 있는 것은 사적 업무와 공무를 구별하여 공무에 관해서는 공무원에 대한 폭행, 협박 등의 방법으로 그 집행을 방해하는 경우에 한하여 처벌하겠다는 취지라고 보아야 하고, 따라서 공무원이 직무상 수

---

446 형법 제314조(업무방해) ① 허위의 사실을 유포하거나 기타 위계 또는 위력으로써 사람의 업무를 방해한 자는 5년 이하의 징역 또는 1천500만원 이하의 벌금에 처한다.
② 컴퓨터 등 정보처리장치 또는 전자기록 등 특수매체기록을 손괴하거나 정보처리장치에 허위의 정보 또는 부정한 명령을 입력하거나 기타 방법으로 정보처리에 장애를 발생하게 하여 사람의 업무를 방해한 자도 제1항의 형과 같다.

447 대법원 2009. 11. 19. 선고 2009도4166 판결.

448 형법 제136조(공무집행방해) ① 직무를 집행하는 공무원에 대하여 폭행 또는 협박한 자는 5년 이하의 징역 또는 1천만원 이하의 벌금에 처한다.
② 공무원에 대하여 그 직무상의 행위를 강요 또는 저지하거나 그 직을 사퇴하게 할 목적으로 폭행 또는 협박한 자도 전항의 형과 같다.

행하는 '공무'를 방해하는 행위에 대해서는 '업무방해죄'로 의율할 수 없다고 판시하고 있습니다.

학 생 결국 '위력'에 의한 공무집행방해행위에 대해서는 '위력에 의한 공무집행방해죄'로 처벌할 수 없음은 물론 '업무'에 '공무'를 포함시켜 '업무방해죄'로도 처벌할 수 없다.

교 수 그렇죠, 위력(威力)이란 범인의 위세, 사람 수 및 주위 상황에 비추어 피해자의 자유의사를 제압하기 족한 세력으로 폭행이나 협박에 이르지 않은 경우를 말합니다.

자, 甲은 공무집행방해죄인가요?

학 생 제136조 제1항, '직무를 집행하는 공무원에 대하여 폭행 또는 협박한 자는 5년 이하의 징역 또는 1천만원 이하의 벌금에 처한다.'

교 수 '직무를 집행하는'. 무슨 의미인가요.

학 생 공무원이 직무수행에 직접 필요한 행위를 현실적으로 행하고 있는 때만을 가리키는 것이 아니라 공무원이 직무수행을 위하여 근무중인 상태에 있는 때를 포괄합니다.[449]

교 수 직무는 물론 **적법**해야하고 말이지요.

학 생 공무집행방해죄의 보호법익은 국가기능으로서의 공무이기 때문입니다. 대법원[450]은 법령의 위임에 따른 공무원의 적법한 직무집행인 이상 공권력의 행사를 내용으로 하는 권력적 작용뿐

449 대법원 1999. 9. 21. 선고 99도383 판결.

450 대법원 2003. 12. 26. 선고 2001도6349 판결.

만 아니라 사경제주체로서의 활동을 비롯한 비권력적 작용도 포함된다고 판시한 바 있습니다.

교 수 예비군훈련확인서의 작성이 공무원의 직무집행이라는 점에는 의문이 없지요. 그럼 甲이 乙을 '폭행'이나 '협박'한 것인가요.

학 생 공무집행방해죄에서의 폭행이나 협박이 모두 '광의'의 개념이기는 하지만...

교 수 공무집행방해죄의 행위 유형에는 제136조의 폭행이나 협박도 있지만 제137조의 '위계'도 있음을 유의해야 합니다.

학 생 제137조, '위계에 의한 공무집행방해죄'. '위계로써 공무원의 직무집행을 방해한 자는 5년 이하의 징역 또는 1천만원 이하의 벌금에 처한다.'

교 수 '**위계**(僞計)'란 무엇인가요?

학 생 행위자의 행위 목적을 이루기 위하여 상대방에게 오인, 착각, 부지를 일으키게 하고 그 오인, 착각, 부지를 이용하는 것을 말합니다.[451] 대법원[452]은 '위계에 의한 공무집행방해죄'는 행위목적을 이루기 위하여 상대방에게 오인, 착각, 부지를 일으키게 하여 그것을 이용함으로써 법령에 의하여 위임된 공무원의 적법한 직무에 관하여 그릇된 행위나 처분을 하게 하는 경우에 성립한다고 판시하고 있습니다.

451 대법원 2008. 3. 13. 선고 2007도7724 판결.

452 대법원 2003. 12. 26. 선고 2001도6349 판결.

교 수　그 방법에는 제한이 없지요. 기망이나 유혹을 불문합니다. 결국 甲이 乙을 속인 것은 '위계'이고 甲은 위계에 의한 공무집행방해죄다?

학 생　경우를 나누어서 판단하여야 합니다.

교 수　어떻게 말인가요?

학 생　대법원[453]은 수사기관이 범죄사건을 수사함에 있어서는 피의자나 피의자로 자처하는 자 또는 참고인의 진술여하에 불구하고 피의자를 확정하고 그 피의사실을 인정할 만한 객관적인 제반 증거를 수집, 조사하여야 할 권리와 의무가 있는 것이라고 할 것이므로, 피의자나 참고인이 아닌 자가 자발적이고 계획적으로 피의자를 가장하여 수사기관에 대하여 허위사실을 진술하였다 하여 바로 위계에 의한 공무집행방해죄가 성립된다고 할 수 없다고 판시한 바 있습니다.

교 수　수사기관이 충분한 수사를 하지 아니한 채 허위의 진술과 증거만으로 잘못된 결론을 내렸다면 그것은 수사기관의 '불충분한 수사'에 기인한 것이지 위계에 의하여 수사가 방해된 것으로 볼 수 없다.

학 생　그와 달리 피의자나 참고인이 피의자의 무고함을 입증하고자 적극적으로 허위의 증거를 조작하여 제출하였고 그 증거조작의 결과 수사기관이 그 진위에 관하여 나름대로 '충실한' 수사

453 대법원 1977. 2. 8. 선고 76도3685 판결.

를 하더라도 제출된 증거가 허위임을 발견하지 못하여 잘못된 결론을 내리게 될 정도에 이르렀다면, 위계에 의하여 수사기관의 수사행위를 적극적으로 방해한 것으로서 위계에 의한 공무집행방해죄가 된다고 판시[454]하고 있습니다.

교 수 음주운전을 하다가 교통사고를 야기한 후 그 형사처벌을 면하기 위하여 타인의 혈액을 자신의 혈액인 것처럼 교통사고 조사 경찰관에게 제출하여 감정하도록 하였다면, 단순히 피의자가 수사기관에 대하여 허위사실을 진술하거나 자신에게 불리한 증거를 은닉하는 데 그친 것이 아니라 수사기관의 착오를 이용하여 적극적으로 피의사실에 관한 증거를 조작한 것으로서 위계에 의한 공무집행방해죄가 성립한다는 것이지요.[455]

학 생 또한 행정관청이 출원에 의한 인허가처분을 함에 있어서는 그 출원사유가 사실과 부합하지 아니하는 경우가 있음을 전제로 하여 인허가할 것인지의 여부를 심사결정하는 것이므로, 행정관청이 사실을 충분히 확인하지 아니한 채 출원자가 제출한 허위의 출원사유나 허위의 소명자료를 '가볍게' 믿고 인가 또는 허가를 하였다면 그것은 행정관청의 불충분한 심사에 기인한 것

454 대법원 2003. 7. 25. 선고 2003도1609 판결.

455 **[변호사시험 기출문제]**

Q) 甲이 乙을 조수석에 태우고 자동차를 운전하고 가다가 부주의로 사람을 치고 나서 몹시 당황하자, 乙은 걱정 말라고 甲을 달랜 후 자동차를 정비소에 맡겨 사고의 흔적을 없애는 한편, 자신이 운전을 하다 사고를 낸 것이라고 경찰에 허위로 자수하였고 乙은 해당 범죄로 기소되었다. 이에 관하여 옳은 설명인지?

'乙이 적극적으로 허위의 증거를 조작하여 제출하는 등의 행위에 나아가지 않았다고 하더라도, 허위로 자수한 이상 위계공무집행방해죄가 성립한다.' (×)

으로서 출원자의 위계가 결과 발생의 주된 원인이었다고 할 수 없어 위계에 의한 공무집행방해죄를 구성하지 않는다고 할 것이지만, 출원자가 행정관청에 허위의 출원사유를 주장하면서 그에 부합하는 허위의 소명자료를 첨부하여 제출한 경우 허가관청이 관계 법령이 정한 바에 따라 인허가요건의 존부여부에 관하여 나름대로 '충분히' 심사를 하였으나 출원사유 및 소명자료가 허위임을 발견하지 못하여 인허가처분을 하게 되었다면, 그것은 허가관청의 불충분한 심사가 원인이 된 것이 아니라 출원인의 위계행위가 원인이 된 것이어서 위계에 의한 공무집행방해죄가 된다고 판시[456]하기도 하였습니다.[457]

교 수　일반적으로 허위사실을 신고한 것만으로는 충분한 심사가 있으면 그 허위 여부를 확인할 수 있다 할 것이지요.

학 생　乙이 甲에게 예비군훈련 확인서를 발급하여 준 것은 甲의 위계가 아니라 乙이 甲의 거짓 신고내용을 가볍게 믿고 충분히 심사하지 않은 데 기인한다 할 것이니 甲에게는 위계에 의한 공

456 대법원 2002. 9. 4. 선고 2002도2064 판결.

457 **[변호사시험 기출문제]**

Q) 甲의 행위에 대하여 ( ) 안의 범죄가 성립하는지?

'甲은 개인택시운송사업면허 양도제한기간 경과 전에 허위진단서를 첨부하여 甲이 1년 이상의 치료를 요하는 질병에 걸려 직접 운전할 수 없음을 이유로 관할 구청에 개인택시운송사업에 대한 양도 · 양수 신청을 하였고 담당 공무원은 그 진단서 내용을 믿고 인가처분을 하였다. (위계에 의한 공무집행방해죄)' (○)

Q) 국가적 법익에 관하여 옳은 설명인지?

'출원에 대한 심사업무를 담당하는 공무원이 출원인의 출원사유가 허위라는 사실을 알면서도 결재권자로 하여금 오인, 착각, 부지를 일으키게 하고 그 오인, 착각, 부지를 이용하여 인 · 허가 처분에 대한 결재를 받아낸 경우에는 위계에 의한 공무집행방해죄가 성립한다.' (○)

무집행방해죄가 성립하지 않는다고 봄이 타당할 것으로 생각됩니다.

교 수 자, 정리할 시간이군요. 다시 甲, 乙, 丙 세 명의 관계로 돌아와 봅시다.

학 생 乙은 허위공문서작성죄의 간접정범이, 甲은 허위공문서작성죄의 간접정범의 공범이 성립합니다.

교 수 丙은 무죄이고 말이지요.

학 생 무죄입니다.

교 수 오늘 하루도 수고했네요. 나연 학생.

나 연 휴, 교수님께서도 고생 많으셨습니다!

교 수 항상 잘 따라와 주어서 고맙네요. 복습 잘 하고 다음 수업 때 봅시다!

나 연 감사합니다!

안녕히 가십시오!

[독서실로 가는 길]

집행유예

후 배 　집행유예 결격 사유가 이렇게 헷갈리는 거였나요.

나 연 　집행유예 결격이라. '**집행유예**(執行猶豫)'란 일단 유죄를 인정하여 형을 선고하되 일정한 요건 아래 일정한 기간 동안 그 형의 집행을 유예하고, 그것이 취소나 실효됨이 없이 유예기간을 경과하면 형 선고의 효력을 상실시키는.

후 배 　네, 조건부 유죄 판결이죠. 단기자유형 집행의 폐해를 방지하고 피고인의 자발적이고 능동적인 사회복귀를 도모하기 위한.

나 연 　형법 제62조 제1항, '3년 이하의 징역이나 금고 또는 500만원 이하의 벌금의 형을 선고할 경우에 범인의 연령, 성행, 지능과 환경, 피해자에 대한 관계, 범행의 동기, 수단과 결과, 범행 후의 정황을 참작하여 그 정상에 참작할 만한 사유가 있는 때에는 1년 이상 5년 이하의 기간 형의 집행을 유예할 수 있다.'

후 배 　문제는 단서 부분이죠. '다만, 금고 이상의 형을 선고한 판결이 확정된 때부터 그 집행을 종료하거나 면제된 후 3년까지의 기간에 범한 죄에 대하여 형을 선고하는 경우에는 그러하지 아니

하다.'

나 연 '그러하지 아니하다.'

후 배 결격이라는 거죠.

집행유예의 결격

나 연 예를 들어 금고 이상의 형을 선고한 판결이 2016년 1월 1일 확정되었고 그 형의 집행 종료일이 2019년 1월 1일이라면,

후 배 2019년 1월 1일부터 3년까지의 기간에 죄를 범하였다면 그 죄에 대해서는 집행유예를 선고할 수 없다는 말이잖아요.

나 연 그렇지, 만약 2021년 7월 1일에 죄를 범하였다면 그 죄에 대해서는 집행유예를 할 수 없다는.[458]

후 배 그건 이해 안될 게 없죠, 법조문 그대로인데. 문제는 '집행유예의 선고'가 된 경우예요. 대법원[459]은 제62조 제1항 단서에서 규정한 '금고 이상의 형을 선고한 판결이 확정된 때'란 실형 뿐 아니라 형의 집행유예를 선고한 판결이 확정된 경우도 포함한다

458 **[변호사시험 기출문제]**

Q) 甲은 ㉠ 2004. 9. 27. 폭력행위등처벌에관한법률위반(공동상해)죄로 징역 2년을 선고받고, ㉡ 2008. 5. 19. 도로교통법위반(음주운전)죄로 징역 4월에 집행유예 2년을 선고받아 같은 날 확정되었다. 이 사례에 관하여 옳은 설명인지?

'만약 ㉠의 판결이 확정된 때부터 그 집행을 종료하거나 면제된 후 3년까지의 기간에 ㉡의 죄를 범하였다면, ㉡의 죄에 대하여는 징역형의 집행유예를 선고할 수 없다.' (O)

459 대법원 2007. 2. 8. 선고 2006도6196 판결.

고 하는데, 그렇다면 금고 이상의 형에 대한 '집행유예'의 판결이 2016년 1월 1일 확정되었다면 그 유예기간은 2016년 1월 1일부터 시작되고,

나 연 우리 형법이 집행유예기간의 시기에 관하여 명문의 규정을 두고 있지는 않지만, 형사소송법 제459조가 '재판은 이 법률에 특별한 규정이 없으면 확정한 후에 집행한다'고 규정한 취지나 집행유예 제도의 본질 등에 비추어 보면, 집행유예를 함에 있어 그 집행유예기간의 시기는 집행유예를 선고한 판결 확정일로 하여야 하고 법원이 판결 확정일 이후의 시점을 임의로 선택할 수는 없지.[460]

후 배 그 기간을 2년으로 가정하면 2년 후인 2018년 1월 1일부터 3년까지의 기간에 범한 죄에 대하여도 집행유예의 결격이 되어야 하는 것 아닌가요?

나 연 아니란 거지.

후 배 왜 아닌 거예요? 제62조 제1항 단서는 분명히 '금고 이상의 형을 선고한 판결이 확정된 때부터 그 집행을 종료하거나 면제된 후 3년까지의 기간에 범한 죄에 대하여 형을 선고하는 경우에는 집행유예를 할 수 없다'고 정하고 있잖아요.

나 연 '금고 이상의 형을 선고한 판결이 확정된 때'에는 실형 뿐 아니라 형의 집행유예를 선고한 판결이 확정된 경우도 포함되지만, 집행유예가 실효 또는 취소됨이 없이 유예기간을 경과한 때에

460 대법원 2002. 2. 26. 선고 2000도4637 판결.

는 형의 선고가 이미 그 효력을 잃게 되어 더 이상 '금고 이상의 형을 선고'한 경우에 해당한다고 보기 어려우므로 집행유예의 결격 요건에 해당하지 않는다는 거야.[461]

후배　아... 제65조, '집행유예의 선고를 받은 후 그 선고의 실효 또는 취소됨이 없이 유예기간을 경과한 때에는 형의 선고는 효력을 잃는다'

나연　즉 집행유예의 선고는 2018년 1월 1일 그 효력을 잃으니 그 이후부터 범한 죄는 집행유예의 결격에 해당하지 않아. 유의해야 할 것은 집행유예 기간 중인 2016년 1월 1일부터 2018년 1월 1일 사이에 죄를 범하였는데 그 죄에 대한 선고는 2018년 1월 1일 이후에 내려진 경우라면,

후배　집행유예기간 중에 범한 죄이니 여전히 집행유예 결격이다?

나연　그 반대야. 대법원[462]은 집행유예 기간 중에 범한 죄에 대하여 형을 선고할 때에 집행유예 결격사유를 정하는 형법 제62조 제1항 단서 요건에 해당하는 경우란 이미 집행유예가 실효 또는 취소된 경우와 그 선고 시점에 미쳐 유예기간이 경과하지 아니하여 형 선고의 효력이 실효되지 아니한 채로 남아 있는 경우로 국한되고, 집행유예가 실효 또는 취소됨이 없이 유예기간을 경과한 때에는 형의 선고가 이미 그 효력을 잃게 되어 '금고 이상의 형을 선고'한 경우에 해당한다고 보기 어려울 뿐 아니라 집행의 가능성이 더 이상 존재하지 아니하여 집행종료나 집행

461 대법원 2007. 2. 8. 선고 2006도6196 판결.

462 대법원 2007. 2. 8. 선고 2006도6196 판결.

면제의 개념도 상정하기 어려우므로 그 단서 소정의 요건에 해당하지 않는다고 할 것이므로, 집행유예 기간 중에 범한 범죄라고 할지라도 집행유예가 실효 또는 취소됨이 없이 그 유예기간이 경과한 경우에는 그에 대해 다시 집행유예의 선고가 가능하다고 판시하고 있어.[463]

후 배　집행유예 기간 중에 범한 범죄라 할지라도 그 선고시점이 유예기간 경과 후라면 여전히 집행유예의 선고가 가능하다. 휴, 이제 이해되네요.

나 연　실효는 정리했니?

후 배　실효?

나 연　집행유예의 '실효(失效)'말야.

463 **[변호사시험 기출문제]**

Q) 甲은 2011. 6. 15. 서울중앙지방법원에서 폭력행위등처벌에관한법률위반죄로 징역 1년에 집행유예 2년을 선고받아 2011. 6. 22. 판결이 확정되었다. 甲은 2013. 2. 1. 11:00경 피해자가 현금인출기에서 돈을 인출하여 가방에 넣고 나오는 것을 발견하고 오토바이를 타고 피해자를 뒤따라가 인적이 드문 골목길에 이르러 속칭 '날치기' 수법으로 손가방만 살짝 채어 갈 생각으로 피해자의 손가방을 순간적으로 낚아채어 도망을 갔다. 甲이 손가방을 낚아채는 순간 피해자가 넘어져 2주간의 치료가 필요한 상해를 입었다.

제1심 법원은 2013. 3. 29. 유죄 부분에 대하여 징역형을 선고하였다. 이에 대하여 甲만 항소하였는데, 항소심법원은 2013. 6. 28. 판결을 선고하였다. 위 사례에 관하여 옳은 설명인지?

'甲은 항소심판결 선고시 집행유예기간이 경과하였으므로 항소심법원이 다시 집행유예를 선고하더라도 위법하지 않다.' (O)

집행유예의 실효

후 배　형법 제63조, '집행유예의 선고를 받은 자가 유예기간 중 고의로 범한 죄로 금고 이상의 실형을 선고받아 그 판결이 확정된 때에는 집행유예의 선고는 효력을 잃는다'. 즉 집행유예 기간 중 과실 아닌 고의의 죄를 범하고 금고 이상의 실형을 선고받아 판결확정까지 되면 그 집행유예 선고는 효력을 잃는다는 거죠.[464]

나 연　그 '실형'에는 집행유예의 판결은 포함되지 않고 말이지.

후 배　물론이죠, 집행유예 기간 중에 범한 죄가 그 기간 중에 선고되는 경우는 집행유예 결격이니.

나 연　A죄의 집행유예 중에 고의로 범한 B죄가 금고 이상의 형을 선고받아 판결까지 확정되면 A죄의 집행유예는 제63조에 따라 실효, 즉 효력을 잃고,

후 배　A죄의 집행유예 기간 중에 B죄가 범해지고 판결까지 선고되는 경우라면 B죄는 제62조 제1항 단서에 따라 집행유예의 결격에 해당하니 제63조의 실효 요건에는 집행유예 판결이 포함될 수 없다는 거죠.

나 연　잘 정리하고 있군.

---

464 **[변호사시험 기출문제]**

Q) 甲은 ⓒ 2012. 6. 5. 폭력행위등처벌에관한법률위반(공동상해)죄로 징역 2년에 집행유예 4년을 선고받아 같은 날 확정되었다. 그리고 甲은 ⓔ 2015. 6. 1. 폭력행위등처벌에관한법률위반(공동상해)죄로 징역 2년을 선고받아 그 판결이 2016. 1. 31. 확정되었다. 위 사례에 관하여 옳은 설명인지?

'ⓒ의 집행유예 기간 중 ⓔ의 죄가 범하여진 경우, ⓔ의 죄로 징역형의 실형을 선고받아 그 판결이 확정되었으므로 ⓒ의 집행유예의 선고는 효력을 잃는다.' (O)

후배　휴, 오늘도 무사히 수업을 마쳤네요. 선배 덕분이에요.

나연　내 덕은 무슨. 이제 복습할 일만 남았다. 어서 가자.

후배　저녁은요? 안 먹어요??

나연　글쎄... 수업 때 너무 달렸더니 별 생각이.

후배　그러지 말고 조금이라도 먹는 게 어때요. 그래야 머리도 돌아가죠.

나연　흠...
그래, 그러자. 밥은 먹고 하자!

후배　생각 잘 했어요. 공부는 밥심으로 하는 거죠!

나연　그런데 현우야...

현우　??

나연　근데 뭐 먹지?

현우　... 오늘 받은 질문 중에서 가장 어려운 질문이네요.

참고문헌

김성돈, 형법총론 제8판, 성균관대학교 출판부, 2022

김성돈, 형법각론 제8판, 성균관대학교 출판부, 2022

김성천, 형법총론 제10판, 소진, 2023

김성천, 형법각론 제7판, 소진, 2021

김일수·서보학, 새로쓴 형법총론 제13판, 박영사, 2018

김일수·서보학, 새로쓴 형법각론 제9판, 박영사, 2018

배종대, 형법총론 제17판, 홍문사, 2023

배종대, 형법각론 제14판, 홍문사, 2023

신동운, 형법총론 제15판, 법문사, 2023

신동운, 형법각론 제3판, 법문사, 2023

오영근, 형법각론 제8판, 박영사, 2023

오영근·노수환, 형법총론 제7판, 박영사, 2024

윤동호, 한눈에 잡히는 형사법, 박영사, 2024

이재상·장영민·강동범, 형법총론 제11판, 박영사, 2022

이재상·장영민·강동범, 형법각론 제13판, 박영사, 2023

임웅·김성규·박성민, 형법총론 제14판, 법문사, 2024

임웅·이현정·박성민, 형법각론 제14판, 법문사, 2024

하태훈·김정철, 형사법 사례연습 제6판, 박영사, 2022